다르고도
같은
북의 예술
이야기

글쓴이들

전영선 건국대 통일인문학연구단
김은정 한국외국어대
배인교 경인교대 한국공연예술연구소
모리 토모오미 리츠메이칸대학
김채원 춤문화비교연구소 소장
이철주 문화기획자

다르고도 같은 북의 예술이야기

초판 1쇄 발행 2020년 11월 12일

지은이 4.27시대연구원
펴낸곳 도서출판 4.27시대
주소   서울시 종로구 통일로 162
        덕산빌딩 502호(교남동)
전화   02-735-4270
팩스   02-735-4271
이메일 427era@gmail.com

ISBN 979-11-971106-2-7 03300
값 20,000원

북 바로알기 ②   문화예술

다르고도 같은 북의예술 이야기

북한문예개괄
북한문학
북한음악
북한 대중음악
북한무용
남북 문화예술 교류

4.27시대연구원 공저

도서출판 4.27시대

| 발간사 |

틀린 것이 아니라 다른 것입니다

'우리민족의 운명은 우리가 결정한다'는 4.27판문점선언의 정신을 실현하고자 통일운동 전문가와 연구자들이 모여 4.27시대연구원을 창립하였습니다.

'4.27시대'란 어떤 시대일까요? 오랜 분단을 끝내고 통일을 구체적으로 준비하는 시대가 바로 4.27시대입니다. 그래서 4.27시대는 '통일시대'의 다른 표현입니다. 겉으로 보면 국제 정세와 남북 정세가 앞뒤로 진퇴를 거듭해 한치 앞을 내다볼 수 없을 것 같아도, 우리민족이 평화번영 속에서 하나 된 세상에 살려는 통일의지와 열망은 결코 꺾을 수 없습니다.

나라를 잃었을 때 나라의 독립이 지상 최대의 사명이라면, 나라와 민족이 분단된 시기에 통일보다 더 큰 과제는 없을 것입니다. 민간차원의 가장 큰 통일 준비의 하나가 바로 남과 북이 서로의 다름을 이해하는 것입니다.

지난 70여 년간 한 세대에서 다음 세대로 이어지는 오랜 분단으로 남북의 정치, 경제, 문화적 차이는 심화되었습니다. 그러나 동시에 남과 북은 수천 년을 함께 공유한 언어와 역사와 민족문화적 공통성이 매우 강합니다. 실제로 만나보면 옆집 이웃과 다르지 않습니다. 이 동질성에 기초하여 다름을 서로 이해해간다면 그 차이는 풀지 못할 숙제도 아닐 것입니다.

1985년 첫 문화예술 교류가 있은 후 30여 년이 지난 지금은 남과 북이 함께 부를 수 있는 노래들이 많아졌습니다. 상봉의 현장에서 손에 손을 잡고, 또는 어깨동무를 하고 목청 높여 '고향의 봄', '우리의 소원은 통일' 노래를 함께 부르며 한 민족임을 확인할 수 있었습니다.

북한(조선) 문화예술에 대한 편견과 오해는 남과 북이 갈린 시간만큼이나 두텁게 쌓여 있는 것이 현실입니다. '틀린 것이 아니라 다른 것'임에도 불구하고 서로에 대한 몰이해는 적대와 갈등을 부추기고 있습니다. '둘이면서 하나인 문화예술'로 북한(조선)의 문화예술을 이해하고 포용하기를 바라는 마음입니다.

이 책은 연구원이 진행하는 '북 바로알기' 총서의 일부입니다. 북 바로알기 1권, '100문100답'에 이은 북 바로알기 2권, '문화예술'편이자, 저희 연구원이 올 해 광복75주년 기념으로 기획한 통일교과서 시리즈 가운데 하나입니다. 오랫동안 북한(조선) 문화예술의 각 부문별 연구에서 큰 성과를 이루어 오신 연구자들을 초빙해 북의 문화예술 전반을 보다 쉽게 파악하고 이해할 수 있는 입문서를 펴내게 되었습니다. 북 문화예술의 체계와 미학에 관한 내용부터 문학, 음악, 무용 등 각 장르를 소개하고, 민족 관계 속에서 북한(조선)과 해왔던 예술 교류까지를 담았습니다.

남과 북의 차이뿐 아니라, 남녘의 북한(조선) 문화 연구자들 사이에서도 통일, 제도, 사상, 사회주의 문화를 보는 시각과 관점, 표현의 차이가 상이할 수 있습니다. 아마도 국가보안법으로 사상과 연구의 자유가 충분히 보장되지 않는 법적 제도적 한계와 지속적인 교류를 이어갈 수 없는 열악한 연구 환경 때문일 것입니다. 여기서는 각 저자의 입장을 그대로 실었습니다.

바쁜 시간을 내서 귀한 원고를 써주신 전영선 교수님과 김은정 교수님, 배인교 교수님, 일본의 모리 교수님, 김채원 박사님, 그리고 기획단계부터 애를 써준 이철주 연구위원에게 감사의 말씀을 전합니다.

모쪼록 우리의 이러한 노력이 남과 북, 그리고 해외를 잇는 가교이자 자주적 통일을 앞당기는 밀알이 되기를 바랍니다.

2020년 11월
4.27시대연구원 원장 한충목

| 차례 |

| 발간사 | 틀린 것이 아니라 다른 것입니다 한충목 원장 4

북한문예개괄

전영선

북한의 문학예술은 정치다 11
1. 북한 문학예술의 정체 12
2. 관제(국가 주도) 문학예술 15
3. 문학예술 장르와 대표작 19
4. 창작 원칙과 좋은 작품 31
5. 인물형상과 스토리텔링 34
6. 대중문화와 인민문화의 거리 36
7. 북한 영화 있고, 없고 41
8. 북한 문학과 예술의 특성 46
9. 김정은 시대의 문학예술 56
10. 김정은 시대의 아이콘 모란봉악전자악단 63

북한문학

김은정

북한문학은 서사이다 67
1. 생활의 명랑함과 전망에서 오는 건강함 68
2. 1946-1950년대 문학 71
3. 1960년대 북한의 창작론 81
4. 1970년대 문학 87
5. 1980년대 문학 : 청춘이라는 키워드 106
6. 1990년대 문학 : 숨은 영웅들 111
7. 2000년대 고난의 행군과 선군문학 114
8. 김정은 시대의 문학과 전망 116

북한음악

배인교

북한, 노래로 인민을...   121
1. 들어가는 말   122
2. 북한의 성악   124
3. 북한의 기악   154
4. 북한의 극음악   169
5. 북한 음악의 전망   176

북한 대중음악

모리 토모오미

NK-POP이 유행입니다   179
1. 들어가며   180
2. 경음악단 등장 전의 악단 소개   182
3. 경음악의 정식화: 왕재산경음악단과 보천보전자악단   188
4. 김정일 정권 출범 이후   192
5. '김정은 시대'의 시작   196
6. 나가며   207

북한무용

김채원

북한의 춤은 우리와 다르다? 209

1. 북한춤은 우리와 다르게 장르가 구분되요 212
2. 무용작품은 당의 방침에 의거하여 창작되는 게 기본이지요 218
3. 북한춤은 〈최승희류 조선무용〉을 기본으로 발전했어요 223
4. 외래무용의 기법을 도입하여 현대적 기법을 만들어내요 231
5. 지금의 북한춤은 분단 이후 어떤 변화 과정을 거쳤나요? 234
6. 고전적 명작인 4대 혁명무용은 북한춤의 대표작이예요 240
7. 북한에도 오페라가 있대요 242
8. 무용조곡은 무엇인가요? 245
9. 북한춤에서 작품의 기본단위는 무용소품이랍니다 246
10. 맺으며 247

남북 문화예술 교류

이철주

만남이 통일이다 251

1. 들어가는 글 252
2. 이승만/박정희/전두환 정부 시기(1945년~1988년) 255
3. 노태우 정부 시기(1988년~1993년) 259
4. 김대중 정부 시기(1998~2003년) 264
5. 노무현 정부 시기(2003년~2007년) 268
6. 이명박/박근혜 정부 시기(2007년~2017년) 271
7. 문재인 정부 시기(2017년~현재) 273
8. 미술 및 전시 교류 284
9. 제3국가에서의 교류 289
10. 나가는 글 295

북한문예개괄

북한의
문학예술은
정치다

전영선 · 건국대 통일인문학연구단

1. 북한 문학예술의 정체

북한 문학과 예술은 '북한'의 문학과 예술이다. 당연할 것 같은 이 말에는 북한의 모든 문학예술 작품에는 '우리식(조선식)'이라는 특수성이 내포되어 있다는 뜻이다. 세계 어느 나라의 문학이나 예술에는 그 나라의 역사적 특수성과 문화적 특성이 반영되어 있다. 유럽 문화예술에는 유럽의 역사와 문화라는 배경이 있고, 아프리카 문화예술은 아프리카 특유의 문화적 토양을 바탕으로 한다. 지역 혹은 국가의 문화예술은 그 지역이나 민족이나 종교를 바탕으로 한 특수성이 있다.

동시에 국가와 민족을 넘어 세계와 소통하는 보편성이 있다. 세계 문학 역시 어느 나라에서 창작되었던 세계적으로 통용되면 국경을 초월하여 세계적인 음악으로 자리 잡는다. 문학과 예술은 태생적으로 창작된 작가나 국가의 특성이 담고 있다. 동시에 세계적으로 통용되는 공통성이나 지향성이 같은 것이 있다. 아프리카 음악이라고 해서 아프리카 안에서만 향유되지 않는다. 문화예술 교류를 통해 세계와 소통하면서, 세계 음악의 한 부분이 되었다. K-POP도 한국을 넘어 세계인의 사랑을 받으면서 한국의 대중문화인 동시에 세계의 문화가 되었다. 정보통신이 발전하면서 세계가 하나의 권역으로 들어오면서 세계화는 더욱 심화 된다.

예외도 있다. 특정한 지역의 문화가 독자성보다는 주체성을 강조하는 경우이다. 중동의 문화는 세계와 소통하기보다는 자신의 문화적 순수성을 지키려 한다. 중동의 문화를 부정적으로 평가하는 것에 대해 민감한 정치적 문제로 받아들인다. 북한 문학예술도 세계적인 보편성을 지향한다. 하지만 그보다 더 많은 부분은 자신의 문화적 정체성을 지키고자 한다. 북한 문학예술은 세계적 보편성과 문화적 주체성 사이에서 주체성에 훨씬 더 많은 무게를 둔다. '북한'이라는 정체성을 우선한다.

문학이나 예술의 보편성이나 공통성보다는 북한이라는 특수성이 강하게 작동한다. 문학과 예술은 어떤 시대, 어떤 사회이든 간에 그 사회가 허용 범위 안에서 허용하는데, 북한 문학과 예술은 '북한'의 특수성을 벗어나지 않는다.

북한의 문학과 예술에 작동하는 정체성의 핵심은 '정치'이다. 북한 문학과 예술은 북한이 지향하는 정치적 지향점을 따라야 한다. 북한 정치가 지향하는 정치적 지향성에 반대하는 내용의 작품이나 비판적인 작품은 허용될 수 없다. '주체'의 가치 속에서 문학예술의 가치가 평가된다.

북한에서 주체가 국가 이념으로 정립된 것은 1950년대 중반 이후이다. 1960년대에 이르면서 문학과 예술은 주체를 기준으로 창작하고, 주체를 기준으로 평가하였다. 북한 문학과 예술은 창작과 유통 과정에 작동하는 정치적 지향으로 인해 문학성, 예술성을 의심받는다. "북한의 문학과 예술에 진정성이 있을까?", "북한 문학예술도 문학예술이라고 할 수 있는가?"라는 질문이 덧붙여지는 것도 북한 문학예술의 정치성 때문이다. 북한 문학예술의 '정치성'은 논쟁이나 비판의 문제가 아니다. 문학예술 그 자체의 특성이다. 일반적으로 문학이나 예술이라고 할 때는 정치성을 지양한다. 문학예술이 정치를 지향한다면 관제문학, 관제예술로 평가한다. 이는 문학예술이 갖추어야 할 기본 정신으로 창의성이나 예술성을 심각하게 훼손한다고 평가한다.

이러한 평가는 문학예술은 창작의 자유를 바탕으로 인간 정신을 풍요롭게 해야 한다는 공통된 인식이 있다는 것을 전제로 한다. 통제와 규제 속에서 벗어나 인간의 자유로운 영혼을 탐구해야 한다는 역사적 소명에 대한 합의가 있다. 정치적으로 규제하고, 통제한다면 인간의 자유로운 생각이 미치는 범위는 제한이 있을 것이고, 이것은 민주주의가 지향하는 자유를 저해할 것이라는 가치가 반영된 생각이다. 문학예술의 가치를 규정하는 핵심인 '작가 정신'은 곧 창조성, 창의성, 작가 의식의 다른 표현이다. 문학이나 예술은 인간의 창조적 행위의 산물이어야 하고, 사회 문제에 대한 인간의 각성을 촉구해야 한다. 인간과 사회에 영감을 주는 것은 문학예술이 가져야 할 사명의식인 것이다.

북한 문학예술이 '당의 통제에 있어야 한다'고 주장하는 이유는 수령과 관련되어 있다. 북한에서 수령은 북한이라는 국가 정체성을 결정하는 핵심이다. 한 나라의 국가 정체성을 규정하는 것의 기준의 하나는 문(文), 사(史), 철(哲)이다. 국가나 민족의 역사가 언제부터 시작되었고, 국가의 가치를 어디에 두느냐를 문화예술로 표현한다. 우리 민족의 역사는 단군으로부터 시작하였고, 홍익인간의 가치로 나라를 세웠다고 배웠다. 민족의 문화예술은 이러한 가치를 지향하였다. 대한민국은 자유민주주의를 기본 정신으로 자유와 평등의 가치를 실현하는 국가이다. 문화예술에 대한 통제를 거부하는 것은 헌법에서 규정한 국가 가치인 '자유'의 권리와 연결되어 있기 때문이다. 그래서 문화예술은 늘 자유를 지향하는 예술과 사회적 보편적 윤리와의 논쟁을 벌인다.

북한은 사회주의 조선의 역사를 수령의 출생을 기원으로 삼는다. 북한의 모든 공문에 붙은 '주체' 연호가 이를 증명한다. '조선'의 공민으로 살아가야 할 가치의 기준은 '주체사상'이다. 북한의 교육은 '주체형의 도덕적 공산주의자' 양성에 있다. '모든 것을 주체에 맡기고 주체로 모든 문제를 해결하는 인간'이다. '주체'를 가치 기준으로 모든 체계가 작동한다. 북한이 세계화를 지향한다고 해도 이 기본 원칙을 버리지는 않는다.

북한 문학예술은 북한 사회가 규정한 정체성을 바탕으로 창작되기에 '주체'는 곧 정치적 지향이 아닌 정체성 그 자체인 것이다. 북한 문학예술에서 주체성에서 벗어나라고 하는 것은 곧 북한 문학예술이 아닌 다른 나라의 문화예술이 되라고 하는 것과 다를 바 없다.

2. 관제(국가 주도) 문학예술

북한 문학예술은 관제(국가 주도) 문학예술이다. 관에서 만들고 관에서 관리한다. 모든 예술 활동을 국가가 직접 관리하고 운영한다. 작가, 예술가들은 국가의 창작 방침과 목표에 맞추어 작품을 창작한다. 작품을 유통시키는 것도 국가의 몫이다. 예술가들은 창작 계획서를 작성하고 국가의 승인을 받아 창작에 필요한 물품을 국가로부터 지원받는다. 이렇게 만들어진 작품은 국가의 기준에 의해 검열되고 유통된다.

문학예술을 관리하는 구체적인 주체는 당이다. 북한에서는 '조선로동당'이 모든 분야에서 독점적인 권력을 장악하고 있기에 국가는 곧 노동당의 구체적 실현체에 다름 아니다. 이러한 구조가 가능한 것은 모든 작가, 예술가들이 국가에 소속되어 있기 때문이다.

문학을 예로 들어보자. 전업으로 글을 써서 먹고사는 작가들은 국가에 소속되어 있다. 문학창작단에 소속되거나 작가동맹이나 기관에 소속되어 있다. 다른 직업을 갖고 있으면서, 아마추어로서 창작활동을 하기도 한다. 하지만 직업으로 작가나 예술인들은 문학예술동맹이나 전문 창작기관에 소속되어 있다. 당의 조직에 소속되었기에 당의 목적에 충실해야 한다. 국가에 소속되어 있기에 정기적으로 사상교육을 받아야 한다. 창작과정에서도 집체적인 평가를 받아야 한다.

완성된 작품에 대해서는 철저하게 검열한다. 당의 검열을 통과하지 않은 작품을 발표할 수는 없다. 검열 기준은 인민 생활에 도움이 되고, 당대 사회에 필요한가 하는 점이다. 인민들의 생활 속으로 들어가 인민들의 생활을 직접 체험하고, 이를 바탕으로 인민들의 정서에도 맞으면서 당에서 지도하는 방향에 어긋나지 않은 작품을 만들어야 한다. 북한의 정체성과 맞지 않은 내용의 방송이나 노래를 부르는 것은 곧 사상적으로 문제가 된다. 국가가 요구하는 정책 방향을 벗어난 작품 외에는 창작되고 유통될 수 없다. 잘못하면 엄격한 처벌을 받아야 한다. 이런 이유로 북한 문학은 관제(국가 주도) 문학의 영역을 벗어날 수 없다.

창작 단계부터 발표까지 심지어 작품에 대한 평가까지 국가에서 관리하는 것은 당에서 필요로 하는 선전선동 때문이다. 북한 문학과 예술이 수행해야 하는 일차적 기능은 선전과 선동이다. 체제 선전과 선동을 위한 목적으로 창작되고 연행된다. 선전과 선동은 북한 문학과 예술이 당으로부터 부여받은 엄숙한 사명이다. 북한 문학예술은 철저히 체제의 요구에 그 역할을 충실하게 따라간다.

2011년 12월 30일자 『로동신문』에 〈위대한 김정일 동지의 령전에는〉라는 시가 실렸다. 조선작가동맹 중앙위원회의 추도시였다. 내용은 이렇다.

> 우리 한마음으로 우러릅니다
> 가슴속엔 힘이 넘칩니다
> 장군님 그대로이신 김정은 동지는
> 슬픔에 잠겨있는 인민을 한 품에 안고
> 세기의 큰걸음 내짚으셨습니다
> ……
> 그렇습니다
> 그 이름도 친근한 김정은 동지는
> 조선혁명을 개척하시고
> 승리와 영광에로 이끌어오신
> 김일성 동지이시며 김정일 동지

김정일 국방위원장의 사망이 공식적으로 확인된 지 보름이 지나지 않은 시점이었다. 조선작가동맹은 북한의 모든 문학인들이 소속되어 있는 단체이다. 중앙위원회는 작가동맹을 총괄하는 기구이다. 김성일 국방위원장을 추도하는 시를 발표하면서, 김정은을 "김일성 동지이시며 김정일 동지"라고 하였다. 이후로 이 시기에 나온 문학예술 작품은 "김일성 동지이시며 김정일 동지"를 '종자'로 한 작품을 창작하였다. 북한 문학예술의 특징이자 지향을 알 수 있다.

문학예술을 당에서 통제하는 다른 이유의 하나는 문화예술의 공급을 당에서 관리하면서 외부 문화의 유입을 차단하기 위해서이다. 국가에서 제공하는 문학예술이 인민들에게 통하려면 인민들의 정서에 맞아야 한다. 인민들의 이익을 대변하고, 인민의 정서에 맞는 작품을 창작해야 한다는 원칙을 '인민성의 원칙'이라고 한다.

'인민성'은 북한 문학예술 창작의 기본 원칙이자 지향점이다. 인민들에게 좋은 노래, 좋은 영화, 시대적 감성에 맞는 문학을 창작해서 보급할 것을 요구한다. 인민들이 즐기는 문화를 만들어야 한다면서, 작가나 예술가들에게 현장성을 강조한다. 창작자들이 인민들의 생활 속으로 들어가 그들의 생활 속에서 인민의 이익과 감성을 표현할 수 있는 소재를 찾아내는 것은 창작의 기본이자 원칙이다.

북한에서 문학예술은 작가의 창작적 개성이나 흥미를 위해 존재하는 것이다. 인민들이 보고 듣고, 노래하는 것이 우선이다. 인민들이 보고, 읽어야 이를 통해 인민들을 교양할 수 있기 때문이다. 작가들은 인민들이 생활 속에서 자신의 일로 느낄 수 있도록 해야 한다. 인민들의 근로 현장에 나가서 생활하는 것도 인민 생활과 밀접한 이야기를 쓰기 위해서이다. 현실과 거리가 먼 작품은 인민들이 잘 읽지도 않을 뿐만 아니라 작품에 대한 혹독한 비판을 면할 수 없다.

대외적으로 문화에 대한 통제를 통해 외부 문화를 차단한다. 대내적으로는 노동당의 정책을 선전하고, 생산활동으로 선동하면서, 외부 문화의 유입을 통제한다. 외부문화 특히 자본주의 문화에 대해서는 '황색바람'으로 규정하고 통제한다.

외부 문화에 대해서 차단하는 것은 외부로부터 잘못된 문화가 들어오게 되면 인민들의 생각이 나쁜 문화에 물들어 잘못된다고 보기 때문이다. 인민들이 건전한 생각을 해야 하는데, 자본주의에 물들게 되면 자기 것을 잃어버리게 된다는 것이다. 특히 자본주의 문화는 철저하게 경계한다. 인민문화가 인민대중의 자주적인 요구와 지향에 맞으면 바로 시대의 요구와 지향에 맞는 문화이다. 인민들이 자본주의 문화에 물들게 되면 북한의 순수한 문화가 오염되고, 순수성을 잃게 된다는 것이다. 북한은 자본주의 문화는 인민들의 건전한 문화와는 거리가 먼 문화로 이윤을 위해 향락을 추구하는 나쁜 문화로 규정하고 통제한다.

3. 문학예술 장르와 대표작

1) 문학

북한 문학예술에서 중심은 문학이다. 문학은 스토리를 만들고, 예술은 문학의 스토리를 예술 수단으로 형상한다. 문학에게 주어진 기본 사명은 작품을 통해 사람들의 혁명 의식의 과정, 혁명적 세계관이 형성 발전되는 과정을 형상화하여 보여줌으로써, 혁명적 세계관의 형성 발전을 도와주며, 결과적으로 혁명화할 수 있도록 하는 것이다. 작가들은 일상생활의 체험과 사상학습 등의 수양을 통해서만 작품 속에서 혁명가로 성장하는 인간들의 생동한 현상을 보여주어야 한다.

북한 문학은 시, 소설, 희곡 등으로 구분한다. 이 중에서도 핵심은 소설이다. 소설은 '서사적인 묘사방법으로 인간과 생활을 보여주는 문학의 한 형태'로 '인민들 속에서 가장 사랑받는 문학형태'로 한 나라의 문학 수준은 '소설 문학의 사상예술적 높이'에 따라서 평가된다고 본다. 예술의 발전은 문학이 먼저 발전시키고 문학창작부문에서 혁신이 일어나야 예술 전반에 걸친 발전이 이루어질 수 있으며, 문학예술의 모든 형태가 주어진 사명과 기능을 수행할 수 있다고 평가한다.

소설에서 기본은 인물의 성격을 창조하는 것이며, 묘사에서 기본은 인물의 심리묘사이다. 인간 내면세계를 섬세하고 깊이 있게 그릴 때 작중 인물들의 성격적 특성이 살아 있는 것처럼 체험하고 진실하게 느껴지는 것이다. 인간의 내면세계를 제대로 그리지 못하면 작품 속의 생활과 현실 생활 사이에 간격이 생기고 작품이 읽히지 않게 된다. 소설은 현실을 앞서 나가야 하지만 현실을 초월한 인물로 구성해서는 안 된다. 이렇게 한다면 이상화시키는 결과가 되기 때문에 현실에 맞는 인물로 그려야 한다는 것이 원칙이다.

북한 문학의 구성은 복잡하지 않다. 대부분 시간의 흐름에 따라서 전개된다. 극적 전개가 복잡하지도 않다. 주인공의 운명이 변화되는 과정을 통해 이야기가 전개되고, 그 과정에서 다양한 생활을 보여준다. 시간의 흐름이 복잡하게 얽히거나 역순되어 있는 작품은 좋은 작품으로 평가받지 못한다.

북한 소설에서 중요한 작품은 '불후의 고전적 명작'과 '총서'이다. '불후의 고전적 명작'은 일반 명사가 아니다. 항일무장혁명투쟁 시절 김일성 주석이 창작하였거나 공연한 작품을 의미하는 고유 명칭이다. 〈피바다〉, 〈조선의 노래〉, 〈안중근 이등박문을 쏘다〉, 〈혈분만국회〉, 〈3인 1당〉, 〈성황당〉, 〈딸에게서 온 편지〉, 〈꽃파는 처녀〉, 〈한 자위단원의 운명〉, 〈조국광복회 10대강령가〉, 〈사향가〉, 〈경축대회〉 등이 불후의 고전적 명작이다.

'총서'는 김일성 주석과 김정일 국방위원장의 혁명역사를 소재로 한 일련의 장편 시리즈물이다. 김일성의 혁명역사를 소재로 한 총서 '불멸의 력사' 시리즈와 김정일의 혁명사적을 소재로 한 총서 '불멸의 향도' 시리즈가 있다.

시의 핵심은 서정이다. 서정은 시에만 있는 고유한 미학은 아니다. 소설이나 희곡, 영화문학도 작품의 수준을 높이고 정서적인 감화력을 높이기 위해서 서정적 묘사를 활용한다. 하지만 시가 아닌 다른 장르에서 서정은 보조적인 수단이다.

시는 인간의 사상 감정을 운율에 담아 정서적으로 표현한다. 북한 시에서 서정은 개인적 감성이 아니다. 시적 감성에는 계급이 반영된다. 서정은 생활 속에서 환기된 정서를 재현하는 것인데, 정서는 저절로 생기는 것이 아니다. 생활 속에서 생기는 여러 감정 중에서도 시대적 본질과 맞을 때 정서적 반응이 일어난다. 이때 정서적 반응을 일으키는 핵심은 사상이다. 사상과 정서는 불가분의 관계에 있다. 같은 대상이라고 하더라도 사람에 따라서 서로 다른 감정을 일으키고, 체험하는 정도가 다른 것은 각자의 개인적 정서가 다르기 때문이라는 것이다.

북한 시에서 특별히 발전한 장르는 서사시이다. 서사시는 조기천의 장편서사시 〈백두산〉, 박세영의 서사시 〈밀림의 역사〉와 같이 항일혁명과 관련한 역사를 소재로 한 작품이나 최고지도자의 혁명 역사와 관련한 작품이 대부분이다.

2) 음악

북한 음악은 사상성과 예술성을 결합한 우리 식의 음악을 주장한다. 북한 음악의 기본 방향은 김일성이 1966년 4월 30일에 작곡가들과 한 대담인 「혁명적이며, 통속적인 노래를 많이 창작할 데 대하여」가 기본이다. 이 대담을 통해 북한 음악의 중심인 혁명가요의 창작 지침이 결정되었다. 인민들을 혁명적으로 교양하여 적군을 와해시키는 사업에서 음악이 중요한 역할을 하므로 '대중의 사상과 정서에 맞는 음악작품을 많이 창작'할 것을 주문하였다.

김일성의 요구는 김정일의 『음악예술론』으로 이어졌다. 김정일은 "음악은 선율의 예술이다"라고 하면서, 가요의 내용을 잘 전달할 수 있는 곡을 잘 만들 것을 요구했다. 일반가요는 무대에서 연주하는 연주곡과는 다르기 때문에, 일반가요는 인민의 정서에 맞아야 하며, 퇴폐적이거나 비관적인 생각을 담은 유행가 식이어서는 안 된다는 기준을 제시하였다.

북한 음악에서 강조하는 것은 '통속적인 노래'이다. 여기서 통속적인 노래는 상업주의를 의미하는 것이 아니라 인민성에 기초한 노래, 광범위한 인민들이 부를 수 있는 혁명적이며 통속적인 노래이다. 인민대중이 사랑하면 즐겨 부를 수 있는 사상 예술성이 높은 선율은 민족적 형식을 바탕으로 한 선율이다.

김정일의 주체적 음악론은 '민족음악'으로 귀결한다. 모든 인민은 자기의 고유한 전통적인 민족음악을 가지고 있으며 이 민족음악은 민족 생활의 고유성과 특수성을 반영하면서 역사적으로 형성되어 온 전통적인

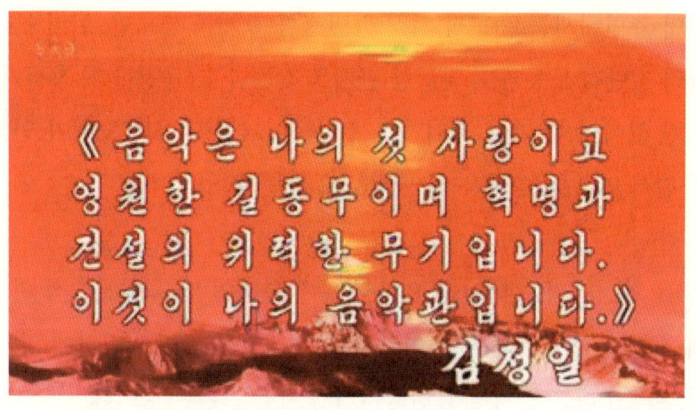

음악인데, 이 민족음악이야말로 자기 민족의 심리적 특성에 맞고 민족적 감정과 구미에 가장 잘 들어맞는 음악이기 때문이다. 민족적 선율을 바탕으로 현대적 미감에 맞는 선율을 창작할 때 인민이 좋아하는 새로운 형식의 선율이 될 수 있다고 본다.

북한 음악에서 강조하는 민족적 선율은 연하고 부드러운 것, 장엄하고 장중한 것, 경쾌하고 명랑한 것 등 다양한 정서적 특성이 반영되어 있으며, 이를 바탕으로 행진곡적인 것, 무곡적인 것, 서정적인 것 등의 선율 유형이 있는데, 우리 민족의 선율적 특성은 아름답고 연한 정서와 밝고 낙천적인 성격으로, 좋은 선율은 굴곡이 별로 없는 순차적 진행을 따르는 것이 특징이라고 하였다. 이러한 민족적 선율은 깨끗하고 선명한 것을 좋아하는 민족적 감정과 민족적 정서 때문으로 설명한다.

음악에서 기준이 되는 민족음악은 민요이다. 북한에서 민요는 "인민의 고유한 민족적 정서와 생활감정에 맞는 참다운 인민의 노래"라고 규정하면서 '오랜 동안 민중 속에서 자연스럽게 형성되고 창조된 노래로 기원적인 측면에서는 종교적 의식과 밀접한 관계를 맺지만, 한편으로 인민들의 집단적 노동과도 밀접한 관계를 갖는다'고 규정한다. 작사가, 작곡가가 없이 오랜 기간 불려지면서 다듬어지고 완성된 노래가 민요라고 하면서 민요를 '참다운 인민의 노래'라는 것이다.

'민요를 발전시키는 데서 중요한 것은 전통적인 민요를 시대적 미감에 맞게 재형상, 재창조하는 것'이라고 하여 민요를 시대적 감각에 맞게 재형상, 재창조하는 것이 음악인들에게 주어진 기본 사명이다.

민족음악을 강조한다고 해서 서양음악을 부정하는 것은 아니다. 우리 음악을 살리면서 서양음악을 도입하여 주체음악으로 만들 것을 강조한다. 양악과 서양음을 결합하되 민족음악을 중심으로 서양음악을 복종시키는 것이 바로 '우리식 주체음악'이다.

대표적인 형식이 전자음악이다. 1980년대 중반 북한에서 전자음악단이 등장하였다. 전자음악을 중심으로 하는 세계적 추세를 따라가면서도 서구와는 다른 북한식으로 수용한 우리식 전자음악을 표방한 보천보전자악단이었다.

보천보전자악단은 '우리(조선)식 전자음악'을 표방하면서 전자악기를 중심으로 양악기와 전통악기를 혼용하였다. '우리식 전자음악'이란 한 마디로 '반인민적이며 퇴폐적인' 서구 전자음악과 달리 조선 장단인 국악 장단을 적절하게 활용한 전자음악이다. 민족 장단은 성격에 따라서 크게 타령, 염불, 도도리, 살풀이, 양산도 장단으로 구별하며, 빠르기에 따라서 중모리, 잦은모리, 휘모리로 구분한다. 또한 억양에 따라서 덩덕

쿵 장단, 박자에 따라서 엇모리 장단, 정서적 색깔에 따라서 진양조, 굿거리 장단으로 구분한다. 보천보전자악단이나 왕재산경음악단은 이러한 국악 장단을 적절히 활용함으로써 전자음악을 사용하면서 낯설지 않은 '조선식 전자음악'을 창조하였다는 것이다.

전자음악단은 '우리 식'임을 강조하였지만 악기의 중심은 전자악기였다. 내용에서도 송가나 당정책가요와는 달랐다. 북한식 대중가요인 새로운 음악형식을 '생활가요'라고 하였다. 김광숙·리경숙·전혜영·조금화 등을 중심으로 한 보천보전자악단은 〈휘파람〉, 〈여성은 꽃이라네〉, 〈도시처녀 시집와요〉 등을 히트시키며 북한식 대중가요인 생활가요를 선보이면서 북한식 전자음악의 새로운 모범을 만들었다.

3) 미술

북한의 모든 문화예술이 그렇듯이 미술도 철저히 당의 정책에 따라 인민을 교양하는 선전선동의 임무가 가장 중요하다. 특히 미술은 직관 예술로서 '시대의 요구'와 '인민의 지향'을 정확히 반영하여, 인민 대중을 사상정서적으로 교양하여 사회발전에 이바지하도록 해야 한다.

북한 미술은 창작 분야와 응용 분야에 따라서 회화, 조각, 공예 등으로 나누어진다. 여러 미술 장르 중에서 핵심은 조선화이다. 조선화에 대한 논의는 1966년 김일성의 연설 「우리의 미술을 민족적 형식에 사회주의적 내용을 담은 혁명적인 미술로 발전시키자」가 발표된 이후였다. 김일성은 민족적 전통을 가지고 있는 조선화를 토대로 하여 우리의 미술을 더욱 발전시킬 것을 강조하였다. 옛 것을 모방하라는 것은 아니다. 조선화의 특징인 표현의 선명성과 간결성을 기준으로 비판적 계승을 통해 시대의 요구에 맞게 발전시킬 것을 요구하였다.

조선화의 가장 큰 특징은 간결하고 선명한 화법이다. 이를 위해 강조하는 것이 집약화(강조와 생략)의 원칙이다. 집약화의 원칙이란 사물 현상의 가장 본질적이고 특징적인 것을 집중적으로 부각시켜 대상의 본질을 진실하게 그려내는 것이다. 조선화의 개념과 특징이 규정된 이후 북한의 모든 미술은 조선화를 중심으로 전개되었다.

유화 역시 조선화의 기법이 중요하다. 유화의 독립적 창작 기법을 도입하기보다는 조선화의 기법을 도입하여 응용한다. 김일성은 유화 부문에서는 형식주의적, 교조주의적, 사대주의적 요소를 배격하고 주체를 확고히 세워 나갈 것을 강조하였으며, 형식에 있어서도 조선화의 선명하고 간결한 전통적 화법을 끊임없이 도입하여 간결하고 선명하고 섬세한 조선적인 유화 화법을 발굴하라는 교시를 내리기도 했다.

선전화는 대중들의 정치 선동을 위한 목적으로 창작된 그림으로서 포스터를 비롯하여 입간판 등의 그림이다. 이런 그림을 '직관물'이라고 부르며, 정통 미술의 한 분야로 중요하게 평가한다. 선전화는 노동당의 정책이나 강령 등을 단시간 안에 선전하고 선동하기 위한 목적으로 제작하는데, 양식화된 그림과 구호 또는 소개 및 안내문 성격이 강한 짧은 글이 필수적으로 들어간다.

선전화는 사명과 기능에 따라 정치선전화, 문화교양선전화, 영화선전화, 광고선전화, 풍자만화선전화 등으로 구분하고, 표현 수단에 따라서 판화선전화, 사진선전화, 풍자만화선전화 등으로 구분한다.

4) 공연예술

공연예술에는 일반적으로 무대에서 보여주는 예술로 무용, 음악, 연극 등 무대 위에서 연기자들 중심으로 이루어지는 모든 예술을 총칭한다. 미학적 형태로의 공연예술의 특징은 무대를 중심으로 연기자의 신체적 표현을 중심으로 모든 음악적 혹은 시각적 표현으로서 관객을 대상으로 현장에서 이루어지는 모든 예술이다.

북한에서 공연예술은 형식에 따라서 '극장무대공연', '순회공연', '외국방문공연'으로 구분한다. '극장무대공연'은 공연을 위한 시설이 갖추어진 공연무대에서 진행하는 공연인데, 여러 공연 종목을 바꾸어 공연하는 것을 '륜환제공연'이라고 한다. '순회공연'은 공장이나 농촌, 어촌, 산간마을을 순회하면서 하는 공연이다. '외국방문공연'에 대해서는 "다른 나라에 가서 자기 나라 민족예술을 보여주는 공연형태"로 규정한다.

북한 공연의 기본 장르의 하나는 무용이다. 무용은 '사람들의 률동적인 움직임을 기본 수단으로 하여 사회현실과 사상 감정을 표현하는 예술'이다. 북한에서는 기본 동작이 통일되어 있는데, 북한 무용의 기본 동작은 무용가 최승희가 만든 '조선민족무용기본'이 토대가 되었다. 무용은 노동을 기원으로 하면서 시대에 따라서 다양한 형식과 결합하면서 발전하였다고 하면서 민족적 특성을 강조한다. 조선 춤가락이 한민족의 생활과 감정, 민족적 정서를 풍부히 구현한 정서적 호소력이 크고 깊은 인상을 남기는 춤가락을 개발했다고 강조한다. 민족적 형식과 관련하여 북한의 공식 미학은 조선춤이 우리 민족의 생활과 감정, 민족적 정서를 풍부하게 구현하고 있으며 격렬한 감정, 깊은 내면 세계 등 다양하게 표현할 수 있는 특성이 있다고 주장한다.

무용은 독자적으로도 공연하지만 그 보다는 종합공연으로 활용한다. 대표적인 형식으로 무용극이 있다. 무용극은 극적 사건을 전개하여 생활을 보여주는 규모가 큰 형식의 무용작품인데, 무용극을 시작으로 종합예술의 다양한 장르가 생겼다. 종합공연 형식으로는 음악무용서사시, 음악무용서사시극, 음악무용이야기, 가무, 무용극, 음악무용조곡, 가무이야기, 대집단체조와 예술공연 등으로, 모든 형식에서 무용은 빠지지 않는 요소이다. 이들 작품은 규모가 매우 크다. 사람들의 생활과 사상 감정을 극적인 사건과 줄거리를 가지고 다양한 형식을 결합하여 공연하기 때문이다.

공연예술에서 기준이 되는 된 작품은 '혁명가극〈피바다〉'이다. 1971년 '혁명가극〈피바다〉'가 창작·공연되었다. '혁명가극〈피바다〉'는 공연예술의 새로운 전형으로 인정받았다. 혁명가극〈피바다〉이후의 공연예술은 '방창'과 '흐름식립체미술'을 활용한 '북한식' 종합공연예술의 창작방식을 지키고 있다. 이후로 북한의 모든 공연은 '혁명가극〈피바다〉'식으로 창작되었고, 공연예술에는 '피바다식'이라는 표현이 붙게 되었다.

'〈피바다〉식' 공연이 자리를 잡으면서 공연 규모가 확대되었다. 계기가 된 것은 1982년에 공연한 음악무용서사시〈영광의 노래〉이다. 음악무용서사시〈영광의 노래〉는 기존의 음악무용서사시 형식에서 벗어나 '〈피바다〉식 혁명가극'의 창작 원칙에 따라 창작된 종합공연예술이었다.

2000년부터는 초대형 공연인 '대집단체조와 예술공연'이 생겼다. 북한에서 집단체조는 1930년대 항일무장혁명투쟁 시기에 창작된 〈꽃체조〉에서 기원을 찾는다. 1955년에 배경대를 결합하면서 종합공연예술로 확대되었다. 북한에서는 집단체조는 정치적인 목적을 갖고 중요한 시기마다 새로운 작품을 창작하였다.

2000년에는 기존의 배경대미술(카드섹션)과 무용 공연을 결합한 형식의 '대집단체조와 예술공연'으로 확대되었다. 대집단체조와 예술공연은 10만 명이 출연한 〈백전백승의 조선로동당〉으로 시작하여, 〈아리랑〉으로 이어졌다. 대집단체제와 예술공연 〈아리랑〉은 2002년 처음 등장한 이후 김정일 시대를 넘어 2015년까지 '아리랑'이라는 타이틀을 바꾸지 않고 공연하였다. '아리랑'은 2018년에는 〈빛나는 조국〉으로, 2019년에는 〈인민의 나라〉라는 제목으로 공연하였다.

교예는 기교예술의 줄임말로 서커스를 우리식(북한식)으로 발전시킨 예술이다. 서커스는 전세계에 퍼져있다. 남한에서는 서커스 또는 곡예, 곡마, 마술 등으로 불리며, 예술로서 크게 인정받지 못하고 있지만 북한에서는 별도의 예술로 인기가 높다. 북한에서 교예가 발달한 것은 자본주의의 서커스나 곡예와 달리 인민을 위한 예술로서 발전시켜왔기 때문이라고 설명한다. 자본주의사회에서 서커스나 곡예가 기형적이며 아슬아슬한 흥미 위주로 되어 있어 말초적 감각적 자극 이상을 기대할 수 없는 착취계급의 저속한 취미와 향락적 욕구를 충족시키기 위한 수단과 구경거리였지만 사회주의 사회에서 '참된 예술'이 되었다는 것이다.

북한이 말하는 교예는 곧 사회주의적 민족교예이다. 사회주의적 민족 교예는 사회주의적 내용을 민족주의 형식에 담아 창작한 교예예술이다. 교예의 기본은 '체육적인 것과 예술적인 것을 옳게 결합시킴'으로써 교예의 기본이 되는 체육적 동작과 기교적, 예술적인 율동미가 배합된 아름답고 씩씩한 교예를 창작하는 것이다.

교예는 신체를 이용한 체력교예, 동물의 반사신경을 이용한 동물교예, 교예가 연행되는 중의 막간에 보여지는 교예막간극, 요술로 나누어진다. 또한 공연이 행해지는 장소에 따라서 공중에서 행해지는 공중교예, 지상에서 진행되는 지상교예, 얼음판에서 벌어지는 빙상교예, 물에서 하는 수중교예로 구분한다.

교예의 기본이 되는 것은 체력교예이다. 체력교예는 체육적인 운동 동작과 기교를 예술적인 조형성, 율동성과 밀접히 결합시켜 기본 형상수단인 체육운동 동작과 기교를 결합시킨 것이다. 모든 교예가 체력교예를 바탕으로 이루어 진다.

민족교예는 체력교예의 일종으로서 전통민속놀이를 현대 교예로 개발한 것이다. 민족교예란 '체력교예의 하나로 민속놀이를 교예로 만든 것으로 일반적이고 전통적인 기교의 기반 위에 교예적 표현을 가미한 교예'로 〈밧줄타기〉, 〈공중날기〉, 〈널뛰기교예〉, 〈3인 그네조형〉, 〈말타기〉, 〈줄놀이〉 등이 있다.

4. 창작 원칙과 좋은 작품

북한 문학예술은 분명한 목적을 갖고 창작한다. 당의 유일한 지시와 결론에 따르는 창작 과정은 엄격한 규율과 조직적 창작 과정을 통해 이루어진다. 주체의 혁명을 중심으로 현실에 맞는 작품을 창작해야 한다.

북한에서 문학예술 창작 방법으로 허용하는 원칙은 사회주의적 사실주의를 기반으로 한 주체 사실주의이다. 주체 사실주의는 주체의 관점에서 현실을 올바르게 반영하여 혁명에 기여 하는 작품을 만드는 것이다. 혁명적 작품 창작을 위해서는 혁명적 세계관과 예술적 재능이 겸비되어야 한다. 아무리 뛰어난 재주를 갖추었다고 해도 수령의 혁명성을 넘어설 수는 없다. 혁명적 세계관은 당의 끊임없는 지도를 받고, 개인이 아닌 집체창작을 통해 보완한다. 당의 방침을 실천하기 위해서는 작품의 소재와 주제를 선택할 때, 철저히 당의 정책을 기준으로 사상적 문제의 내용과 본질을 파악해 편향을 극복하고 유일사상을 구현하기 위한 사업을 벌여야 한다. 창작에서는 개인의 책임성과 창발성을 최대한 높이면서도 집체성을 보장하면서, 계급투쟁, 혁명 투쟁 속에서의 삶을 그려낼 때, 문학예술 작품들이 전투적이고 혁명적인 작품이 될 수 있다고 본다. 북한에서 문학예술 창작이 집단을 중심으로 이루어지는 이유이다.

또한 북한 문학예술을 창작 단계부터 발표에 이르기까지 모든 단계마다 검열하는 것은 인민들에게 좋은 작품만을 보여주어야 한다고 보기 때문이다. 그렇다면 북한 문학예술에서 좋은 작품, 훌륭한 작품은 어떤 작품인가?

북한 문학예술에서 좋은 작품은 곧 시대의 요구에 부응하는 작품이다. 지금이 어떤 시대이고, 이런 시대에는 어떻게 행동해야 하는지를 보여주어야 한다. 당 정책을 충실하게 반영하고, 인민들에게 사회발전에 참여하도록 독려해야 하기 때문이다.

북한이 지향하는 사회주의가 얼마나 훌륭한 제도인지를 보여주어야 하고, 수령에 의해 변화되는 사회주의 조국의 아름다움을 노래해야 한다. 북한 문학이 해야 할 모든 임무의 출발에는 최고지도자가 있다. 최고지도자가 얼마나 위대한지를 문학으로 형상해야 한다. 최고지도자와 인민이 어떤 관계로 만나야 하는지를 보여주어야 한다. 최고지도자에 의해 변화되고, 발전하는 사회주의 조선의 비전을 보여주어야 한다.

> 오. 그날의 아름다운 추억의 단맛은
>
> 단숨에 정신으로《마식령속도》로 달리여
> 오늘로 달려온
> 아름다운 추억의 성상봉
> 세계인류급의 마식령스키장에 오른
> 마식령병사 우리만이 할수 있는 추억이 아니라
>
> ─ 리경체, 〈마식령병사는 추억하리〉, 『조선문학』, 2013년 8호.

『조선문학』 2013년 8호에 실린 리경체의 시 〈마식령병사는 추억하리〉이다. 10년이 걸려도 해내지 못할 방대한 공사를 짧은 기간에 성과적으로 수행한 마식령스키장 건설을 소재로 하였다.

김정은 시대의 이상향인 '사회주의 문명국'을 빠른 속도로 건설하여 더 높은 문명을 즐기자는 상징적인 사업으로서 마식령스키장 건설을 소재로 새롭게 시작된 사회주의 문명국 건설을 향한 열망을 담고 있다.

김정은 시대의 사회주의 문명국 건설의 상징으로 시작된 마식령스키장 건설은 새로운 사회의 지표이자 아이콘이었다. 마식령스키장이 만들어지고 2013년 12월 31일 개장식을 가진 이후 김정은 시대의 상징으로서 마식령스키장을 소재로 한 시와 노래가 소개되었다. 마식령스키장 건설 과정에서 '마식령 속도'라는 용어도 만들어졌다. 마식령스키장을 소재로 한 시를 쓴 것은 새로운 시대가 시작되었다는 것을 보여주기 위해서이다. 국가에서 왜 마식령스키장을 만드는 지에 대해서, 그리고 얼마나 중요한지에 대해서 문학과 예술로 보여주는 것이다.

북한의 문학예술은 작품을 통해 변화하는 사회의 본질을 보여주고, 인민들에게 사회주의 제도가 얼마나 좋은 지를 보여준다. 그리고 이런 제도 속에 살고 있어서 행복하다는 것을 느끼도록 해야 한다. 사회주의 건설을 위해서 헌신적으로 희생하는 본보기를 보여주고, 또 사람들이 따라 배울 수 있도록 구체적인 본보기를 창조해야 한다. 혁명적 세계관이 형성 발전되는 과정을 형상화하여 보여줌으로써 사회의 혁명을 이끌어나가야 한다. 이것이 북한 문학예술에게 주어진 기본적인 임무이다.

5. 인물형상과 스토리텔링

북한 문학예술에서 중요한 것은 '인간'이다. 북한 문학과 예술이 사회에 복무하기 위해서는 시대가 요구하는 좋은 작품을 창작해야 한다. 시대에 맞는 좋은 작품이란 우리 시대가 필요로 하는 전형적인 인간상을 올바르게 형상한 작품이다.

인간상이 중요한 이유는 인민들이 인물을 보고 배우게 하려고 하기 때문이다. 북한 문학예술은 취미나 감상이 아니라 교양 도서이다. 혁명의 단계별로 당에서 요구하는 인간형이 있는데, 문학예술은 현재의 혁명 단계에서 당에서 요구하는 인물상을 창조하여 제시해야 한다. 그래서 문학예술 작품을 보고 인민들은 그 주인공의 삶을 보고 배우도록 한다. 당 정책을 분명하게 이해하고, 인민 생활을 반영한 작품을 창작하여 인민의 감성을 움직이고자 한다.

북한에서 문학과 예술을 강조하는 것은 감성 때문이다. 문학과 예술을 통한 선전과 선동은 감성적인 접근을 통해 자발적 참여를 이끌어 낼 수 있다는 장점이 있다. 인민들을 대상으로 한 강연이나 교육, 신문이나 방송언론을 이용한 보도도 있다. 정치집회, 당대회, 토론회, 총화 등의 방법을 통하여 당의 정책을 선전할 수도 있다. 그러나 이러한 방식은 문학과 예술의 감수성에 미치지 못한다. 문학이나 영화, 음악이 주는 감동은 또 다른 영향을 미친다. 북한 문학과 예술은 심장을 울리고, 정서적 공감대를 형성하는 감성적 동화(同化)의 수단이다.

문학과 예술은 '이야기'이다. 이야기가 갖고 있는 힘을 통하여 당의 정책 방향을 알게 되고, 자연스럽게 받아들이게 된다. 인민들을 굳건한 믿음과 사회경제적 동원으로 이어지도록 한다. 이것이 북한 문학예술에서 강조하는 '심장을 울리는' 작품이다. '심장을 울리는 작품'을 창작하기 위해 작가는 당 정책의 지향과 방향을 잘 알아야 한다. 그리고 인민들이 진정성을 느낄 수 있도록 감정 조직을 잘 해야 한다.

인민들의 마음을 움직이기 위해서는 어떻게 해야 할까? 무엇보다 생활과 연결되어야 한다. 생활에 느낄 수 있는 이야기, 생활과 연결되는 이야기여야 한다. 작가, 예술인들은 당에서 지향하는 정책 방향과 인민 생활 사이에서 작품으로 이어준다. 당 정책을 구체적인 사례를 통하여 실천하는 방법을 보여준다. 북한 문학과 예술은 작품이자 곧 교양서이다.

정치와 생활 현장을 이어주는 가장 일상적인 방법은 인물이다. 당 정책을 충실하게 실천하는 인물을 보여주는 것이다. 이런 인물을 '긍정적 주인공'이라고 한다. 복잡한 설명이 필요 없다. 긍정적 주인공을 보여주고, 그대로 따라 배우도록 하는 것이다

북한 문학예술에서 묘사한 긍정적인 주인공은 당의 정책을 완벽하게 이해하고, 온몸으로 실천하는 충실한 공산주의자이다. 남이 알아주지 않아도 묵묵히 현장에서 진심 어린 마음으로 실천한다. 이런 인물들은 당 정책을 겉으로만 알고 있던 문제적 인물들을 변화시킨다. 긍정적인 주인공들은 말이 아니라 헌신적인 희생을 통해 실천적으로 보여준다. 이런 인물을 보면서 다른 인물들은 자신이 무엇을 잘못하고 있는지를 깨닫는다. 그리고 그 헌신과 희생을 본받아 국가와 사회를 위해 모든 것을 바치는 긍정적인 인물로 성장한다. 북한 체제가 보이지 않은 곳에

서 묵묵히 일하는 수많은 헌신과 희생을 통해 유지되고 있다는 것을 이런 방법으로 교양하는 것이다.

문학예술이 다른 교양 수단보다 중요한 것은 스토리텔링 때문이다. 북한의 문학예술은 모두 주제가 있는 '이야기'이다. 영화라고 해서 멋진 장면이나 액션이 중심이 아니다. 인물의 변화와 성장이 기본 스토리이다. 스토리의 힘을 통하여 당의 정책 방향을 알게 되고, 자연스럽게 받아들이게 된다. 인민들을 굳건한 믿음과 사회경제적 동원으로 이어지도록 한다. 이것이 북한 문학예술에서 강조하는 '심장을 울리는' 작품이다. '심장을 울리는 작품'을 창작하기 위해서는 작가가 당 정책의 지향과 방향을 잘 알고, 진정성을 느낄 수 있도록 감정 조직을 잘해야 한다.

6. 대중문화와 인민문화의 거리

북한의 문학예술은 관제(국가 주도)의 문학예술이다. 엄밀한 의미에서 우리가 알고 있는 대중문화와는 차이가 있다. 대중문화는 대중을 어떻게 해석하느냐에 따라서 두 가지로 이해된다. 매스(mass)와 파퓰러(popular)이다. "다수의 사람들이 즐긴다"는 의미가 있다. 하지만 매스 컬처로서 대중문화는 대중을 소비로 생각하고 접근하는 대중문화 산업이라는 의미가 크고, 파퓰러 컬처는 여러 사람이 좋아하는 문화라는 의미가 강하다.

매스 컬처로서 대중문화는 문화산업의 시스템으로 작동한다. 대중적인 인기와 연관되면서 종종 선정성과 폭력성의 문제를 야기하기도 한다.

반면, 파퓰러 컬처는 국민가요와 같은 전통적인 측면이나 폭넓은 호감을 얻는 문화를 의미한다. 북한의 대중문화는 정치적 파퓰러 컬처를 지향한다. 자본주의 문화와는 거리를 두고, 사회주의를 주제로 한 인민이 즐기는 문화를 만들어서 공급하고자 한다.

북한에서는 대중문화라고 하지 않고, 인민문화라고 한다. 물론 북한에도 가요가 있고, 방송이 있고, 드라마가 있고, 노래가 있다. 북한 주민들도 노래를 부르고, 춤추고, 드라마를 좋아한다. 그런데도 '대중문화'가 없다는 것이 무슨 뜻인가?

북한에 대중문화가 없다는 것은 대중들이 선택할 수 있는 문화가 아니라는 뜻이다. 북한에서 문화는 곧 정치의 일부분이다. 인민들을 잘 교양하고, 혁명가로 키우기 위한 수단으로 활용한다. 따라서 북한의 문화는 대중들이 중심이 아니라 정치가 중심이다. 대중들이 선택할 수 있는 문화가 아니다. 이러한 차이는 남북의 문화가 유통되는 근본적인 차이점이다. 남한에서 대중문화는 문화상품의 하나이지만 북한에서는 국가에서 공급하는 기획물이다.

북한에서 문화는 경제의 영역이 아니다. 북한에서 문화는 곧 정치이다. 문화는 보고, 듣고, 즐기는 것이 아니라 인민들에게 건전한 생각과 사상을 심어주는 정치 교양물이다. 당의 정책을 인민들에게 알리거나 당에서 제시한 경제 활동을 격려하는 작품을 만든다. 인민들은 문학예술 작품을 보면서 당의 영도와 방향에 맞추어 교양 사업을 진행한다. 영화나 음악 같은 대중문화도 예외는 아니다.

우리의 대중문화와 비슷한 형태의 대중문화가 나온 것은 1980년대이다. 1980년대 중반에 창단한 보천보전자악단과 왕재산경음악단이 생활가요를 들고 나왔다. 북한의 노래는 혁명가요, 송가, 당정책가요가 중심이었는데, 보천보전자악단에는 혁명가요와는 다른 생활가요를 불렀다. 생활가요는 생활 속의 이야기를 소재로 한 가요들인데, 특히 남녀 사랑의 노래가 있어서 선풍적인 인기를 모았다. 지금도 북한 가요라고 하면 가장 먼저 보천보전자악단의 노래가 떠오를 정도로 대중적으로도 널리 알려졌다. 유달리 인기를 모았던 것도 생활과 관련한 노래였기 때문이었다. 남한에도 제법 알려진 〈휘파람〉, 〈반갑습니다〉, 〈도시처녀 시집와요〉 등의 노래가 보천보전자악단의 대표 레퍼토리였다.

보천보전자악단의 생활가요가 특별했던 것은 노래를 만들고 검열하고 보급하는 것이 바로 당이기 때문이었다. 남한에서야 작사가나 작곡가 개인 신분이다. 누구나 재능만 있으면 가사를 쓰고 노래를 만들 수 있다. 하지만 북한은 다르다. 북한에서는 예술을 창작하는 주체는 국가이다. 북한의 모든 문학예술 작품은 국가에서 기획부터 보급까지 관여한다. 신문이나 방송, 영화관을 통해 공개되는 모든 작품은 국가의 엄격한 검열을 거쳐야 한다. 모든 전문예술인들은 국가에 소속되어 있다. 작가, 가수, 배우, 촬영가, 감독, 방송인, 만화가 등도 마찬가지이다. 모든 작가나 예술인들은 공무원의 신분이다. 당연하게도 당에서 요구하는 내용의 작품을 만든다.

당에서 만들어 인민들에게 공급하기 때문에 선택의 여지가 없는 것이다. 좋아하거나 싫어할 수 없다. 당에서 만든 노래는 무조건 좋은 노래이다. 당에서 만든 영화도 무조건 좋은 영화이다. 좋은 주제를 선정해서

모란봉악단 연주 장면

작가들이 직접 인민들의 생활 현장 속으로 들어가 인민의 정서를 반영하여 만들었기 때문이다.

인민의 생활과 정서를 반영하였다고는 하는데, 재미가 있을까 싶다. '재미'는 상대적인 문제이다. 헐리우드 문법에 익숙한 남한 관객의 입장에서는 흥미를 찾기가 쉽지 않다. 물론 북한 영화만 그런 것은 아니다. 이탈리아 영화, 스페인 영화는 어떨까? 아니면 이집트 영화나 방글라데시아 영화는 어떨까? 어떤 문화도 배경이 되는 지식이 없으면 낯설기 마련이다. 북한영화가 재미없다는 것은 영화가 놓인 지형과 의미가 다른 것을 반증한다. 북한 영화를 보기 위해서는 외국 영화를 보듯이 바탕 지식이 필요하기 때문이다.

'재미'는 남북 대중문화를 비교하는 중요한 기준이다. 북한에서는 재미보다는 내용이 있어야 한다. 하지만 남한에서는 내용도 중요하다. 하지만 재미가 있어야 한다. 왜 그럴까? 남북 대중문화의 근본적인 차이가 있기 때문이다. 대중문화는 대중매체와 함께 등장하였다. 대중매체가 등장하면서, 문화도 상품으로 주목하게 되었다. 대중문화는 엄청난 규모의 시장을 갖고 있다. 인기 배우나 인기 영화는 어지간한 기업보다 더 큰 수익을 올린다. 대중문화의 영향력은 대중문화 소비자들이 결정한다. 하지만 북한에서 대중문화는 정치의 영역으로 수익과 상관없이 작동한다.

남북의 대중문화는 문화적 지형 자체가 다르다. 북한의 문화는 대중문화가 아니고 인민문화라고 한다. 인민문화는 문화를 즐기는 인민대중의 이익을 반영한 문화이다. 사람들은 자신이 속한 계급에 맞는 문화를 좋아하는데, 인민문화는 인민이 좋아하는 문화라는 의미가 있다. 문화를 국가에서 만들어 인민에게 공급하기에 이런저런 통제를 받는다. 선택할 수 있는 주제도 제한되어 있다. 인민들에게 도움이 되는 건강한 문화를 만들어서 오락이 아닌 교양물로 활용하는데, 인민들에게 별로 도움이 안 된다고 생각하기 때문에 만들지 않는다.

변화가 없을 것 같은 북한 대중문화도 김정은 시대로 오면서 상당히 달라졌다. 무대장치도 화려해졌고 전자음악을 활용한 화려한 연주기법도 예전과 다르다. 의상도 파격적이다. 짧아지고 화려해지고, 배꼽도 보인다. 선정적 무대 퍼포먼스를 보면 북한이 맞는가 싶을 정도이다. 김정은 시대의 새로운 정책변화를 보여주고자 하는 의도와 변화된 북한 주민의 정서가 만난 결과물이다. 그렇게 북한 대중문화는 변화하고 있다.

7. 북한 영화 있고, 없고

문화예술의 지형과 방향이 다르기 때문에 남북의 문학예술은 공통점과 차이점이 분명하게 존재한다. 영화를 예로 들어 보자.

남한에서 영화는 가장 대중적인 장르의 하나이다. 한국 영화의 수준도 세계적이다. 해외의 유명 영화제에서도 한국 영화는 늘 주목받는 대상이다. 봉준호 감독의 〈기생충〉은 아카데미를 비롯하여 세계적인 영화제에서 수상하면서 한국 영화의 위상을 한층 높여주었다. 해마다 수천 편의 영화가 만들어진다. 장르도 다양하다. 드라마, 희극, 코믹, 액션, 스릴러, 로맨틱, 환타지, 신화, 어드벤처, 스포츠, 호러, 역사물, 애니메이션 등등. 요즘에는 정통 장르보다는 여러 장르가 혼합된 영화가 대세이다.

그런데, 이런 영화들이 북한에도 있을까? 그렇지는 않다. 북한에서는 볼 수 없는 장르가 있다. 기술적인 문제가 아니다. 영화에 대한 인식, 영화를 생산하는 구조의 차이 때문이다.

어떤 영화가 있고, 어떤 영화가 없을까? 우선 공포영화가 없다. 만약 "북한에는 왜 공포영화가 없어요?"라고 묻는다면 아마도 이렇게 말할 것이다. "영화는 사회에 도움이 되어야 한다. 영화나 음악은 곧 정치이고, 교양에 도움이 되라고 만드는 것이 아니냐. 사람들을 무섭게 만드는 영화가 교양에 무슨 도움이 되겠느냐"고 반문할 것이다. 오히려 돈을 주고 무서운 영화를 보는 것을 의아해 할 수도 있다.

공포영화의 주요 소재인 귀신이나 악령에 대해서도 부정적이다. 공포

영화라고 하면 먼저 떠오르는 이런 귀신이나 악령은 존재 자체를 인정하지 않는다. 사회주의는 유물론이 기본 정신이다. 귀신이니 악령이니 하는 것은 마음이 약한 사람들이 느끼는 것이지 실제로 있는 것이 아니다. 존재하지도 않는 귀신을 보고 무서워할 이유가 없다고 생각한다.

천사나 악마, 귀신, 영혼, 사후세계를 인정하지 않고, 좀비나 강시도 없고, 늑대인간이나 구미호 같은 반인반수, 드라큘라 같은 흡혈귀도 없다. 모두 허황된 것으로 본다. 점을 치거나 미래를 예언하는 것에 대해서도 비과학적인 것으로 보고 인민들이 이런 허황한 것에 빠지지 않도록 한다. 그렇다고 실제로 없는 것은 아니다. 민간에서는 결혼이나 취업, 장사를 시작할 때는 몰래 점을 보기도 하고, 사주도 맞추어 본다. 하지만 공식적으로는 모두 금지한다.

환타지 영화도 없다. 전 세계적인 선풍을 모은 〈헤리포터〉 시리즈나 〈어벤저스〉 시리즈, 환타지의 고전인 〈반지의 제왕〉이나 〈트와일 라잇〉, 〈버시잭슨〉 시리즈, 〈판의 미로〉 등과 같은 신화나 마법을 소재로 한 영화도 없다. 〈신과 함께〉, 〈슈렉〉이나 〈데스노트〉 같은 유형의 영화도 없다. 북한에도 환상영화가 있기는 하지만 우리와는 개념이 다르다. 북한에서도 '환상'이 있고, 환상영화도 있다. 하지만 북한에서 환상은 '판타지'가 아닌 공상과학영화이다. 과학적 사실을 근거로 한 영화로 미래에 가능한 영화이다. 미래 해양자원 개발하거나 우주를 탐사하거나 번개의 전기를 잡아서 전력으로 이용하는 영화 등이다. 이런 영화들은 과학적이고 물리적인 근거를 바탕으로 한 환상이라고 해서 '과학환상'이라고 하는데, 주로 청소년용 영화이다.

또 북한 영화에는 무협영화, 에로영화, 범죄영화, 사회고발의 영화(블랙코미디) 등도 없다. 이런 영화들은 사회에 대해서 부정적인 인식을 심어줄 수 있기 때문이다. 북한에서는 체제에 대한 비판이 원천적으로 금지되어 있다. 영화를 만들기 위해서는 조선로동당 선전선동부의 검열을 받아야 하는데, 북한 체제를 비판하는 내용이 검열을 통과할 수는 없다.

살인이나 납치, 강도, 인질극 같은 내용의 범죄수사물이나 사회적 문제를 다룬 영화(블랙코미디)는 사회적인 문제를 다룬다는 점에서 사회비판적인 시각을 담고 있다. 예술이 해야 할 중요한 역할의 하나가 사회에 대한 끊임없는 각성, 사회발전에서 소외된 인간이나 물신화되어 가는 인간의 모습을 그려냄으로써 인간 자체에 대한 관심을 환기하는 것이다. 사회고발적인 성격의 영화는 우리 사회의 내면을 돌아보는 긍정적인 기능이 있다. 하지만 북한은 다르다. 만약 북한에서 '사회를 비판하는 영화를 만들겠다'고 한다면, '좋은 내용으로 영화를 만들어도 되는데, 왜 구태여 부정적인 영화를 만들어서 인민들에게 좋지 못한 감정을 심어주느냐'는 비판을 받을 것이다.

이것저것 빼고 나면 남은 것이 없을 것 같은데, 왜 이런 것들을 볼 수 없을까. 국가에서 만드는 영화이기 때문이다. 엄밀히 말하면 조선로동당이라고 하는 당에서 만드는 영화이기 때문이다. 국정홍보처에서 홍보영화를 만든다고 생각하면 된다. 해외에 우리 나라를 소개하거나 공공기관을 소개하는 홍보영화에 부정적인 내용을 담지는 않을 것이다.

그래도 영화는 좀 재미있어야 한다. 사실 북한 영화는 우리의 입장에서는 재미가 없다. 멋진 자동차가 등장하지도 않고, 자동차를 타고 이리저리 도심을 질주하면서 날아오는 총알도 피해가고, 아찔아찔한 순간을 넘기면서 손에 땀을 쥐게 하는 장면도 없다. 이국적인 장소에서 멋진 풍경을 배경으로 남녀의 로맨틱한 사랑 장면도 없다. 극적이고 과장된 표현도 없다.

북한에서는 사실주의가 유일한 문학예술 창작 방식이다. 최대한 사실적인 면을 살린다. 예술적 상상력이란 실제 사건을 좀 더 잘 보여주기 위한 것이다. 영화는 일정 정도 과장되어야 극적이고, 재미있는데, 이것이 금지되어 있다. 액션 영화에서도 와이어를 이용하여 하늘을 날아가거나 나무 사이를 날아다니거나 절벽을 차고 올라가지는 않는다. 북한에서도 영화에 CG를 이용한다. 이때에도 좀 더 멋진 장면을 만들기 위해서 CG를 사용하지 않는다. 사실적으로 재현하기 어려운 상황에서 제한적으로 사용한다.

영화에서는 사실적인 표현이 중요하다. 왜? 북한영화는 영화로서 예술성을 지향하지 않기 때문이다. 영화는 예술보다는 교양물이다. 교양을 위해서는 인민들이 사실로 받아들이고, 주인공의 행동을 따라 배워야 하는데, '저건 현실이 아니고 예술일 뿐이야'라고 한다면 어떻게 되겠는가. 영화를 만드는 이유가 없어지는 것이다.

에로영화나 성인영화는 어떨까. 물론 없다. 북한 영화에서 표현할 수 있는 노출 수위는 굉장히 낮다. 북한의 모든 영화가 '전체 관람가'이다. 북한에서 만든 모든 영화에서 키스나 포옹씬은 다섯 손가락 안에 꼽을 정도이다. 그나마 직접 보여주기보다는 암시적으로 보여준다. 남녀의 애정표현에 대해서도 제한적이다. 바람직한 남녀 관계는 사회적 동지로서 당에서 제시한 혁명과업을 함께 풀어가는 동지애를 바탕으로 한 사랑이다. 이런 사랑에서 사적인 감성을 표현하는 것은 혁명성에 별로 도움이 된다고 보지 않는다.

그리고 〈트렌스포머〉처럼 로봇이 변신하거나 사이보그를 주제로 한 영화도 없다. 인류의 역사는 인간에 의해서 변화되고 발전한다. 북한 체제의 정신적 바탕인 주체사상에 의하면 수령의 영도에 의해서 인간은 주체적으로 세상을 바꾸는 존재이다. 로봇은 인간이 사회를 발전시키는 데 필요한 도구일 뿐이다.

영화가 재미있느냐 없느냐는 상대적이다. 남북의 영화가 만나게 된다면 북한 주민들은 '내용이 부정적이다'고 평가할 것이고, 우리는 '재미가 없고, 정치적이다'고 평가할 것이다. 남한의 대중문화는 미국의 영향을 많이 받았다. 우리가 느끼지 못한다. 하지만 우리의 영화 경험은 헐리우드 문법에 친숙해져 있다. 속도 빠른 장면 전개나 화려한 영상에 익숙하다. 북한 영화만 재미없는 것이 아닐 것이다. 친숙하지 않은 영화는 낯설기 마련이다. 프랑스 영화, 이탈리아 영화, 이집트 영화, 인도 영화, 태국 영화도 낯설기는 마찬가지이다. 북한 영화는 북한 주민들이 잘 알고 있는 주제와 내용으로 제작되고, 북한이라는 정체성 안에서 유통된다. 남북의 오랜 분단이 남북 문화의 차이를 자연스럽게 만든 것이다.

8. 북한 문학과 예술의 특성

1) 이야기 중심

북한의 문학과 예술의 가장 중요한 특성은 문학 중심이라는 것이다. 우리가 '문예' 혹은 '문화'라고 할 때는 문화예술을 의미한다. 하지만 북한에서는 '문학예술'이라고 한다.

문학이 중심이다. 문학이 중심인 이유는 서사, 즉 이야기 때문이다. 문학이 이야기를 만들고, 예술은 그 이야기를 예술적으로 창작한다. 이런 이유로 북한의 모든 예술에는 반드시 서사가 있다. 서사가 없는 예술은 없다. 문학, 영화, 연극, 가극과 같이 서사를 포함할 수 있는 장르는 물론이거니와 무용이나 가요도 예외가 아니다. 주제가 없는 예술은 없다. 반드시 이야기가 포함되어야 하는데, 그 이야기를 만들어 내는 것이 문학이다.

문학은 작가가 이야기하고자 하는 주제(종자)를 창작하는 기본 과정이다. 이야기의 창작은 '주체사실주의' 창작 원칙에 따라서 이루어져야 한다. 이야기가 완성되고 검열을 통과하게 되면 하나의 공통서사가 만들어진다. 이 서사를 각 예술 분야에서 받아들여 창작한다.

음악, 무용, 미술에서도 장르의 특성보다는 주제를 잘 표현할 수 있는지가 중요하다. 서사를 공유하는 문학예술 작품으로는 〈피바다〉가 있다. 〈피바다〉는 김일성이 창작하였다고 주장하는 작품이다. 북한에서는 일제 강점기인 1936년 여름에 처음 공연한 이후, 북한 정권이 수립된

1960년대 말부터 1970년대 초에 여러 '예술'로 재창작되었다. 1969년에는 영화 〈피바다〉로, 1971년에는 가극 〈피바다〉로, 1972년에는 장편소설로 각각 옮겨졌으며, 교향곡 〈피바다〉, 가요 〈피바다〉 등으로 창작되었다. 줄거리는 모두 같다.

2) 장르 복합적 형식

북한 예술에는 장르 복합적인 형식이 많다. 오페라처럼 한 작품에서 노래도 하고, 무용도 한다. 장점이 있다. 주제를 잘 살릴 수 있다. 북한 문학예술은 예술 장르의 특성보다 주제가 중요하기 때문에, 주제를 위해서 필요한 예술 장르를 활용하는 것이다. 독창이 필요하면 독창으로 무용이 적절하면 무용을 쓰는 것이다. 북한에서 가장 많은 공연예술인 가극을 비롯하여 음악무용서시, 대집단체조와 예술 공연이 이런 특징을 잘 보여준다.

이런 특성을 살리려면 예술단 규모가 커야 한다. 그리고 음악, 미술, 무용 등의 배우가 있어야 한다. 북한의 대표적인 예술단인 만수대예술단, 피바다가극단, 국립민족예술단, 공훈국가합창단 등이 종합공연예술단인데, 종합공연단체로 운영하는 이유도 분야에 상관없이 작품을 창작하기 위해서이다.

북한의 공연단체마다 작가, 음악가, 배우, 미술가들이 소속되어 있어서 작품 창작에서 필요한 인력을 상시적으로 확보할 수 있다. 수천 명이 참가하는 음악무용서사시나 10만 명이 출연하는 대집단체조와 예술공연이 가능한 것도 한 단체 안에 여러 장르의 전문가들이 소속되어 있기 때문이다. 기획단계에서부터 전문성을 살려 나갈 수 있다.

음악무용서사시는 음악과 무용을 기본으로 하여 역사적 사건들과 사실들을 작품으로 옮긴 대규모의 종합예술 작품이다. 1950년대 후반부터 시작하여 합창과 무용을 비롯한 시낭송과 관현악, 무대미술 등의 각 장르를 망라하여 다양한 효과와 극적인 전개를 결합한 형식으로 대형 공연이다. 북한에서는 음악무용서사시는 음악의 강한 청각적 표현력과 풍부한 내용 그리고 무용의 시각적인 묘사가 어울려 한 편의 작품이 완성되므로 시청각적으로 상승효과가 높은 장르로 평가한다.

3) 대작 지향

북한 문학과 예술 작품 중에는 유독 대형 작품이 많다. 평양 시내 한 가운데, 높이 서 있는 주체사상탑, 만수대의 김일성 동상, 노동당 상징탑, 천리마동상 같은 조각, 인민대학습당, 인민문화궁전, 과학기술의 전당 같은 건축물을 보면 한결같이 크다는 것을 알 수 있다.

북한 문학예술 작품에서도 건물만큼이나 큰 작품이 많다. 북한에서 대작이라고 하는 것들이다. 북한에서 대작이란 단순히 규모 면에서 큰 것을 의미하지 않는다. 규모에 걸맞게 내용도 훌륭한 작품이다. 여기서 내용이란 곧 최고지도자와 관련한 것을 말한다.

대형 작품을 지향하는 것은 기념하기 위해서이다. 특정한 사건이나 행적을 기념하는 만큼 특별한 의미를 부여한다. 이런 작품을 기념비적 대작이라고 한다. 문학예술사전에서는 기념비적 작품은 "심오한 사상적 내용을 높은 형상속에 구현함으로써 커다란 사상예술적가치를 지니고 사람들을 사상미학적으로 교양하며 자주성을 위한 투쟁에로 불러일으키는데서 큰 역할을 하는 매우 우수한 문학예술작품"이다.

기념비적 대작에 해당하는 작품으로는 총서 '불멸의 력사' 시리즈, 서사시 〈백두산〉, 조각으로는 〈천리마동상〉, 〈주체사상탑〉, 〈개선문〉, 〈만수대 대기념비〉, 〈보천보전투승리기념탑〉, 〈삼지연 대기념비〉, 〈왕재산 대기념비〉, 영화에서 예술영화 〈민족과 운명〉, 〈조선의 별〉, 〈첫 무장대오에서 있은 이야기〉 등이 있다.

이들 작품은 "경애하는 수령 김일성동지의 영광찬란한 혁명활동과 위대한 풍모를 빛나게 형상함으로써 어버이수령님의 불멸의 혁명업적을 후손만대에 길이 전하며 사람들을 당의 유일사상으로 무장시키는 혁명의 교과서로 되는 기념비적대작"이라고 평가한다.

내용이야 북한의 기준에 따라 판단하는 것이라고 하더라도 형식에서 엄청난 크기의 조각이니 기념비, 빙대한 분량의 연작물, 대규모 공연 작품들이 많다. 북한 문학의 고유한 형식인 총서는 문학에서 대형 작품이다. '총서'는 장편소설 시리즈인데, '총서'라는 명칭은 오직 최고지도자와 관련한 작품에만 붙일 수 있다. 북한에만 있는 고유한 문학장르이다. '총서'는 두 가지가 있다. 김일성의 일대기를 소설로 옮긴 '불멸의 역사'와 김정일의 일대기를 그린 '불멸의 향도'이다.

총서 '불멸의 력사'는 김일성의 혁명활동이 시작된 시기부터 주요 행적을 소재로 한 장편소설 시리즈이다. 1972년부터 조선작가동맹중앙위원회, 4·15문학창작단 집체작 창작으로 〈1932〉라는 장편소설로 시작하였다. 제1권 〈1932〉부터 제12권 〈잊지못할 겨울〉까지는 4·15문학창작단 이름으로 발표되었다. 그러다 1985년 제13권인 〈봄 우뢰〉부터는 소설가 개인 이름으로 발표하고 있다. 총서 '불멸의 향도'는 김정일의 혁명 사적을 소재로 한 장편소설 시리즈이다. 1989년 현승걸의 『아침해』를 시작으로지 28권 이상이 발표되었다.

천리마동상은 1961년 4월 15일 김일성의 49회 생일을 기념하여 평양시 모란봉 기슭의 만수대 위에 세운 조각상이다. 천리마동상의 높이는 50.2m이다. 동상에 있는 노동자가 들고 있는 붉은 색의 편지가 1.3m에 달한다. 동상에 사용된 구리의 양은 100톤이 넘는다. 주체사상탑은 1982년 4월 15일 김일성의 70회 생일을 기념하여 김일성광장 건너 편에 세워졌다. 높이는 170m인데, 엘리베이터를 통해 정상으로 올라갈 수 있다.

개선문은 1982년 4월 15일 김일성의 70회 생일을 기념하여 세워졌다. 광복되고 김일성이 돌아와 평양공설운동장(현재 김일성경기장)에서 연설한 것을 기념하는 문이다. 높이는 60m이며, 폭은 52.5m로 파리의 개선문보다 크다.

만수대 대기념비는 1972년 김일성의 60회 생일을 맞아 평양의 만수대 언덕 위에 세워진 기념비이다. 대기념비 좌우 양편에는 22.5m 높이의 탑이 세워져 있다. 김일성이 가리키는 방향으로 나아가는 모습을 취하고 있는 228명의 인물들이 조각된 인물조각상과 기폭이 있다. 조각상의 평균 높이는 5m이고, 총 길이는 200m이다.

주체사상탑
(김도형 사진작가)

영화 〈조선의 별〉은 북한 영화에서 가장 많은 관객을 동원한 영화이다. 영화는 한 편이 아니고 10부작으로 제작되었다. 조선예술영화촬영소에서 제작한 '조선의 별'은 1920년대 중반부터 1930년대까지 김일성 주석과 김일성 주석을 따르는 인물들의 항일무장혁명 투쟁을 찬양하는 내용으로 1980년부터 1987년까지 10부작으로 제작되었다. '조선의 별'은 40만회의 상영기록에 총 관람객수가 1억 5천만 명이 넘는다고 한다. 이는 한 사람이 7-8회 정도 관람했다는 계산이 나온다. '조선의 별' 후속 시리즈 격인 '민족의 태양'이 본격적으로 나온 1990년까지 10년 동안 상영됐다고 볼 때 매년 4만여 회, 매달 3천여회, 매일 1백회가 상영됐다는 것이다. 이런 영화는 의무적으로 관람한다.

'조선의 별'보다 많은 기획시리즈로 제작된 영화가 '민족과 운명'이다. '민족과 운명' 역시 시리즈물 영화로 1991년부터 제작이 시작되었다.

가요 〈내 나라 제일로 좋아〉라는 노래가 있는데, 김정일이 이 노래의 주제가 좋다면서 '내 나라 제일로 좋아'를 주제로 한 영화 제작을 지시하였다. 처음에는 10부작으로 기획하였으나 중간에 시리즈가 늘어나 10부작에서 20부작으로 20부에서 50부로 늘어났다. 50부 이후에도 시리즈가 계속되어서 80여 편을 넘겨서 아직도 진행 중에 있다.

음악무용서사시 〈영광스러운 우리 조국〉, 〈영광의 노래〉, 〈행복의 노래〉 역시 대형 종합공연작품이다. 이런 작품들은 주로 김일성이나 김정일의 생일에 맞추어 기념으로 제작된다. 〈영광의 노래〉는 김일성 주석 70회 생일을 기념하여 1982년 4월 15일에 공연되었으며, 〈행복의 노래〉는 75회 생일을 기념하여 공연하였다. 실내 공연임에도 불구하고 출연자가 5천 여 명을 넘는다.

최근 공연으로는 2002년부터 진행한 대집단체조와 예술공연 〈아리랑〉이 있다. 북한 최대 경기장이자 15만 명을 수용하는 릉라도의 '5·1경기장'에서 진행되는 〈아리랑〉 공연은 일반 학생부터 전문예술인들이 참여한다. 배경대 미술(카드섹션)과 집단체조가 어우러진 초대형 공연으로 기네스 북에 오르기도 하였다. 〈아리랑〉 공연은 2018년의 〈빛나는 조국〉, 2019년의 〈인민의 나라〉, 〈불패의 사회주의〉 등으로 이어졌다.

전문예술인이 참가하는 공연으로는 2015년에 있었던 조선로동당 창건 70주년 1만 명 대공연 〈위대한 당, 찬란한 조선〉이 있다. 북한은 매년 조선로동당 창건 기념일인 10월 10일이 되면 여러 형태의 행사를 진행한다. 특히 정년이라고 하는 5년, 10년 단위가 되면 큰 행사를 진행한다. 2015년은 조선로동당 창건 70주년으로 어느 해보다 크게 축하행사

대집단체조와 예술공연 〈아리랑〉 (조선신보)

를 진행하였다. 2015년 10월 10일 중앙당 행사가 있은 다음 날 축하 공연이 이어졌다. 청봉악단의 '조선로동당 창건 70주년 경축공연', 공훈국가합창단과 모란봉악단의 '조선로동당 창건 70주년 경축 합동공연'이 있었다. 여러 행사 중에서 '1만명 대공연 〈위대한 당, 찬란한 조선〉'이 규모에서 가장 컸다. 행사 제목에서 알 수 있듯이 만수대예술단, 보천보전자악단, 왕

2015년 10월에 있었던 노동당 창건 70주년 기념 공연을 보도한 『로동신문』 기사

재산경음악단을 비롯하여 참가한 전문예술인들이 1만 명을 넘었다. 실내공연으로 감당하기 어려운 규모로 김일성광장 앞 대동강에 가설무대

를 세우고 공연을 진행하였다.

실질적으로 대작이란 곧 김일성 주석의 항일혁명 투쟁과정과 관련한 작품이나 김정일의 혁명사적을 기리는 작품에 다름아니다. 북한 공연예술의 문학중심, 장르복합적 작품, 대작 지향의 특성은 예술의 창작력과 향수에 목적을 두기보다는 개인으로서는 감당할 수 없는 큰 규모의 예술작품을 통해 사회주의의 우월성을 과시함으로써 사회주의의 정당성을 강조하는 문화예술 통치의 한 수단이라고 할 수 있다.

4) '우리식'의 민족문화

북한이 지향하는 문화는 민족문화이다. 북한은 유난히도 민족성을 강조한다. 민족은 혁명의 기본 단위이며, 예술과 문화의 기본 단위라고 생각한다. 민족이 다르기 때문에 각 민족마다 특색있는 문화를 만들었다는 것이다.

북한 문학예술 창작은 전통의 문화유산을 발굴하여 현대적 미감에 맞는 작품을 창작하는 것이다. 문화유산을 발굴 복원한다는 것은 봉건주의 사회 것을 그대로 모방하는 것이 아니다. 이런 풍조는 오히려 복고주의로 규정하여 비판의 대상이 된다. 김정일은 "복고주의를 반대하는 것은 사회주의적 민족 문화예술을 발전시키는 데서 우리 당이 견지하는 기본 방침의 하나"라고 분명히 하였다. 과거의 것을 사회주의 내용에 맞게 변형시켜서 오늘날의 정서에 맞도록 해야 한다.

민족 문화의 전통을 특히 강조하는 예술 장르의 하나는 음악이다. 민요의 전통을 중심으로 한 민족음악의 발전을 강조한다. 세계의 모든 인민은 자기의 고유한 전통적인 민족음악을 가지고 있다. 이 민족음악은 민족 생활의 고유성과 특수성을 반영하면서 역사적으로 형성되어 온 전통적인 음악이다. 이 민족음악이야말로 자기 민족의 심리적 특성에 맞고 민족적 감정과 구미에 가장 잘 들어맞는 음악이기에 민족음악을 기본으로 살려야 한다는 것이다.

이런 이유로 북한에서는 현대예술에서 강조하는 예술의 보편성이나 세계성은 각 민족의 문화예술의 민족적 특성을 무시한 잘못된 이론이라고 주장한다. 예술이 보편적이라는 것은 민족의 특성을 무시하고, 세계를 하나로 묶으려는 자본주의의 술책에 불과하다는 것이다.

그렇다고 해외의 문화를 부정하지는 않는다. 북한도 세계적인 흐름이나 문화가 있다는 것을 인정한다. 세계 문화와의 교류를 부정하지는 않는다. 서양음악을 부정해서도 안 된다고 말한다. 그러나 중심은 어디까지나 민족문화예술이어야 한다는 것이다. 우리를 중심에 두고 외국 문화를 수용해야지 민족의 문화를 지켜갈 수 있다는 것이다.

외국의 우수한 문화예술이 있으면 우리 민족의 특성에 맞도록 '우리식'으로 수정해서 받아들여야 한다는 것이다. 예를 들어서 전자기타, 신디사이저 등의 전자음악은 서양의 음악이지만 북한에서도 연주에 활용한다. 남에도 많이 알려진 '보천보전자악단'이나 '모란봉전자악단'은 단체의 이름에 '전자악단'이 들어간다. 하지만 서양의 것을 그대로 받아들인 것이 아니라 '우리식(북한식)으로 받아들였다'고 주장한다.

9. 김정은 시대의 문학예술

김정은 시대의 북한 문학과 예술은 어떻게 달라졌을까. 대중문화도 예전과는 많이 달라졌다. 특히 음악이나 공연문화는 파격이라고 해도 틀리지 않을 정도로 달라졌다. 주제나 내용은 같다. 그렇지만 형식은 엄청나게 달라졌다. 같은 노래도 어떻게 부르냐에 따라서 느낌이나 감성이 달라지듯이 표현 방식은 전에 없이 달라졌다. 문학이나 영화는 침체된 반면 공연예술에서의 변화가 특히 두드러졌다.

김정은 시대의 문학예술 변화는 김정은 시대의 새로운 아젠다인 '사회주의 문명국'과 관련되어 있다. 김정은이 최고지도자가 된 직후 '사회주의 문명국'이라는 새로운 시대의 비전을 선언했다. 사회주의 문명국은 사회주의 체제를 유지하면서 모든 분야에서 선진문명국을 이루겠다는 선언이었다. 사회주의 문명국으로 가기 위해서는 과거와는 다른 새로운 시대를 위한 과감한 변화가 필요하였다. 과감하고 혁신적인 변화를 모란봉악단을 통해서 보여주고자 하였다. 예술이 곧 정치적 선전도구이기 때문에 가능하였다. 예술단을 창단하고 공연을 지도하였다는 것은 김정은의 예술적 재능을 보여줄 좋은 기회이기도 하였다.

김정은 시대 북한 문학예술의 변화는 북한 사회 전반에 일어나고 있는 변화와 맞물린다. 영화나 방송물에서도 변화가 진행 중이다. 자연 야외 촬영이 많아졌고, 생생한 현장감을 살리는 화면을 연출한다. 방송에서의 변화도 적극적이다. 아나운서의 세대교체도 눈에 두드러지고, 복장도 세련되었다. 화면의 서체, 빠른 편집은 한층 세련되고 젊어졌다. 아나운서들의 인기가 높아지면서, 예능을 겸하는 아나테인먼트 현상도 나타나고 있다.

북한 사회의 변화와 대중문화의 변화는 상호적이다. 북한 대중음악은 한층 경쾌해지고 밝아진 것이며, 상대적이기는 하지만 창법도 다양해진 것도 사회의 변화와 연결된다. 여전히 당의 검열을 받고, 당의 노래를 하고 있지만 '이런 것까지…'라고 말할 정도로 달라진 것도 있다. 김정은 시대를 대표하는 '다양화, 다종화, 다색화'를 대중문화를 통해 구현하고자 하는 새로운 트렌드를 보여준다.

1) 김정은 시대 문학

김정은 체제가 시작된 2012년 이후 북한 문학예술은 김정은의 주요 행적을 따라 김정은의 업적과 김정은에 의해 변화되는 북한 사회를 담아나가고 있다. 김정은 시대에 달라진 도시 풍경은 김정은 시대를 상징하는 성과물로 표상되었다. 여러 거리 중에서도 과학기술의 중요성을 강조하는 미래과학자 거리와 려명거리는 새로운 시대의 희망과 비전을 상징하는 문학 소재로 활용되었다. 대외적으로는 국제 사회의 대북 제재가 여전한 가운데서도 북한 체제가 건재하다는 것을 도시개발로 보여주고자 하였다.

> 《은하》!《미래》!《려명》!
> 그 이름으로 불리우는 인민의 거리들
> 인민의 스키장 물놀이장 승마구락부
> 인민극장 인민의 지하전동차 무궤도전차
> 로동당의 하늘 인민이 사는 세계

그 창가마다에서 우리는
더 아름답고 환희로운 꿈을 꾸어라

황금산! 황금벌! 황금해!
인민의 영원한 보물고에서
끝없이 새 문명 새 노래를 창조하며
한껏 무르익은 열매를 따들이고
아름찬 보물을 퍼올리고 쌓아거러니
빛나라 내 나라 사회주의여

『조선문학』 2018년 06호에 실린 심복실의 〈서해의 새 풍경〉의 일부이다. '은하', '미래', '려명'은 모두 김정은 시대에 새롭게 건설된 아파트와 거리들이며, 스키장, 물놀이장, 승마구락부는 인민대중 제일주의를 앞세운 김정은의 치적으로 대표하는 것들이다. 김정은 시대에 올린 성과물들을 나열하는 것은 대외적으로 아무리 압박을 하여도 자력으로 부강국가를 이룰 수 있다는 것을 보여주고자 한 정치적 의도의 반영이다.

2) 김정은 시대의 공연예술의 파격

김정은 시대 문학예술 분야에서 주목하는 장르의 하나는 공연예술이다. 북한 공연예술이 어느 때보다 화려해졌다. 북한 음악의 중심은 여전히 당과 수령이 중심이지만 경쾌하고 빠른 노래와 화려한 춤이 어우러지는 종합공연이 많아졌다.

김정은 시대에 많이 불리는 가요는 대체로 경쾌하고 빠르다. 과학기술로 최첨단을 돌파하자는 주제의 가요 〈돌파하라 최첨단을〉, 〈더 높이 더 빨리〉, 〈전선에서 만나자〉, 〈단숨에〉 등의 노래는 속도감에서 분명한 속도의 차이를 느낄 수 있다.

율동이 눈에 띄게 많아지고 화려해졌다. 음악은 음악대로, 춤은 춤대로 움직이던 것이 가무로 모아졌다. 노래와 안무가 함께 어우러지는 '가무(歌舞)'의 비중이 높아졌다. 특히 김정은 체제 출범 이후 트렌드가 된 예술단의 전국 순회공연에서는 예전에 볼 수 없었던 화려한 무대가 펼쳐지고 있다.

가장 현란한 무대를 선보이는 예술단은 단연 왕재산예술단이다. 왕재산예술단은 최근 몇 년간 지방순회 공연을 가장 많이 진행한 예술단이다. 〈배우자〉, 〈우등불〉, 〈달려가자 미래로〉, 〈보란듯이〉와 같이 빠르고 경쾌한 리듬의 노래를 배경으로 다이나믹하고 화려한 무용으로 다양한 레퍼토리를 구성하고 있다.

왕재산예술단의 공연 퍼포먼스를 보여주는 공연으로 2017년의 "대륙간탄도로케트 시험발사 성공기념 음악무용 종합공연"이 있다. 제목에서 알 수 있듯이 대륙간 탄도 로켓(ICBM) 시험 발사가 성공적으로 끝났다고 마련한 축하 공연이었다. 북한을 대표하는 주요 예술단이 공연에 참가하였고, 김정은도 직관한 공연이었다. 김정은 국무위원장을 비롯하여, 김영남 최고인민회의 상임위원장, 황병서 인민군 총정치국장, 박봉주 내각 총리, 최룡해 노동당 중앙위원회 부위원장을 비롯한 당·정·군 간부와 함께, 시험 발사에 기여한 국방과학 부문의 책임일꾼들과 과학자들이 참가한 공식 공연이었다.

공연 후반부에는 왕재산예술단의 무용 〈륜춤〉이 등장했다. 처음은 아니었다. 2016년 조선로동당 창건 70주년 기념 공연에서도 왕재산예술단에서는 이 륜춤을 공연하였다. 당시에는 김일성광장 앞 대동강 위에 대형 무대를 설치하고 1만 명의 예술가들이 총출동하여서 행사를 진행하였다. 2부 공연에서 왕재산예술단이 공연하기도 하였다.

'륜'은 홀라후프의 북한식 표현이다. 올림픽 깃발을 오륜기라고 하고, 사륜구동 자동차라는 표현에서 짐작한다. '륜'은 '동그라미'라는 한자어이다. '륜춤'은 홀라후프 춤이라고 할 수 있다. 기계체조의 동작과 무용을 결합한 춤으로, 홀라후프를 돌리면서 다양한 동작을 연출한다. 홀라후프를 돌리는 재주를 보면 서커스를 방불케 하였다. 동작도 동작이지만 더 놀라운 것은 복장이었다. 7명의 여성 무용단원이 탱크탑과 초미니스커트를 입고 무용을 선보였다. 북한 공연에서 볼 수 없었던 가장 아찔한 공연무대이고, 가장 파격적인 무대의상이다. 이쯤 되면 '선정성' 논란이 생길 법도 하다. 이전까지 북한 공연에서 볼 수 없었던 아찔한 공연이었고, '선정성' 논란이 생기지 않을까 싶을 정도로 파격적인 무대의상이었다.

왕재산예술단은 다른 예술단과 함께 무대를 꾸미는 종합공연을 비롯하여, 전국적인 순회공연을 통해 남다른 존재를 과시하고 있는 예술단이다. 2016년 량강도 삼지연군의 공연을 시작으로 지방순회 공연을 진행하였다. 량강도 순회공연, 청진공연, 흥남비료련합기업소 공연, 김책시 공연, 신의주 공연, 평안남도 순회공연, 황해제철련합기업소 공연, 평양 공연에 이르기까지 130여 회의 공연을 진행하였다. 해마다 진행하는 수백회 공연에서도 빠지지 않은 레퍼토리의 하나가 되었다.

왕재산예술단의
〈륜춤〉 공연 중

북한의 공연예술이 상당히 달라졌다는 것을 확인해 준 것은 2019년 1월에 있었던 북한 예술대표단의 베이징 공연이었다. 2019년 1월 중국 베이징 국가대극원에서는 북한 예술대표단의 공연이 있었다. 2012년 김정은 체제가 시작된 이후 처음 이루어진 공연이었다. 북중 수교 70주년을 기념하는 국가 차원의 초청 공연으로 시진핑 국가주석 내외가 참관하였고, 일반인 관람객 없이 중국의 관리들을 대상으로 한 외교행사로 진행되었다.

외교적인 행사로 진행되는 축하공연에서는 주로 국가를 대표하는 노래나 공연을 무대에 올린다. 격식이 중요하기 때문이다. 그런데, 북한에서는 라프춤(탭댄스) 〈청춘시절〉과 가무 〈달려가자 미래로〉를 무대에 올렸다.

〈달려가자 미래로〉는 김정은 시대에 가장 많이 불리는 노래로 열심히 노력해서 부강조국을 만들어 나가자는 내용의 노래이다. 경쾌한 리듬과 쉽게 부를 수 있는 노랫말 때문에 무용곡의 배경으로 자주 활용되는 곡이다. 북한 예술단의 가무 〈달려가지 미래로〉는 2018년 삼지연관현악단이 2018년 평창동계올림픽을 앞두고 진행한 축하 공연에 나왔던 노래였다. 리혜연을 센터에 세웠지만 복장과 율동은 2018년 그대로였다. 2018년 평창동계올림픽 축하 공연에서 선을 보였던 복장과 퍼포먼스를 그대로 북중 수교 70주년 기념 무대에 올린 것이다.

북한 음악이 변화되었다는 것은 모든 가요에 해당하지 않는다. 북한 음악은 여전히 당과 최고지도자를 향해 있다. 어떤 노래를 해도 최고지도자를 찬양하는 송가와 당의 정책을 지지하는 당정책가요이며, 조국을 사랑해야 한다는 내용은 빠지지 않는다.

북한에서 예술은 어디까지나 공적 영역이다. 대중가요를 부르는 가수들이라고 해서 대중의 사랑으로 먹고살지 않는다. 경애하는 원수님의 사랑과 은덕으로 당의 품 안에서 이루어지는 예술이다. 북한 대중문화

2019년 북한예술단의 방중공연 중 라프춤 〈청춘시절〉

2018년 평창동계올림픽 축하 공연에서 가무 〈달려가자 미래로〉(왼쪽),
2019년 북한예술단의 방중 공연중 가무 〈달려가자 미래로〉(오른쪽)

의 한계이자 특징이다. 그래서 북한의 대중음악을 보면 문화를 공급받는 대중의 정서가 바뀐 것을 알 수 있는 것이 아니라 대중문화를 공급하는 당의 정책적 지향이 바뀐 것을 알 수 있다.

10. 김정은 시대의 아이콘 모란봉악전자악단

김정은 시대를 대표하는 대중예술단은 모란봉전자악단, 삼지연관현악단, 왕재산예술단이 있다. 모란봉전자악단은 김정은 체제가 본격적으로 시작된 2012년에 창단된 악단으로 처음에는 모란봉악단이라는 이름이었다. 삼지연관현악단은 2009년에 창단한 삼지연악단이 확대된 것이다. 2015년에 창단한 청봉악단도 있기는 하지만 활동이 중단된 상태이다. 왕재산예술단은 1984년에 창단한 왕재산경음악단의 후신으로 무용을 주로 하는 공연예술단이다. 이들 예술단은 김정은 시대 이전과는 확실히 구분되는 노래와 무대 퍼포먼스로 변화를 보여주고 있다.

북한 대중음악의 변화를 대내외에 각인시킨 것은 2012년이었다. 출발이 된 것 모란봉악단이었다. 모란봉악단은 김정은의 '각별한 관심과 지도'로 만들어진 악단이다. 지금도 여전히 가장 강력한 존재감을 드러내는 대중예술단이다. 모란봉전자악단은 누가 뭐라고 해도 김정은시대에 가장 잘 나가는 예술단으로 단독 공연은 물론 순회공연, 종합공연에서 늘 빠지지 않는 예술단이다. 누가 뭐라고 해도 가장 잘 나가는 악단이자 가장 대중적인 전자악단이다. 단순히 노래를 잘 부르고 연주 실력이 뛰어나서가 아니다. 김정은 시대의 지향을 공연을 통해 보여주었다.

모란봉악단은 시범공연부터 확실하게 존재감을 드러냈다. 2012년 7월 6일 만수대예술극장에서 김정은이 참가한 가운데 진행한 시범공연에서 이전의 대중음악과는 확실하게 선을 그었다. 모란봉악단의 시범공연은 시작부터 파격의 연속이었다. LED판넬을 이용한 배경화면, 현란한 레이저 조명, 형광색 반짝이의 미니스커트, 어깨선이 드러나고, 화려한 장식의 무대복, 무대에서 보여준 퍼포먼스는 적어도 형식에서는 파격, 그 자체였다.

더욱 놀라운 것은 선곡이었다. 2부로 구성된 공연은 1부 〈아리랑〉으로 시작하여 북한 가요와 중국 가요로 구성하였다. 문제는 2부였다. 2부의 시작곡은 1980년대 세대들에게 너무도 익숙한 영화 〈록키〉의 주제가 'Gonna Fly Now'였다. 전주가 흐르는 가운데 2부의 막이 올랐다. 그리고 2시간 10분 정도 진행된 공연 후반부에는 디즈니사의 애니메이션 주제가들이 줄줄이 연주되었다. 애니메이션 주제가가 연주되는 동안 미키마우스, 곰돌이 푸 등의 캐릭터가 등장하였다. 미키마우스가 직접 연주단을 지휘하는 퍼포먼스도 있었다.

모란봉악단의 파격적인 시범공연은 텔레비전을 통해 북한 전역으로 퍼졌다. 북한은 2012년 7월 11일과 12일 오후 8시 15분「조선중앙TV」를 통하여 "경애하는 김정은 동지를 모시고 진행한 모란봉악단 시범공연"을 녹화 실황으로 방영하였다. 모란봉악단의 실황공연이 방영되자, 평양거리는 한산할 정도로 주민들로부터의 인기는 폭발적이었다.

"내용에서 혁명적이고 전투적이며 형식에서 새롭고 독특하며 현대적이면서도 인민적인 것으로 일관된 개성있는 공연을 무대에서 펼치였다

...(중략)... 화려한 무대조명의 효과로 하여 청각과 시각적으로 변화무쌍한 공연은 음악형상창조의 모든 요소들을 예술적으로 완전히 조화시켰다. 공연의 주제와 구성으로부터 편곡, 악기편성, 연주기법과 형상에 이르는 모든 음악요소들을 기성관례에서 벗어나 대담하게 혁신"하였다고 하면서, "우리 인민의 구미에 맞는 민족고유의 훌륭한것을 창조하는 것과 함께 다른 나라의것도 좋은것은 대담하게 받아들여 우리의것으로 만들어야 한다고 하시면서 주체적립장에 확고히 서서 우리의 음악예술을 세계적수준에서 발전시켜야 한다"는 점을 강소하였다. 2012년 7월9일자 『로동신문』의 「경애하는 김정은동지께서 새로 조직된 모란봉악단의 시범공연을 관람하시였다」 기사에서 밝힌 평가이다.

모란봉악단은 공연 이후 주요 명절을 맞이한 축하행사나 합동공연을 주도하면서 김정은 시대를 상징하는 예술단으로 자리 잡았다. 모란봉악단이 주목을 받는 이유는 단지 음악 때문이 아니었다. 모란봉악단의 공연 이후 '모란봉악단 창조기풍', '모란봉악단 일본새(일하는 방식)'라는 용어가 생겼다.

모란봉악단 시범공연에서 특히 높게 평가한 것은 '혁신', 그것도 '대담한 혁신'이었다. 모란봉악단의 시범공연은 7월 11일, 12일 이틀 동안 두 차례에 걸쳐 녹화실황으로 방송하였다. 모든 인민들에게 두 차례 걸쳐 방송으로 보여준 것은 '모란봉악단'의 시범공연을 통해 보여주고 싶었던 메시지가 분명하였기 때문이었다.

모란봉악단의 이런 성과를 다른 예술단과 사회단체에서 본받을 것을 요구하였다. 모란봉악단이 창단된 지 얼마 지나지 않아 인민들로부터 인기를 끌게 된 이유도 '혁명적이며 진취적인 창조기풍을 떠나서는 생각할 수 없다'면서 '창조기풍'을 강조하고 나섰다.

북 한 문 학

북한문학은
서사이다

김은정·한국외국어대

1. 생활의 명랑함과 전망에서 오는 건강함

문학은 당대의 인간·세계·삶을 언어로 표현하는 예술이다. 무엇보다 문학이 인간·세계·삶을 다룬다 할 때, 체제와 이념을 달리하는 남북한의 정치적, 경제적, 사회적, 문화적 차이가 있을 수밖에 없다. 설령 '한글'이라는 동일한 언어를 들어 남북한 문학의 동질성을 논할 수도 있겠지만, 언어 역시 사회적 맥락에 좌우된다는 점을 염두에 둘 때 이 역시 남북한 문학의 차이를 극복할 수 있는 대안으로는 불충분하다. 이런 점에서 북한문학을 제대로 이해하는 일이야말로 북한 사회를 이해하는 길이며 우리문학을 이해하는 첩경이다. 남북한 분단 상황을 '국가' 단위로 접근할 때, 남북한은 각각 독립된 국가일 수밖에 없다. 이 경우 북한문학을 단순하게 보면 그저 외국의 문학일 뿐이다. 그러나 '한민족'이라는 단위로 접근할 때, 북한 문학은 우리문학이 된다.
여기서는 우리문학인 북한문학에 대해 살펴보려 한다.

한국에서 북한 문학을 접할 때 두 가지 장애와 마주하게 된다. 먼저 북한문학이 기본적으로 당의 정치, 사회적 목표를 반영하고 있고 선전, 선동의 도구로 기능하고 있기 때문에 정치 사상적 측면에 대한 거부감과 무시이다. 그러나 이 거부감과 무시에는 1948년 분단이후 격화되어 온 이념 충돌은 물론 지금까지도 한국에서 겪어왔던 독재의 기억의 각인과 북한의 경제적 상황 그리고 정상국가가 아니라는 시선이 혼재되어 있다. 뿐만 아니라 북한을 알고 문화를 향유하는 것이 나라에서 금하는 불법이었기 때문에 거부감은 오히려 일상적이고 자연스럽게 스며들어 있다.

두 번째는 북한문학이 도식적이며, 근대 미달이라고 말한다. '개인서사, 인민의 서사가 국가라는 상수의 서사로 뭉뚱그려지면서 북한 문학은 재미없는 문학'이 되어버렸다는 것이다. 그렇다면 근대 미달의 문학이라는 프레임 안에서 그럼 북한 문학 모두를 괄호 안에 넣어야하는가? 라는 질문이 남는다.

근대문학은 문학 자체를 근대에 가두나 넘어서기 위한 방향으로 발전해왔다. 그런 측면에서 전통문학보다 개인 상상력을 억압하는 문학이다. 자율·의지·미적 근대성을 목표로 근대를 넘어 가려하기 때문이다. 고전문학이 전통적으로 보이지 않는 것에 대한 상상을 통해 성장시키는 반면 사람을 좌절 상태에 가둬놓는 것에서 근대문학의 비확장성이 발견된다. 다시 앞의 질문으로 돌아가서 도식적인 것은 재미가 없으며, 근대 미달인 것일까? 연구와 현실은 다르다. 북한문학이 연구자들에게는 평가의 대상이지만 대중들에게는 향유의 대상이다. 대중늘은 현실에 갇혀있는 것을 원하지 않는다. 그렇기에 사람들은 가장 도식적이고 통속적인 이야기, 소위 막장 드라마에 열광하는 것이고, 도깨비, 인어, 외계인, 평행 세계, 시간여행 등의 통속적인 것의 마법에 빠져드는 것이다. 이처럼 통속적인 것의 마법이 문학적 상상력의 핵심이다.

그렇다면 선전, 선동의 도구인 북한 문학에도 상상력이 있을까하는 문제가 남는다. 북한 소설의 등장인물들은 상황보다 다른 사람의 행동이나 말에 그리고 대화를 통해 자신을 반성하면서 자신들이 꿈꾸는 세상을 향해 걸어 나간다. 그들을 꿈꾸게 하는 것은 바로 전망이다. 북한문학에서의 상상력은 전망에서 나온다. 북한문학에서 그리고자 하는 것이 진짜인지는 내가 겪어보지 않았기 때문에 모른다. 하지만 그들이 겪은 것이 사실이 아니라하더라도 심청이나 홍길동이 꾸는 세상처럼 현실에는 없지만 그런 세상을 꿈꾸는 북한을 응원하면서 그들의 꿈과 이상을 엿보는 것도 나쁘지는 않을 것 같다. 도식적이기는 하지만 북한문학에는 생활에서 묻어나는 명랑함과 전망에서 오는 건강함이 있다. 그렇기 때문에 북한 소설 속의 인물 등은 욕망과 양심 사이에서 갈등하는 것이다.

북한문학이 한국에 전혀 소개되지 않았던 것은 아니다. 공식·비공식으로 소설은 최상순의 『나의교단』(물결), 남대현의 『청춘송가』(공동체), 천세봉의 『석개울의 새봄』(살림터), 『안개흐르는 새언덕』(살림터), 림종상 『안중근 이등박문을 쏘다』(자음과 모음), 백남룡의 『벗』(살림터), 그리고 총서 불멸의 력사 『혁명의 여명』(힘), 『봄우뢰』(힘), 『대지는 푸르다』(힘) 『1932』(열사람), 『위대한 사랑』(한) 홍석중의 『황진이』(문학예술출판사 영인본), 최명익의 『서산대산』(한국문화사), 박태원의 『갑오농민전쟁』(깊은샘)이 출간되어 있으며, 한설가야가 가극을 각색한 『피바다』(한울), 『꽃파는 처녀』(오월), 『한 자위단원의 운명』(황토)이 출판되었다. 장편서사시 조기천의 『백두산』(실천문학사) · 이범수의 『조국청춘』(한) 등이 출판되어 있다. 그리고 2018년 8월 한국의 민간단체인 남북경총통일농사협동조합은 남북 민간분야 교류 차원에서 북한에 출판물 교류를 제안, 11권의 소설의 한국내 출판을 진행하고 있다. 양측의 계약서에 따르면 저작권을 양도받은 작품은 "홍석중 의 『황진이』를 비롯해 『풍운 속의 여인』, 『이제마』, 『훈민정음』, 『겨레의 넋을 불러』, 『국상 을파소』, 『여기자』, 『네덩이의 얼음』, 『단풍은 낙엽이 아니다』, 『고구려의 세 신하』, 『한

여성의 수기』 등 11권이다." 남북경총통일농사협동조합에서 선정한 소설은 거의 역사물이거나 위인물이다. 이들이 역사물이나 위인물, 그리고 실존인물의 삶을 그린 작품들을 선정한 것은 북한 체제를 선전하는 정치성이 그나마 낮기 때문일 것이다. 그럼에도 2019년 출판을 목표로 했던 이 작품들은 아직 출판되지 않고 있다.

이 글에서는 북한문학 전반을 다루려했다. 시기별로 대표작을 선정하는 방식으로 북한문학 변화에 조금이나마 접근해보려 했으며, 주체사상으로의 전환 이후 북한 문예의 특성과 이론적 배경에 대해 살펴려했다. 하지만 대표작이라는 부분에는 한계가 있다. 필자가 북한의 모든 작품을 읽어보지 못했기 때문에 나의 경험치와 각종 평가에 기댈 수밖에 없기 때문이다. 여기에 선정된 작품들은 시기에 따라 개인의 치열함과 명랑함이 그리고 국가의 욕망이 담겨있다. 하지만 사상적인 부분을 괄호치고 읽는다면 한국에서도 가볍게 읽을 수 있는 작품들이다.

2. 1946-1950년대 문학

1) 사회주의적 사실주의 창작론 : 단편소설 리기영의 「개벽」, 이동규의 「그 전날밤」

북한의 소설 창작방법은 사회주의적 사실주의이다. 사회주의적 사실주의 북한에서 문학창작 방법의 근간을 이루는 것으로 내용과 형식의 문제를 규정하는 용어이다. '사회주의적 사실주의 창작방법'이란 전형적 환경에서 전형적인 성격을 역사적인 구체성과 혁명적 발전 과정 속에 진실하게 묘사하고, 공산주의적 긍정적 주인공을 주도적 입장에 세워

형상화하는 창작방법이다. 사회주의적 사실주의의 창작의 기본원칙은 ① 현실을 진실하게 반영하고, ② 공산주의자의 전형을 주인공으로 묘사해 창작하며 ③ 인민대중을 사회주의, 공산주의 사상으로 교양하는 과업을 수행해야 한다.

북한 초기소설로 대표적인 작품은 이기영의 「개벽」이다. 이기영의 「개벽」은 사회주의적 사실주의 소설로 북한에서 실시한 토지개혁을 소재로 '천지개벽'할 이 제도가 도입된 시점을 배경으로 이 제도에 영향을 받은 당시 북한 인민의 심리와 사회적 분위기를 잘 묘사하고 있는 작품이다. 이 작품이 우리에게 소개된 것은 1988년 「실천문학」겨울호에 실리면서부터이다.

■ 「개벽」 단편소설. 1946년 리기영 창작

토지개혁 법령이 발표된 지 며칠 지난 어느 날 읍내 수 만명 농민들이 시위 대열을 지어 「우리들 농민에게 토지를 주신 김일성장군 만세!」를 높이 부르며 거리를 누빈다. 이 대열에는 주인공 원 첨지의 아내와 아들딸들도 들어있다. 그러나 이날 원 첨지는 세상이 또 한 번 뒤집힌다는 황주사의 말을 곧이 듣고 집에 들어 앉아 짚신을 삼고 있었다. 시위 끝에 마을 농민위원장은 원 첨지에게 일본놈들과 지주들이 독차지하였던 토지가 농민들에게 무상으로 분배되고 농민들은 지주에게 진 빚을 더는 물지 않아도 된다는 것을 일깨워준다. 자기로서는 꿈결에도 생각해보지 못한 그런 일이 현실로 펼쳐진다는 것을 확신한 원 첨지는 "개벽이야!... 이거야말로 천지개벽이야!"라고 기쁨에 넘쳐 환성을 울린다. 그 후 농촌위원회 위원으로 선거된 원 첨지가 마을농민들과 가족들의 축복 속에 토지개혁을 성과적으로 수행하기 위한 투쟁의 앞장에 나서게 되고 농민들을 악랄하게 착취하던 황주사의 온 가족이 남조선으로 도망친다.

■ 「그 전날밤」 1948년 리동규 창작

1948년 5월 단독 선거의 내막을 폭로하고 그것을 파탄시키기 위한 남한 노동자들의 투쟁을 그린 작품이다. 소설에서는 미국의 앞잡이들인 신태화와 최길룡 등 부정적인 인물 형상을 통해 남한에서 진행된 단독선거 상황을 잘 그리고 있다. 소설은 1956년에 나온 단편집 「그 전날밤」에 실려 있다.

농구제작소 사장 신태화는 노동자들 앞에서 자기에게 찬성 투표해 달라는 연설을 하고 금품으로 노동자들을 매수하려고 한다. 그러나 노동자들이 사장 신태화에 반대하여 공장 안에 「매국배족의 립후보자를 타도하자!」라는 삐라를 뿌리면서 투쟁을 벌이자 그는 공장장 최길룡을 내세워 노동자들을 가혹하게 탄압하며 자기에게 반대 투표를 할 기색이 보이는 사람은 모두 잡아가두고 고문하게 한다. 노동자들과 투쟁하던 주인공 영보는 최길룡을 피해 몸을 피하고, 그날 밤 놈들의 감시를 피하여 다시 공장에 들어온 영보와 그의 동료들은 삐라를 뿌려 노동자들을 망국적인 단독 선거를 반대하는 투쟁에 떨쳐나서게 한다. 소설은 선거가 있기 전날 밤 영보를 선두로 한 노동자들이 동료들이 갇혀있는 공장 창고를 습격하여 고문을 받고 있던 동료들을 구하고 선거사무소, 경찰지서 등 적의 통치기관들을 습격하여 단독 선거를 파탄시킨다.

2) 도식주의 논쟁과 기록주의 논쟁 : 천세봉의 「석개울의 새봄」 1부

도식주의 논쟁은 1953년 9월 "제1차 전국작가예술가대회"에서 '부르조아 미학사상 잔재의 청산'이 제기되면서 시작된다. 1956년 10월 제2차 조선작가대회에서 제기된 도식주의 논쟁은 이후 북한문단에서 사상적 이론 투쟁의 주요 쟁점이 된다. 도식주의 논쟁의 핵심은 1차 작가대회 이후 경직된 평단의 평론, 즉 무원칙한 찬사와 '타도식 평가', '독재식 평론'에 대한 반성과 '도식주의' 극복과 작품에서 문제성을 제기하고 그를 예술적으로 일반화하여 주제의 협애성과 장르의 국한성 및 스타일의 단조성을 퇴치하고자 하는데 있다.

2차 조선작가 대회는 「전후 조선 문학의 현 상태와 전망」이라는 한설야의 보고로 시작된다. 한설야는 이 보고에서 이 시기 문학의 성격을 '도식주의' 경향으로 규정한다. 당시의 문학이 "현실의 미화와 도색, 이상적이며 가장 모범적인 주인공을 등장시켜 사회주의 사실주의의 강력한 측면인 전진운동으로써의 비판성을 마비시킴으로써 문학의 사회 교육적 기능을 상실"했다고 비판한다.

'도식주의' 비판의 문제점은 먼저 작가들의 자율성을 침해하는데 있다. 이에 북한의 평론가인 김명수는 「평론은 생활 및 창작과 더욱 밀접히 연결되어야한다」에서 '도식주의'가 가져온 편향의 문제를 지목하면서 평론이 생활과 창작을 유리시킴으로써 스스로 불구화의 길로 빠져들고 있다고 비판한다. 그리고 '도식주의'를 반대하는 투쟁에서 뜻하지 않는 손실을 보고 있는 부분이 정론시라고 비판한다. 정론시가 가지는 특수한 성격, 그 형상에 대한 몰이해로 '도식주의' 비판이 정론시의 창작의욕을 저하 시키고 있다는 것이 그의 생각이다. 그리고 평론가의 재판관화를 경계했지만 김일성은 「현실을 반영한 문학예술작품을 많이 창작하자」에서 '도식주의' 비판을 통해 일게 될 작가들의 자율성 요구를 수정주의로 지목하고 부르주아적 '창작의 자유'로 규정하면서 안함광, 조중곤 등 카프계열 작가들과 엄호석 강능수 평론가들의 손을 들어주면서 이 논쟁은 종식된다.

'도식주의를 교살하는 회의'라 불리었던 '함경남도 작가회의'에서도 도식주의 작품의 대표적 실례로 뽑힌 단편소설 「보리마당」과 변희근의 「안해」와 더불어 천세봉의 「석개울의 새봄」 1부가 비판의 대상이 된다. 천세봉이 받은 주된 비판은 '도식주의'를 피하기 위해 '기록주의'로 흘

렀으며 이로 인해 작품이 단조로워졌다는 것이다. 또한 이러한 습성 때문에 주제가 명확하지 못하고, 디테일들이 유기적으로 집중되어 있지 못하기 때문에 지루하고 산만하다고 비판 받는다. 「전후 조선 문학의 현 상태와 전망」에서 도식주의와 함께 문학작품을 빈곤하게 하는 요인으로 '기록주의'가 지목된다. 북한에서는 도식주의가 어떤 기성의 틀을 가지고 현실을 대함으로써 생활의 진실을 왜곡시킨다면 기록주의는 예술의 형상과 생활 자체를 혼동하면서 현실의 본질적인 것과 우연적인 것을 구분하지 못하는 자연주의의 변종으로 보고 있다. 기록주의적 경향은 작가가 내세운 사상, 주제적 과업에 복종되도록 생활현상들을 선택하며 일반화하는 대신에 이것저것을 복사하는 것으로 규정하였다. 그리고 무갈등 경향은 현실에 존재하는 모순과 갈등을 예리하게 표현하는 대신에 난관과의 투쟁과 성격적 충돌이 없이 주인공을 안일하게 성공시키며 현실을 미화하는 것이다. 그런 측면에서 「석개울의 새봄」 1부, 소설 1권의 1장은 기록주의라는 직격탄을 맞았다. 따라서 「석개울의 새봄」 1권은 1장과 2장 이후의 차이를 비교하면 읽는 재미가 있다.

■ 「석개울의 새봄」 장편소설. 1958년 천세봉 창작.

1953년 정전직후부터 다음 해까지의 1년 남짓한 기간을 시대적 배경으로 하고 있다. 정전 후 제대하여 집으로 돌아온 주인공 창혁은 어린 딸 하나만 남고 온 식솔이 미군의 폭격에 희생된 가슴 아픈 사실에 접하게 된다. 그러나 그는 혹심한 피해 속에서도 새생활을 꾸리려는 마을사람들을 보면서 석개울에 새로운 전변이 일어나고 있음을 느끼며 자기도 농업협동화를 실현하는데 적극 떨쳐나설 것을 결심한다. 창혁은 곽봉기, 억삼 등과 함께 농업협동조합조직을 방해하는 리인수, 권치도를 비롯한 부농들과 박병천, 서기표 등 반혁명분자들의 책동에 맞서 석개울 땅에 「광명농업협동조합」을 조직하고 관리위원장으로 사업하게 된다. 조합이 조직된 후 첫 사업으로서 창혁은 반토굴집에 사는 사람들을 그 속에서 내오기 위한 대책들을 세우기도 하며 돈을 벌어 축력을 해결하기 위한 사업들도 조직한다. 조합원들은 가마니, 땔나무, 구들돌을 캐서 팔아 돈을 마련하기 위한 일들을 벌인다. 이 과정에 창혁은 조합이 개인정미소를 사서 운영하면 돈을 벌수 있다는 말을 듣고 정미소를 사기 위한 사업을 벌이다가 농사에 집중하지 않는 것은 탈선행위라는 리당위원장 김형태의 깨우침을 받고 영농준비사업에 박차를 가하는 한편 삼봉산 앞에 저수지를 만들 계획도 세우고 이 사업을 적극 추진시킨다. 일시적 강점시기 치안대에 들어 가 만행을 저질렀던 서기표는 석개울에 침투한 미제고용 간첩인 강덕기의 사촉 밑에 박병천, 리인수를 내세워 부농끼리 따로 조합을 조직하려다가 실패하자 개인농과 조합원들을 이간하고, 강덕기 놈과 함께 돈사에 독약을 쳐서 돼지를 독살시키는 만행까지 감행한다. 이로 인해 일부 조합원들 속에서는 동요가 일어나며 조합에서 탈퇴하려는 경향들도 나타난다. 이러한 때 창혁과 곽봉기는 당위원장 김형태의 지도 밑에 룡이, 엄대근, 덕삼, 조희모 등 핵심들에 의거하여 조합원들 속에서 나타나는 부정적 경향들을 없애기 위해 헌신한다. 농민들의 투쟁에 의하여 드디어 저수지 공사가 완공되며 석개울 땅에서 처음 보는 대풍작이 이룩된다. 조합에서는 가을걷이를 하자 한편 개인농이였던 사람들을 조합원으로 새로 받아들이기도 한다. 리인수와 마령감도 조합원이 된다.

3) 한국전쟁과 전후 복구기

3-1) 한국전쟁 당시 창작된 작품

리종민의 「궤도우에서」(1951), 최명익의 「기관사」(1951),
박태민의 「벼랑에서」(1952), 김사량의 「종군기」(1950-1951)

한국전쟁시기 한국전쟁을 소재로 한 많은 작품들이 발표된다. 북한은 그 가운데 비교적 우수한 작품으로 『조선문학』(1951.5)에 실린 최명익의 「기관사」와 『민주청년』에 실린 박태민의 「벼랑에서」를 꼽고 있다. 「기관사」는 철도 노동자 현군이 적의 무기 수송을 막기 위해 기관차를 전복 시키는 영웅적 투쟁을 그린 작품이고, 「벼랑에서」는 운송노동자로 트럭 운전기사인 원주가 목숨을 걸고 벼랑에서 트럭을 전복시켜 국군과 미군 엠피 30여 명을 부상자로 만들어 적의 전력에 타격을 주는 모습을 그린 작품이다. 이 두 작품의 주인공은 가족을 잃은 뒤 당원으로 생활하다 국군에게 체포되어 미군에 인계된 뒤 열차와 트럭 수송을 하게 되며, 두 인물 다 차량을 탈선시킨다는 비슷한 서사로 이야기가 진행된다. 다른 점이 있다면 현군이 열차와 함께 산화하는 반면 원주는 트럭에서 빠져 나와 벼랑을 오르며 투쟁을 다짐한다는 점에서 승리적 관점을 보여주고 있다.

최명익의 「기관사」는 노동자 영웅을 그린 실화사건이라는 점에서 당대가 요구하는 작품이었다는 것을 보여준다. 그러나 사건과 주인공에서 있어서 비슷한 작품인 이 두 작품은 당대의 평가와는 달리 이후 최명익이 복권된 이후에도 우수작품으로 평가 받지 못하고 있는 반면 박태민의 「벼랑에서」는 지속적으로 단편집에 실리며 그 작품성을 인정받고 있다. 이러한 유형의 작품의 경우 살아남은 주인공이 살아남았다는 안도와 기쁨이 아닌 승리의 기쁨과 수령에 대한 감사를 먼저 느끼기 마련인데 「벼랑에서」는 혼자 살아남은 원주가 부상당한 국군과 미군을 보며 느끼는 상황에 대한 통쾌함을 먼저 느낀다는 점이다. 그가 느끼는 통쾌함은 복수에 대한 것이다. 그의 투쟁의지를 다시 일깨우는 것은 주변을 돌아보고 정신을 차린 후 목마름에 목을 축이러 시냇물에 얼굴을 박는 순간이다. 즉 폭격으로 참살 당한 가족으로 인한 분노와 투쟁의 성과가 아닌 감촉을 통해 살아 있음을 느끼고, 자연을 통해 조국 수호의지를 일깨우는 장면은 이 작품의 백미라 할 수 있다.

그리고 정작 당대의 우수작으로 평가 받았던 작품은 철도 노동자의 영웅적인 투쟁을 그린 리종민의 「궤도우에서」(1951)이다. 미군폭격에 기관사가 부상을 당하자 차장인 박인순이 기관실로 뛰어들어 운전을 도와 수송을 완수한다는 「궤도우에서」의 이 모티프는 이후 변주되어 새로운 작품들로 탄생되었다.

『종군기』는 작가 김사량이 한국전쟁이 발발한 다음날 종군기자를 자원하여 전투 현장에서의 경험을 기록한 전쟁문학이다. 『종군기』는 『노동신문』과 『문학예술』에 연재된 작품으로 남북한 최고의 전쟁수기이기며 종군실기문학으로 꼽힌다. 『종군기』는 「서울에서 수원으로」(1950.7. 4-5) 「우리는 이렇게 이겼다」(1950. 8.18-23 총6회 연재), 「낙동강반 참호에서」(1950.9.23.-30, 상하), 「지리산 유격지대를 가다」(1950.9.29.-30), 「바다가 보인다」(『문학예술』 4권2호 1951.5)등 5편을 발표했다. 『종군기』는 각장에 반복해서 나타나는 이야기의 구조와 남한군대와 미군에 의한 학살의 기록, 생생한 현장감을 보여주는 묘사를 통해 기록문학의 정점에 서 있는 작품이다.

3-2) 농업협동화
리근영의 『첫수확』, 리동춘의 희곡 『새길』

농업협동화(농총경리의 사회주의적 개조)는 한국전쟁 이후 진행된 토지의 사회적(협동적) 소유화 운동으로서, 당시까지 5정보 이하의 소규모 토지에 인정되고 있었던 토지의 개인적 소유에 기반한 개인농민경리를 협동적 소유에 기반한 사회주의적 집단경리로 전환시키는 조치였다. 이 과정을 좀 더 자세히 살펴보면, 북한은 1953년 8월 노동당 중앙위원회 제6차 전원회의에서 농업 및 개인 상공업의 협동화 방침을 채택하고 농민들을 자연부락 단위의 협동조합에 강제 편입시켜 농업협동조합을 조직, 1958년 8월에 이르러 이를 마무리함으로써 사회주의적 소유형태를 갖추게 됐다. 북한은 토지국유화의 마지막 단계로서 협동농장의 국영농장으로의 전환 작업에 착수하게 되는데, 1964년 2월에 채택된 농촌테제에서 협동농장으로 대표되는 협동적 소유를 전인민적 소유로 전환시키는데 대해서 처음으로 언급하고 농촌테제 채택 30주년인 1994년 2월 전국농업대회에서 이를 재확인하였다.

리근영의『첫수확』과 리동춘의 희곡『새길』은 전후에 북한 농민들이 사회주의협동화로 나가는 모습을 그리고 있는 작품이다. 리근영의『첫수확』은 농업협동화 과정을 그리고 있다.

■ 『첫수확』중편소설. 1956년 리근영 창작

김상진이 제대 후 고향에 돌아왔을 때 마을 형편은 매우 복잡했다. 협동조합은 조직 되었으나 관리위원장은 장기간 입원 중에 있었고 일부 조합원들은 소를 가지고 조합에서 나가려 하였으며, 적지 않은 농민들이 협동조합의 전망에 대하여 신심을 가지지 못하고 동요하고 있었다. 관리위원장으로 새로 선거된 상진은 세포위원장 영구와 함께 영농계획을 세우고 농사 차비를 한다. 이들은 농사일에 절실히 필요한 부림소를 해결하기 위하여 관리위원회를 소집하여 신동원의 제의대로 산골로 간 고향사람들을 데려오고 재봉기들까지 팔아서 소를 사온다. 한편 상진의 외숙인 안경하와 박병두의 아버지 호경 영감을 비롯한 몇 몇 농민들은 소도 있고 살림도 넉넉한 사람들끼리 따로 조합을 내오자고 하면서 소를 가지고 이주하여 오는 농민들에게 편지를 띄워 그들을 자기들 편에 서게 하려 한다.

상진은 세포위원장과 선동원의 도움 속에 조합원들을 꾸준히 교양하며 피살자 가족인 일남 어머니를 조합의 핵심으로 만들기 위하여 적극 노력하는 한편 육상모와 2모작을 하는 등 새 영농법을 적극적으로 받아들인다. 또한 수매예약금을 대부해주는 당과 국가의 배려에 축력문제가 원만히 풀리게 되어 긴장했

> 던 모내기를 성과적으로 끝내게 되며 보기 드문 농사 작황을 이룩한다. 안경하와 호경 영감도 점차 협동경리의 우월성을 인식하게 되며 박병두도 모를 얼어죽게 한 사실을 자백하면서 자기를 뉘우친다. 농민들은 기쁜 마음을 안고 결산분배장에서 춤판을 벌인다.

■ 『새길』, 리동춘, 1964 희곡집

> 연극. 4막. 1954년 황해도립극장 창조공연. 희곡 리동춘, 연출 박춘영.
>
> 리동춘의 희곡『새길』황해도 어느 농촌을 무대로 1953년 겨울부터 이듬해 가을까지를 시간적 배경으로 주인공인 철수가 시큰둥하는 주민들을 교양시켜 협동조합에 성공한다는 내용을 담고 있다.
>
> 전쟁이 끝나고 고향으로 돌아온 제대군인 철수는 농업협동화 방침의 실현을 위하여 고심한다. 그러나 농민들의 사상적 준비가 낮은데다가 전쟁으로 농촌경리의 물질적 토대가 부족한 조건에서 애로와 난관이 한 두 가지가 아니었다. 조합관리위원장이 된 철수는 조합 가입을 완강하게 반대하는 쁘띠 부르주아인 근성이와 협동조합의 우월성을 이해하지 못하고 조합에 들기는 주저하는 과부 민씨 그리고 농촌건달군인 선구를 비롯하여 그들을 한 사람 한 사람 교양하여 조합에 받아들인다. 철수는 근성이가 가뭄이 든 논에 물을 대지 못하여 처와 딸 보배에게만 화풀이를 하고 돌아갈 때에도 밤늦게까지 논을 돌아보면서 근성이네 논에 조합의 물을 대줌으로써 근성이로 하여금 잘못을 진심으로 뉘우치게 한다. 또한 철수는 조합에 이름만 걸어놓고 일은 하지 않으면서 장마당에서 돈벌이만 하고 다니던 건달 선구를 성실한 조합원으로 개조한다.

연극은 철수를 통해 의식수준이 낮은 농민들을 협동조합에 가입시키는 과정을 보여주면서 그 어떤 행정적 불이익이나 강요가 아닌 꾸준한 설복과 교양, 모범적인 행동 등 실물 교양에 의해서만 실현된다는 것을 보여주고 있다. 연극은 협동조합을 조직하고 운영해나가는 과정을 둘러싸고 벌어지는 조합원들과 개인농, 조합원들 호상간의 다양한 극적 관계를 가벼운 웃음으로 일관시켜 형상하였다는 평가를 받고 있다.

3. 1960년대 북한의 창작론

1) 혁명적 낭만주의
권정웅의 『백일홍』, 김병훈의 『길동무들』, 김북향의 「동지애」

낭만주의 작품들은 또한 창작가들이 주관적인 지향과 열정이 강하게 나타나며, 일반적으로 주정토로가 많고 서정성이 강하다. 낭만주의는 작가, 예술인들의 계급적 입장과 사회미학적 이상에 따라 사회계급적 성격과 사상예술적 특성에서 서로 다른 진보적이며 혁명적인 낭만주의와 보수적 낭만주의로 나뉜다. 진보적 낭만주의는 선진적인 계급과 계층의 사상과 감정, 지향과 염원을 반영한 것으로서 당대의 모순되고 불합리한 현실을 부정하고 새로운 생활에 대한 열망을 담고 있다. 김병훈의 「길동무들」과 권정웅의 「백일홍」은 북한의 혁명적 낭만주의를 잘 보여주는 작품이다.

■ 「길동무들」 단편소설. 1960년 김병훈 창작

어느 산간지역군의 군당위원장인 「나」는 도당진원회의를 마치고 돌아오는 길에 열차 안에서 잉어새끼를 구해가지고 고향마을로 돌아가는 천개리 협동농장 양어공 오명숙을 알게 된다. 잉어새끼가 든 초롱을 들고 가까스로 열차에 오른 명숙은 온도계로 초롱속의 물의 온도를 알맞게 유지한다. 명숙은 호기심을 가지고 눈여겨보는 승객들에게 우리나라 곳곳에 있는 저수지와 논판, 늪에서 잉어를 기를 수 있다고 신심에 넘쳐 이야기한다. 기차가 어느 역에 멎었을 때 명숙은 물을 길러 갔다가 열차를 놓치게 된다. 군당위원장은 다음 역에서 잉어새끼가 든 물초롱을 들고 내려 명숙을 기다린다. 명숙은 25리 길을 달려와 군당위원장을 만난다. 그는 자기를 진심으로 도와주는 군당위원장에게 중학교를 졸업한 후 자진하여 협동농장에 진출한 일, 농장에 양어장을 꾸리는 사업이 보수주의와 소극성에 사로잡힌 관리위원장의 반대로 잘 진척되지 않던 일, 리당과 민청조직의 지지 밑에 자기 계획대로 담수양어장을 꾸려나간 일 등에 대하여 열정적으로 이야기한다. 명숙의 이야기를 들으며 고향땅을 살기 좋은 낙원으로 꾸리려는 그 정성과 열정에 커다란 충격을 받은 군당위원장은 자기 사업에 대하여 심각히 돌이켜보면서 군안에서 담수양어사업을 더욱 적극적으로 밀고 나갈 대책을 세우리라 결심한다.

「길동무들」은 1960년 8월에 탈고되어 같은 해 10월 ≪조선문학≫에 실린 작품으로 1968년 단편소설집 『창조자들』에 재수록 된다. 이 작품이 창작된 시기인 1960년은 사회주의를 전면적으로 건설하기 위한 직전의 단계이다. 이 작품의 시대적 배경인 1958년은 북한이 생산관계에서 사회주의적 개조를 완성한 해로 농촌에서의 농업협동화가 성공적으로 끝난 해이기도 하며, 1958년 9월 개최된 '전국생산혁신자대회'를 계기로 북한 전체 근로자의 노력경쟁운동이 본격화되는 해이다. 북한은 천리마운동 속에서 경제 5개년 계획을 2년 반 만에 완수함으로써 공업화의 기초를 닦고, 사회주의 기초건설을 완성하였다. 따라서 이 작품이 창작된 시기는 사회주의 건설이 가속화되고 있는 때로 건설에서의 승리와 성취감을 느끼고 있는 때였다.

그 때문인지 이 작품은 확신과 희망으로 가득 차 있다. 이 작품에 등장하는 명숙은 천리마의 기수를 대변하는 인물로 열정과 확신에 찬 인물로 등장한다. 명숙은 고등학교를 우수한 성적으로 졸업하였지만 대학진학을 포기한 채 농장원으로 일하는 처녀이다.

김병훈은 새세대 공산주의자인 명숙의 열정과 건강성에서 뿜어져 나오는 낭만성을 새세대의 주요 특징으로 보고 있다. 김병훈의 명숙을 통한 '낭만성의 부각'은 사회현실을 추상화하는 것처럼 보일 수도 있다. 1차 5개년 계획의 성공으로 인한 외연적 성장이 경제 위기의 기원이 되었기 때문이다. 경제에서 집단적 혁신운동과 속도전을 모토로 한 천리마운동이 가져온 양적 성장의 추구는 "생산물의 전반적인 질 저하와 계획지표의 왜곡"이라는 내부 모순을 양산해냈다. 수직적 구조 속에서 상부 계획기관이 하부기관의 정확한 정보를 파악하지 못했고, 정보의 부재는 계획을 세우는데 차질을 가져왔다. 명숙의 초롱을 지키며 사회주의 경제건설의 성과는 경제에 대한 지도와 관리에 있다는 김일성의 교시와는 달리 지도와 관리에 미흡했던 자신을 되돌아보는 화자의 모습은 이 작품에 나타난 낭만성을 현상적 측면으로만 볼 수 없게 한다. 자기 반성을 하는 군당위원장의 모습에는 냉정하게 현실을 분석하는 김병훈의 작가적 예민함이 묻어나고 있기 때문이다. 즉 김병훈은 낭만성에서 초래될 수 있는 환상을 현실감각을 통해 균형을 맞추고 있는 것이다. 김병훈은 명숙을 통해 발산되는 낭만성에 기대어 마지막 장면에서 1차 5개년 계획에서 파생된 모순을 정확하게 지적해 낼뿐만 아니라 모순에 대한 '자발성'이라는 대안까지 제시한다.

■ 「백일홍」 단편소설. 1961년 권정웅 창작

현우혁은 제대하고 한국전쟁 당시 철길 위에 떨어진 시한탄을 제거하고 장렬하게 희생된 선로감시원 아바이의 뒤를 이어 그가 서있던 랑림산맥의 이름 없는 골짜기로 자진하여 낙석 감시원으로 온다. 그는 희생된 선로감시원 아바이의 아들 영호를 찾아 친부모의 심정으로 키운다. 그의 아내 금녀는 영예군인인 남편을 존경하며 온갖 정성을 다하여 도와주시면서도 그가 어려운 일을 스스로 맡아 이름 없는 산골초소에 와있는 심정을 이해하지 못하고 은근히 도시생활을 꿈꾼다. 현우혁이 몸져 누운 어느 날 밤 남편을 대신하여 초소에 나갔던 금녀는 졸다가 신호등 대신 남편의 모자를 흔들어 달리던 열차를 멈춰 세울 뻔

한다. 현우혁은 금녀에게 자기는 사회주의건설에 제동기를 걸었다고 인민 앞에 죄를 지었다고 말하면서 그도 노동당원의 아내답지 않다고 꾸짖는다. 어느 날 현우혁은 금녀와 영호를 차굴 있는데 데리고나가 그곳에서 시한탄을 끌어내다가 희생된 영호아버지의 영웅적 투쟁에 대한 이야기를 해주며 금녀로 하여금 낙석감시원의 임무가 얼마나 중요한가를 깨닫게 한다. 그 후 금녀는 남편이 회의에 간 동안 시집올 때 가지고온 치마를 찢어 만든 기발을 철길 주변의 위험개소에 꽂고 철뚝 가장자리에 백일홍도 심는다. 소설은 금녀가 영호와 함께 생명의 위험을 무릅쓰고 철길위에 떨어진 돌을 굴려내고 열차의 정시운행을 보장한다.

「백일홍」에서 '천리마 기수의 전형'으로 등장하는 인물은 현우혁이며, 그의 아내 금녀는 동요하는 인물이다. 권정웅은 이 작품에서 사회주의 시대의 건설에 있어서 동요계층을 포함한 일반 공민들이 깊은 자기 성찰을 통해 '새 인간'으로 '창조'된다는 것을 금녀의 성격 변화를 통해 보여주고 있다. 「동지애」는 강문수라는 인물이 아집을 깨고 '새 인간'으로 변모되는 과정을 다룬 소설이다. 강문수는 경쟁심과 아집 때문에 다른 조보다 먼저 전신주를 세우려고 원래 계획을 변경하여 편법을 쓰는데 「동지애」에서 '바위'는 강문수의 아집을 의미한다. 그리고 「동지애」의 '바위'는 「백일홍」의 기차와 비슷한 의미 기능을 한다. 기차는 사회주의 건설로의 매진을 의미한다면, 바위는 사회주의 건설에 장애가 되는 것들을 의미한다. 「백일홍」과 「동지애」는 금녀가 현우혁에게, 김기순으로부터 질책을 받은 강문수가 자신의 주관적 오류를 성찰함으로써 그가 '새 인간'으로 변모한다는 점에서 구성이 일치한다. 곧 인간 개조의 문제를 천리마기수의 모범을 통해 자신의 과오를 깊이 뉘우치는 자아비판의 계기를 통해 해결하고 있다는 점이다.

2) 다부작 소설과 혁명적 대작 – 이기영의 「두만강」

다부작은 2부나 3부 또는 그 이상의 부로 이루어진 문학예술작품을 일컫는다. '다부작' 이라는 용어는 영화에서 시작되었다. 다부작 영화 〈민족과 운명〉이 그 예이다. 다부작은 일반적으로 오랜 기간에 걸치는 생활의 발전과 인물들의 성장과정을 폭넓게 보여준다. 이기영의 『두만강』이나 김정숙의 일대기를 그린 『충성의 한길에서』 1-10부 등을 다부작 소설이라고 부른다. 1 『두만강』은 항일혁명문학과 혁명적 대작 창작에 크게 영향을 미쳤다는 점에서 눈여겨볼만한 작품이다. 북한에서는 주인공이 곰손에서 씨동으로 옮겨간다는 점에서 이 작품을 다부작 소설로 꼽고 있지만 이 작품의 1-2부의 주인공 곰손은 다음 세대인 씨동의 형상과 연결되며 그들의 투쟁이 종국적으로 승리를 위한 투쟁으로 발전하는 모습을 합법적으로 보여주고 있으며, 또한 주제적 측면뿐 아니라 형식적 측면에서도 각 부가 완결성을 가지고 있음으로 해서 '혁명적 대작'의 틀을 잘 보여주고 있다.

■ 『두만강』 (제1부) 장편소설. 1954년 리기영 창작

박곰손을 비롯한 송월동 농민들은 지주 한길주의 가혹한 착취로 말미암아 비참한 생활을 한다. 욕심 많은 한길주는 박곰손의 온 식구가 옹근 이태동안 피땀 흘려 푼 서너 마지기의 논을 억지로 빼앗은데 뒤이어 송월동의 가난한 농민들의 명줄이 걸려있는 따비밭들을 하나하나 다 빼앗는다. 일제의 조선침략이 노골화된 데다 경부선철도 부설공사에 농민들을 강제로 끌어냄으로써 농민들은 더욱 더 이중삼중의 착취에 시달린다. 더는 그대로 살수 없는 막다른 골목에 이른 송월동 농민들은 점차 계급적으로 각성하며 일제의 약탈과 지주의 착취를 반대하는 투쟁이 일어난다. 박곰손과 리진경은 의병투쟁을 지지 성원한다. 1910년대에 들어서면서 일제의 식민지적 약탈과 지주의 착취는 더욱 심해지며 인민들의

살길은 더욱 암담해진다. 곰손은 당시 곳곳에서 일어났던 반일의병부대와 연계를 가지고 일제와 지주를 반대하여 적극적으로 투쟁하게 된다. 박곰손은 근면하고 소박할뿐 아니라 정의감이 강한 사람이다. 그는 자기가 그처럼 공을 들여 일군 논을 한길주에게 빼앗기고 왜놈들의 철도공사장에 끌려 나가 힘겨운 일에 시달리며 민족적 모욕을 받는 과정에서 계급적으로 눈뜨게 되며 투쟁하지 않으면 살아나갈 수 없다는 것을 깨닫고 투쟁에 나선다. 그는 의병을 도와 왜놈들과 봉건지주계급을 반대하여 투쟁하다가 체포되어 고문을 받지만 뜻을 굽히지 않는다. 곰손은 의병부대를 도와 그들로 하여금 한길주와 홍의관의 집을 습격하게 하며 일본의 제사공장과 역전 헌병 분견소를 습격하게 한다.

"혁명적 대작"은 1960년대 장편소설 창작의 이론적 토대가 된 문학이론이다. 혁명적 대작은 - 노동소설 창작 방법인 "천리마 기수"의 형상의 한계를 극복하기 위한 장편소설 창작 방법으로 북한에서 "혁명적 대작"에 대한 논의는 2년여에 걸쳐 진행되었다. 1964년 2월 25일자《문학신문》에 사설 『혁명적 대작 창작에 화력을 집중하자』가 실린 이후 이 논의는 5월 5일 '조선작가동맹 8차 전원회의'에서 정식 안건으로 채택되었다. 그리고 1964년 11월 7일의 김정일의 교시 「혁명적 문학예술을 창작할 데 대하여」를 계기로 "혁명적 대작 창작방법론"에 대한 본격적인 논쟁이 시작되었다. 위의 교시 중 혁명 전통 교육을 빨치산 투쟁에만 국한시키지 말고 토지개혁, 당 건설, 한국전쟁, 4.19 항쟁, 제주4.3항쟁 등 남한에서의 통일 투쟁 등으로 폭을 넓혀야 한다는 주장이 "혁명적 대작 창작론"의 지침이 되었다. "혁명적 대작"에서 장편은 당연히 혁명투사의 영웅성이 부각되어야 하는데 이 과제가 리얼리즘 소설의 전형화 원칙과 어떻게 관련되겠는가 하는 문제였다. 이에 대해 황건은 혁명적 영웅성을 부각시키기 위해서는 직업적 혁명가를 그려야 하며, 완결된 인물이 아닌 완결을 지향하는 인물형을 제시하였고, 그를 위해서 다면적

정황에 의해 다부작으로도 발전할 수 있음을 시사하였다. 이 주장에서 영웅은 이미 완성된 과거형적 영웅이 아닌 완결 지향이라는 미래형적 표현으로 바뀌어 있다.

4. 1970년대 문학

1) 항일혁명문학과 불후의 고전적 명작

북한은 한국전쟁기간부터 다섯 차례에 걸친 숙청을 통해 정적과 반대세력을 제거해나갔다. 1차 숙청(1951년)에서 남로당 계열의 박헌영, 임화, 김남천 등이, 2차 숙청(1953~1962년)에서 연안파 계열의 무정, 김두봉, 김사량 등이, 3차 숙청(1956년)에서 소련파 계열인 김용범, 은종섭 등이, 4차 숙청(1962-1964년)에서 카프 계열의 작가인 한설야, 안함광 등이, 5차 숙청(1967년)에서 갑산파 계열을 숙청함으로써 항일빨치산계열이 권력을 잡을 수 있게 된 것이다. 갑산파들은 이데올로기를 마르크스-레닌주의에서 주체사상으로 전환하는 것을 거세게 반대하였지만 그들이 숙청되면서 주체사상으로의 이데올로기가 전환된다. 주체사상으로의 이데올로기 전환은 내부적으로는 종파투쟁의 문제로 보이지만 소련과 중국 등의 외세의 간섭도 한 몫을 한 것으로 보인다. 한국전쟁 이후 경제적 원조를 빌미로 한 소련의 지나친 내정간섭과 쿠바사태에서의 소련의 행동은 배신감과 함께 북한으로부터 국방의 자위에 대한 생각을 다시금 하게 했고, 시기적으로 국내외적 상황은 북한으로부터 마르크스-레닌주의 이데올로기로 묶여있던 사회주의권에서의 탈출구로 이데올로기의 전환을 모색했을 가능성이 있다.

이데올로기의 변화는 북한문학 창작방법에도 변화를 가져왔다. 마르크스- 레닌주의사상 하에서 창작되어 오던 방식은 주체사상이 등장하면서 주체문예이론에 맞는 창작방식을 따르게 된다. 주체사상으로의 전환이후 북한의 문학계에서는 1970년대 초반까지 항일혁명문학예술 발굴, 항일혁명문학 창작, 수령형상문학에 집중하게 된다. 항일혁명문학예술은 1930년대 전반기 두만강연안에 창설된 유격구들에서 혁명투쟁의 새로운 요구에 맞게 더욱 활발히 창조 보급된, 혁명가요, 연극, 가무, 가극, 소설 등을 통칭한다. 항일혁명문학예술은 주체적 문예수단으로 복무하였다.

항일혁명문학예술은 주체적 문예사상을 지도적 지침으로 삼고 있다. 1975년 발행된 "주체사상에 기초한 문예이론"에 따르면 주체문예이론이란 혁명과 건설에서 나서는 모든 문제를 인민의 이익과 나라의 실정에 맞게 인민적이며 혁명적인 문학예술로 발전시킨 작품을 일컫는다. 문예활동은 민족적인 형식에 사회주의적인 내용을 담아 대중에게 봉사

수령형상문학'의 기원으로 알려진 조기천 시인의 시에 곡을 붙인 <압록강> 연주장면

하여야 한다. 민족적 형식이란 민족적인 정서와 역사를 말하는 것이다.

항일혁명문학의 대표작들인 '불후의 고전적 명작'은 김일성이 『피바다』,『꽃파는 처녀』 등 항일무장투쟁시 창작에 참여했거나 지도한 작품을 일컫는 용어이다. '불후의 고전적 명작'은 북한의 지도자가 창작한 문예를 일컫는 용어로 고착되어 있다. '불후의 고전적 명작'은 북한이 주체사상으로 이데올로기를 전환하면서 항일혁명역사와 함께 발굴, 복원되어야 할 대상이 된다. 초기의 '불후의 고전적 명작'은 항일혁명문학의 범주에서 분류되었으나 복원과 발굴작업의 진행과 김정일의 작품이 편입되면서 항일혁명문학의 범주에서 벗어나 하나의 독립된 가치를 지니는 하나의 범주로 명명되기 시작한다.

1-1) 혁명가요

혁명가요의 사전적 의미는 '낡고 반동적인 사회제도와 착취계급을 반대하고 민족적 및 계급적 해방을 이룩하며 자주적이며 창조적인 새 사회를 건설하기'하기 위한 노래다. 혁명가요의 특징은 예리하고 투철한 정론성과 강한 호소성, 전투적이며, 대중적 성격이다. 북한에서 꼽는 대표적 혁명가요로는 「조선의 노래」, 「혁명가」, 「녀성해방가」, 「녀자투사가」, 「혁명군은 왔고나」, 「혁명군놀이」, 「반일전가」, 「조선인민혁명군」 등이 있다. 북한에서는 가요의 정통성에 대해서 민족문화의 전통 위에 1930년대 김일성의 항일무장혁명투쟁 과정에서 이룩된 성과를 이어 받아 완성하였다고 주장한다. 김일성은 혁명적인 노래가 인민들에 대한 사상교양의 중요한 수단의 하나로 항일혁명투쟁시기에 유격대원들과 인민들을 혁명적으로 교양하는데서 혁명가요가 매우 큰 역할을 하였다고 강조한다.

1-2) 혁명연극

혁명연극은 항일혁명투쟁시기에 창조공연 된 1930년대의 항일혁명연극을 새로운 연극형식으로 재창조하여 1970년대 후반에 내놓은 연극이다. "성황당식 연극"은 과거의 항일혁명연극을 시대의 요구에 부합시키면서 대중들의 사상과 감정에 맞도록 새롭게 창작하려는 목적 하에 산출된 것이라 할 수 있다. 즉 주체문예이론에 입각한 항일혁명연극의 재창조인 것이다.

북한은 1970년대 이후로 이 같은 성황당식 연극이론에 입각한 혁명연극을 장려해왔다. 대표작으로는 『성황당』(1978)·『혈분만국회』(1984)·『딸에게서 온 편지』(1987)·『경축대회』(1988)·『3인 1당』(1988) 등의 5대 혁명연극이 있다. 이 작품들은 모두 불후의 고전적 명작이다. 이 가운데 민족주의자들과 종파분자들의 파벌싸움을 풍자한 『3인 1당』은 김일성이 육문중학시절 학예회 발표에서 직접 대본을 써 연극으로 올린 작품이다. 이 작품은 1990년 4월 소련의 모스크바 국제연극축전에도 참가했다. 『성황당』은 종교와 미신의 허위성을 폭로한 작품이며, 『혈분만국회』는 헤이그의 밀사 이준의 삶을 조명한 작품이다. 사람답게 살자면 글을 알아야하고, 배워야한다는 내용의 『딸에게서 온 편지』는 1930년 가을 오가자를 비롯한 카륜, 고유수 등 여러 지방에서 광범히 공연되었으며 1987년 성황당식 혁명연극으로 재공연되었다. 『경축대회』는 일본군경의 허세를 풍자한 작품이다. 『안중근 이등박문을 쏘다』(1928)라는 영화로 무송 일대와 길림시 주변의 농촌 마을들, 두만강의 여러 지역에서 공연되었으며, 1979년에는 영화로 각색되었으며, 림종상에 의해 소설로 발표된다.

1-3) 항일혁명문학

항일혁명문학은 항일혁명투쟁시기 창작된 문학과 건국이후 창작되기 시작한 항일혁명문학으로 다시 나뉜다. 불후의 고전적 명작이나, 항일혁명가요, 항일혁명연극은 항일무장투쟁시기 창작된 문학예술이고, 항일혁명문학은 항일무장투쟁을 소재한 소설들로 수령형상문학과 가계형상문학 그리고 항일혁명을 그린 문학으로 구분된다. 문단에서 '혁명적 대자' 논쟁이 가속화되고 있을 즈음 북한 내에서는 제4차 노동당대회의 영향으로 항일혁명투쟁의 전통 계승에 대한 문제가 지속적으로 제기된다. 항일무장투쟁 전통을 대중들에게 각인시킬 수 있는 수단으로 두 가지 방법이 있다. 바로 정치선전과 예술 동원이다. 문학계에서 '항일혁명문학' 재현에 대한 첫 과업을 받은 사람은 천세봉이다. 김일성의 교시에 의해 창작된 『안개 흐르는 새 언덕』은 1920년대부터 8·15해방에 이르기까지 항일혁명 운동을 생생하게 그려낸 상·하권 1,360여 쪽에 달하는 방대한 분량의 장편소설이다. 그러나 세 편의 대작으로 전성기를 맞았던 천세봉은 '항일혁명문학'으로 인해 결정적인 비판을 받는다. 1966년 북한 조선문학예술총동맹출판사에서 출간되었을 당시 평론가들로부터 호평을 받았지만 김일성이 공개적 비판 후 판금된 작품이다. 67년부터 『안개 흐르는 새언덕』에 대한 거명이나 작품평 등이 《조선문학》과 같은 문학잡지와 《문학신문》, 《조선중앙년감》 등에서 사라진다. 판금의 결정적 원인은 역사적 진실성 왜곡이다. 주인공이 혁명가로 자라나는 과정을 진실하게 형상하지 못하였다는 논리성과 1920년대 공산주의운동자들에 대한 묘사가 너무 지나치다는 것이다. 물론 파벌투쟁도 심하였고 변절자들도 많았지만 그들이 1920년대 초에 조선에 마르크스주의를 보급하는 데 일정한 역할을 하고 있음에도 불구하고, 1920년대에 공산주의자들을 다 러시아의 무정부주의자들이나 변절자처럼 묘사하고 있다는 것이다. 김일성의 이러한 비판은 작품을 보면 상당히 설득력이 있음을 알 수 있다. 이 작품의 주인공 강민호(강림)의 모델은 조선인민군 총참모장 강건(본명 강신태)이다.

■ **대작 소설 『안개 흐르는 새언덕』 1966년,**

이 작품은 총 8편으로 구성되어 있으며 공간적 배경은 원산, 간도 룡마마을, 치무거우(유격대 근거지), 왕야즈, 야야구, 신경이다. 시대적 배경은 원산총파업 직전부터 해방까지를 다루고 있다. 철공직공 강민호는 순영과 사랑하는 사이다. 그러나 민호는 그녀가 부르주아지라며 매몰차게 대한다. 군주사의 아들 한달수는 방학을 하자마자 순영을 찾아와 추근거리다 그녀가 마음을 받아주지 않자 강민호가 속한 독서회를 고발한다. 순영의 도움으로 몸을 피한 강민호는 철도노동자가 되어 성장해간다. 파업을 하지만 파업은 일본경찰의 진압으로 무위로 돌아가고 강민호와 문경태는 체포된다. 오빠를 잃은 경희는 민호네 집에 들어가 살게 되고, 그들은 사형을 언도 받는다. 문경태의 사형이 집행되고 경희는 민호를 면회한다. 문경태는 유서를 통해 경희에게 강민호의 아내가 되라는 유언을 남긴다. 그 사이 순영의 집은 점점 몰락해 가고 순영은 한달수가 보낸 거짓 편지에 속아 음악공부를 위해 간도로 떠난다. 그녀는 이내 속은 걸 알게 되지만 한달수의 도움을 받아 음악공부를 시작한다. 순영의 친구는 순영이 혁명보다는 음악에 더 관심이 있으니 애정을 끊으라는 편지를 민호에게 보내고 민호는 감옥에서 분노한다. 석방된 민호는 자신을 좋아하는 경희에 대해 동지의 동생으로서 책임감을 느끼고, 순영에 대한 배신감에 경희를 아내로 맞는다.

가도로 자리를 옮긴 강민호는 이름을 강림으로 개명한 후, 강림은 추수 폭동 이후 현위로 올라가고 공청원들은 일제의 앞잡이인 툰장들을 살해한다. 현위로 올라간 강림은 막 조직된 유격대장이 되고, 마을에서 청년들이 유격대에 입대를 한다. 임신한 경희는 입산한 남편 때문에 체포되어 감옥에 갇히고, 김일성의 지도 아래 있는 허인숙을 만나 투쟁의 의지를 불태우며 감옥에서 아들을 출산한다. 경희는 왕간수의 도움으로 탈옥에 성공하고 살아 돌아온 경희는 강림과 해후한다. 강림부대가 공작해 온 식량을 옮겨가기 위해 정부로 향하던 경

> 희와 마동식은 일본군의 추격을 받게 되고 그 과정에서 총상을 입은 경희는 마동식을 정부로 보낸 후 부상당한 몸으로 식량을 지키다 죽는다. 남호두 회의에서 연대는 모처럼만에 휴식을 맞는다. "조국광복회10대강령"이 발표되고, 강림은 새로운 전술로 한 달 동안 일본군과 위만군을 포위해 굶겨 죽인다. 그러던 중 독일의 패망 소식이 전해오고 붉은 기를 손에든 순영은 거리에서 시내로 들어오는 강림부대를 만난 후 자신의 처지를 재삼 확인하고 아편을 먹고 자살을 한다. 그 소식을 듣고 온 강림은 참회하며 죽어 가는 순영을 보게 된다. 그리고 3년 후 내각의 요인이 된 강림의 이름이 신문에 실린다.

2) 수령형상문학 - 『불멸의 력사』, 『불멸의 향도』

북한의 '수령형상문학'에 대한 공식적인 지향은 김정일이 1966년 2월 7일 조선작가동맹 중앙위원회 위원장 천세봉과 한 담화에서 찾을 수 있다. 천세봉은 4.15 문학창작단 초대 단장으로 한국에도 『석개울의 새 봄』, 『안개 흐르는 새언덕』으로 비교적 잘 알려진 작가이다. 이 담화에서 김정일은 '혁명문학'이란 '수령을 형상한 문학'이라는 명제를 제시하고 있다. 김정일은 1966년의 담화에서 지금까지 수령형상에 바쳐진 혁명문학작품 창작사업이 조지저으로, 계획직으로 뇌지 못하고 분산적으로, 자연발생적으로 되고 있으며 문학부문에서도 김일성을 형상화한 문학작품 창작사업이 조직적으로 이루어지지 않는 것에 대해 비판을 한다. 그리고 작가동맹을 중심으로 김일성을 형상화한 '새로운 혁명문학'을 건설하기 위해 정연한 지도체계와 조직적인 집단창작 체계를 마련할 것을 강력하게 요구하고 있다.

■ 4.15 창작단의 창단과 위상

4·15문학창작단은 1967년 6월 20일 김정일의 주도로 공식적으로 제기

되었으며, 1968년 설립되었다. 4·15문학창작단은 김일성의 생일인 4월 15일 그의 55회 생일을 기념하여 이름을 따온 창작집단이다. 4·15문학창작단은 현재 북한의 행정 체계상 조선작가동맹 중앙위원회 산하단체로 되어 있고 소설가, 시인, 희곡작가 등 100여 명으로 구성되어 있다. 북한은 내부적으로는 1961년 9월의 제4차 노동당대회 이후 항일빨치산 계열이 권력을 장악하기 시작하면서 마르크스-레닌주의에서 주체사상으로 이데올로기 전환을 꾀한다. 하지만 갑산파의 반대에 부딪혔고, 갑산파 숙청 이후 마르크스- 레닌주의를 폐기하고 주체사상으로 이데올로기를 전환한다. 그리고 정권의 정통성을 부여하기 위하여 항일무장투쟁의 혁명 전통을 세우고, 교양할 필요성을 느꼈기 때문이다. 1963년부터 1966년까지 3회에 걸쳐 김일성이 작가동맹 위원장인 천세봉을 소환하여 4.15문학창작단 건설에 대하여 협의를 하였으며 1967년 6월 20일 김정일이 조선작가동맹 작가들과의 담화를 통해 4.15창작단의 구체적 임무와 설립 목적 밝힌다.

4·15문학창작단의 구체적인 임무는 다음과 같다. 1) 4·15문학창작단은 위대한 수령님의 영광 찬란한 혁명역사와 혁명적 가정을 소설로 형상하여 수령님께서 몸소 창작하신 불후의 고전적 명작들을 소설로 옮기는 역사적 위업을 수행하는 창작집단으로 되어야 한다. 2) 4·15문학창작단은 위대한 수령님의 어린 시절과 만경대 고향집을 떠나신 때로부터 오늘에 이르는 혁명 활동의 전 노정을 시기별로 보여주는 '혁명적 대작'을 창작하여야 한다. 3) 4·15문학창작단은 위대한 수령님의 혁명 활동 노정을 따라가면서 수령님께서 이룩하신 불멸의 혁명 업적을 전면적으로 깊이 있게 형상하며 수령님의 위대한 사상과 이론, 영도풍모와 공산주의적 덕성을 감동 깊은 예술적 형상으로 보여주어야 한다. 4)

4·15문학창작단은 위대한 수령님의 혁명적 가정을 형상한 '혁명적 대작'을 창작하여야 한다. 5) 4·15문학창작단은 수령님의 혁명일가의 투쟁과 생활에 대한 자료에 기초하여 우리 인민들을 혁명적으로 교양하는 훌륭한 소설작품들을 많이 써야 한다. 6) 4·15문학창작단은 항일혁명투쟁시기 위대한 수령님께서 몸소 창작하신 불후의 고전적 명작들을 소설로 옮겨야 한다.

4·15문학창작단의 위상과 관리체계에 대해서는 1) 4·15문학창작단은 우리 문학의 핵을 담당한 창작집단의 마땅히 우리 당의 혁명문학 건설의 전위대로, 우리나라 문학창작집단의 본보기 단위로 되어야 한다. 2) 4·15문학창작단의 사업에 대한 정연한 지도체계를 세우기 위해 4·15문학창작단에서는 창작과 생활에서 제기되는 모든 문제를 당중앙위원회에 직접 보고하고 당의 유일적 지시와 결론에 따라 처리하는 엄격한 규율을 세우도록 하여야 한다.

즉 4·15문학창작단은 김일성이 혁명시기 창작한 작품을 소설로 옮기는 작업 수행하며, 김일성과 그 가계의 두생, 그리고 항일 빨치산의 역사 집필을 전담한다.

■ 수령형상문학

북한 문단에서는 김일성과 김정일에 대한 찬양물을 수령형상문학으로 분류한다. 수령형상문학의 효시는 「조선의 별」이다. 수령형상문학은 수령의 업적을 그리는 것이다. 김일성을 형상화한 '불멸의 력사'와 김정일을 형상화한 '불멸의 향도' 총서 시리즈가 수령형상 문학을 대표하는 작품이며, 김정숙의 일대기를 그린 '충성의 한길에서' 1-9부가 있다. 총서 '불멸의 력사'는 1972년부터 2018년까지 출간되었으며 현재 확인되는 것은 43권이다. 총서 '불멸의 향도'는 1988년부터 2018년까지 출간된 것이 확인되며 총 35권이 출간되어 있다.

《불멸의 력사》는 김일성의 만주 빨치산 무장투쟁 활동인 항일혁명투쟁에서부터 죽음까지를 연대기별로 구성한 북한의 장편소설 총서이다. 《불멸의 력사》와 《불멸의 향도》는 김일성과 김정일의 성장과정과 정치역정을 연대기별로 엮은 북한의 장편소설이다.

김정일은 『주체문학론』에서 총서의 대두 배경과 정의, 형식, 창작기준, 창작 원칙들을 다음과 같이 밝히고 있다. 총서의 대두 배경에서 대해서는 수령의 위대성을 체계적으로, 전면적으로 깊이 있게 형상하기 위해서라고 밝히고 있으며, 김일성의 혁명역사를 체계적으로, 전면적으로 깊이 있게 그린 혁명적 대작을 하나의 통일적 제목으로 묶어 놓은 것이라고 정의하고 있다. 김정은을 형상화한 작품으로는 단편소설집 『불의 약속』이 있다.

총서의 형식에 대해서는 총서를 이루는 작품들은 서로 연관되면서도 독자성을 가져야 하며, 완결된 작품이여야 한다. 특히 수령의 혁명활동을 단계별로 일정한 역사적 사변을 중심으로 하여 매 장편 소설이 쓰여져야 하며 김일성의 혁명투쟁 과정이 일대기식이나 전기식으로 쓰여져서는 안 된다. 북한에서는 수령형상작품 중 최고의 작품으로 총서 《불멸의 력사》 중에서 『백두산 기슭』, 『준엄한 전구』를 비롯한 장편소설들, 서사시 「우리의 태양 김일성원수」, 예술영화 『조선의 별』과 『백두산』, 『첫 무장대오에서 있은 이야기』, 음악무용서사시 『영광의 노래』, 『만수대대기념비』,『왕재산대기념비』,『삼지연대기념비』등을 수령의 혁명활동과 공산주의적 풍모를 빛나게 형상한 기념비적 작품들이라고 평가하고 있다.

《불멸의 향도》의 발간시기를 보면『로동신문』에 정치구호가 발표되거나 중대한 사건이 벌어지면 2-3년 내에 그와 관련된 작품이 창작되거나 기념일에 맞춰 출간되고 있는데 이것은 다음의 작품들에서 확인할 수 있다. 1970년대 문학 및 영화예술에 대한 김정일의 영도를 그린『예지』가 나온 시기인 1990년은 1988년부터 활발해지기 시작한 남북문화교류 이외에도 북한 내에서도 문학·예술 장르에 대한 활발한 지원이 이루어지고 있던 시기로 후계자인 김정일의 업적을 평가하여 선전해야 할 필요성에 의해 출간된 작품이다. 무장투쟁경력이 없는 김정일이 후계자로 지명된 이후의 20년여 간의 업적을 통해 그 자질을 중간 평가할 필요성이 있었던 것이다.『동해천리』(1995)는 조선노동당 창건 50돌 기념 작품이며, 김정일의 영도예술을 그린 작품으로 김일성 사망 다음 해에 출간된 점에서 눈여겨 볼만 하다.

1993년 93팀스피리트 훈련으로 촉발된 북·미 핵 대결을 그린『력사의 대하』(1997) 경우는 당시의 긴장 상황과 밀접한 연관이 있다. 이 당시 북한 연표를 검토해 보면 1993년부터 1995년까지 팀스피리트 훈련에 대해 예민한 반응 보이며 규탄문을 발표하고 있다. 또한 1996년도에는 국방이 특히 강조되고 있다. 여기서 눈에 띄는 사실은 1996년 4월7일자《로동신문》을 보면〈평양시 청년학생 군입대 촉구 탄원대회〉가 열리고 있다는 사실이다. 7월27일에는 육해공군 장병들의〈충성의 결의모임〉이 조국해방전쟁승리기념탑 앞에서 진행되는 등 군대의 충성결의 행사

『불멸의 력사』, 『불멸의 향도』 목록

총서 《불멸의 력사》 해방전

작품명	작가	시대배경 및 개요	출판년대
『1932』	권정웅	1932-1933년 초 1932년/ 김일성의 활동과 강반석, 차광수의 죽음.	1972
『혁명의 려명』	천세봉	1927-1928년 /길림에서의 김일성의 활동.	1973
『고난의 행군』	석윤기	1938-1939년./ 김일성이 이끄는 조선인민혁명군의 남패자에서 압록강 연안 국경지대에 이르기까지의 행군과정을 그림.	1976
『백두산 기슭』	현승걸 최학수	1936년 봄 /민생단 투쟁, 동강회의와 조국광복회 건설	1978
『두만강 지구』	석윤기	1939년 고난의 행군 직후 북대정자 회의 방침에 따라 국내진출 단행과정, 김일성의 형상화뿐만 아니라 유격대원들의 내면세계 그림.	1980
『근거지의 봄』	리종렬	1933-1934년/ 근거지에 인민혁명정부 건설과 토지개혁실시, 근거지 사수과정	1981
『대지는 푸르다』	석윤기	1930-1931년/김혁의 체포와 좌익모험주의자들의 5·30폭동과 8.1폭동, 김일성이라는 이름을 얻게 되는 과정을 그림	1981
『닻은 올랐다』	김정	1925-1926년 /타도 동맹의 조직.	1982
『준엄한 전구』	김병훈	1939-1940/ 일제의 대토벌에 대항한 대부대 선회작전을 그림 -홍기하 전투	1982
『은하수』	천세봉	1929-1930년 / 김일성의 감옥 투쟁과 항일무장투쟁의 제기	1982
『압록강』	최학수	1936-1937년 무송현 전투와 도문회의, 보천보전투	1983
『잊지 못할 겨울』	진재환	1937년 가을- 1938년 봄/ 김일성의 조선공산당의 임무집필 조국광복회 회원들의 활동 그리고 혜산사건 등을 다룸	1984
『봄우뢰』	석윤기	1931-1932년/ 김혁의 죽음과 명월구회의부터 반일유격대의 창건까지 김일성의 활약상	1985
『위대한 사랑』	최창학	1937년 여름/ 중일전쟁이 발발한 직후를 시대적 배경으로 김일성의 소년병들에 대한 사랑을 그린 작품.	1987
『혈로』	박유학	1934가을 -1936 2월/ 다홍왜회의와 요영구회의에서 민생단 투쟁의 종식을 호소, 근거지해산과 남호두 회의,	1988
『붉은 산줄기』	리종렬	1939년 가을부터 40년대 전반기/ 돈하 원정과 홍기하 전투	2000
『천지』	허춘식	항일무장투쟁 시기편	2000

총서《불멸의 력사》해방후편

작품명	작가	시대배경 및 개요	출판년대
『빛나는 아침』	권정웅	1945년 해방 후-1946년 9월까지 / 김일성종합대학을 설립한 김일성의 활동.	1988
『50년 여름』	안동춘	1950년 여름/ 서울과 대전 해방전투.	1990 2001 재출간
『조선의 봄』	천세봉	1945년가을-1946년 봄/토지개혁.	1991
『조선의 힘』	정기종	1950년 9월- 51년1월까지/ 인천상륙작전 이후 평양 재탈환까지.	1992
『승리』	김수경	1950년-1953년 한국전쟁중/ 351고지 전투.	1994
『대지의 전설』	김삼복	1958년 농업협동화 과정.	1998
『영생』	백보흠 송상원	불멸의 력사 총결편- 김일성 의 생애 마지막해인 1994년을 다룸.	1998
『삼천리 강산』	김수경	1947년 7월-1948년 9월/건국.	2000
『번영의 길』	박용운	전후 복구 건설기.	2001
『열병광장』	정기종	1948년 조선인민군 창건과정.	2001
『개선』	최학수	해방 후 1권에 해당하는 작품.	2002
『푸른 산악』	안동춘	한국전쟁 시기 미국제 25사단과 2사단과의 한달간에 걸친 1211고지 치열한 탈환담.	2002
인간의 노래	김삼복	1950년대 중후반의 천리마운동	2003
태양찬가	남대현	김일성의 영도력과 조총련결성	2005
전선의아침	박윤	1952년 전후방을 돌보는 김일성의 지도력과 박장덕 장령의 영웅성.	2006
청산벌	김삼복	청산리 정신, 청산리사업 방법을 창조	2007
번영의 시대	백보흠	1945년 9월 24일 김일성의 평양 입성부터 1949년 9월 21일 황해도 농촌에 대한 현지지도	2009
미래	최영조	민주건설시기 혁명가 유자녀교육사업	2011
운명	정기종	1960년 국방경제 병진노선, 자립적 민족경제 추구	2012
해방전야	전흥식	1943년1월 1945년8월9일까지 소련에서의 대일작전 준비	2012
명맥	탁숙본	조국해방전쟁시기 미국의 무력증강 책동에 맞서 국방공업발전	2013
새나라	윤찬경	(내용 확인 못함)	2013
의리의 전역	윤정길	중국 인민의 해방전쟁 지원	2014
대박산 마루	송상원	단군릉 발굴	2016/2009
보루	방태일	민족적인 통일전선체로서 북과 남, 해외의 정당, 사회단체들을 포괄하는 조국통일민주주의전선 발기와 북남로동당들의 합당사업	2017
한식솔	김삼복	사회주의농촌문제에 관한 테제	2018

4. 1970년대 문학

총서 《불멸의 향도》

작품명	작가	시대배경 및 개요	출판년대
『예지』	리종렬	1970년대 문학 및 영화예술에 대한 김정일의 영도를 그림.	1990
『동해천리』	백남룡	1970년대 중반/ 김정일의 동해지구 현지지도-영도예술.	1995
『푸른하늘』	권정웅	1984년 9월/ 한국 수재민에게 구호물자 제공.	1995
『평양은 선언한다』	리종렬	1980년대말부터 90년대 초까지/ 동구사회주의권 개혁바람에 맞선 사회주의 재생 운동의 일환으로의 <평양선언>.	1997
『력사의 대하』	정기종	1993년 팀스피리트 훈련으로 촉발된 북·미 핵대결.	1997
『전환의 년대』	리신현	주체건축-인민대학습당, 주체사상탑, 개선탑 건축.	1998
『평양의 봉화』	안동춘	1989년 평양 세계청년축전.	1999
『서해전역』	박태수	1981-1986년/ 서해갑문 공사.	2000
『전환』	권정웅	1960년대 중엽/ 김정일의 수령론 창시	2000
『계승자』	백남룡	3-4세대 청년문제.	2002
『별의 세계』	정기종	비 전향장기수 귀환문제.	2002
『강계정신』	리신현	김정일 시대 경제지침과 관련된 내용으로 보임.	2002
『비약의 나래』	리동구	(내용 확인 못함)	2002
『총검을 들고』	송상원	금강산발전소 건설을 배경으로 강릉 잠수함 좌초사건	2002
『총대』	박윤	혁명화된 군인가정과 선군정치의 위대성을 그림.	2003
『라남의 열풍』	백보흠	라남의 봉화의 확산 열풍을 그린 작품	2004
조국찬가	남대현	1990년대말	2004
북방의 눈보라	리신현, 박태수	고난의 행군 시기 식량난 해결	2001/2005
불	장기종	성진제강련합기업소의 주체철.	2007
봄의 서곡	백남룡	고난의 행군 시기의 축산문제.	2008
청춘대지	박태수	1999년 선군8경 중의 하나로 꼽힌 한드레벌.	2010
영원한 력사	리동구	김일성의 서거와 공화국창건 50돐 김일성의 주석 추대의 새헌법 채택과 김정일의 최고 지도자 추대.	2012
오성산	박윤	1998-2008 김정일의 기동타격 훈련 현지지도.	2012
아리랑	리령철	대집단체조와 예술공연 『아리랑』을 창조 발기.	2013
대덕산	박봉윤	1963-2003년 김정일의 업적, CNC, 안변청년발전소 대덕산 시찰, 선군정치	2013

총서 《불멸의 향도》

작품명	작가	시대배경 및 개요	출판년대
2009	송상원, 김용환	CNC와 주체철 완성과정.	2014
대홍단	김동욱	(내용 확인 못함)	2014
존엄	박태수	푸에블로호 사건과 1968년.	2015
아침은 빛나라	림봉철	1980년대 말부터 2010년까지를 배경으로 김정일 국방위원장의 산업 분야 주요 업적.	2015
력사의 출항	김흥익	실각한 민족보위상 김창봉을 원형으로 105탱크사단을 둘러싸고 벌어지는 군건설노선.	2016
조국찬가	남대현	조선총련 설립과정.	2016
영원한 넋	한영호	1995년~1998년 102연대의 오충흡 7연대 군사 칭호획득과정과 광명성 1호 발사.	2017
아침노을	리동구	김정일의 대학시절.	2017
군가뢰성	조권일	공훈합창단의 예술창조과정 지도	2018
야전렬차	백남룡	김정일의 마지막 시기.	2018

가 지속적으로 벌어진 것, 김정일의 전선 시찰이 잦았던 것으로 보아 김일성 사망 후 김정일은 이때까지 군사력을 완전히 장악하지 못했다는 것을 알 수 있다.『력사의 대하』의 출간에는 팀스피리트 훈련으로 인한 전쟁위기 고조를 통해 공민의 결속과 군부의 충성맹세가 정치적 의도와 함께 복잡하게 얽혀 있는 것 같다. 이 작품은 국방에서의 자위와 정치에서의 자주가 특히 강조되고 있는 작품이다. 1996년도의 북한의 행보를 미루어 볼 때 지금의 선군정치의 표방은 이때부터 예견되어 있었다.

조선민주주의인민공화국창건 50돌에 출간된『전환의 년대』(1998)는 주체건축을 다루고 있으며, 사상에서의 주체가 강조되고 있는 작품이다. 이 작품은 표면적으로는 건축물을 통한 사상에서의 주체를 강조함으로써 공화국 창건 50돌을 기념하려는 의도를 내포하고 있지만 내면적으로는 김일성 사후 불안정한 체제안정과 주민결속을 위해 1997년경까지 당창건 기념탑, 각종 표식비, 사적비 등 정치사상적 상징물을 건설에 주력했던 북한의 당시 상황을 반영하고 있다. 1989년 평양 세계청년 축전을 그린『평양의 봉화』(1999)는 임수경 방북과 평양 세계축전 10주년을 기념하여 출간된 것으로 보이며,『별의 세계』(2002)는 2000년 9월2일 비전향 장기수 63명을 북송을 계기로 창작이 제시된 것으로 보인다.

경제에서의 자립을 주제로 삼고 있는『강계정신』(2002) 역시 2000년 4월 22일『로동신문』에「강계정신으로 억세게 싸워 나가자」라는 사설이 실린 이후 나왔다는 점을 눈여겨 볼만 하다.『라남의 열풍』은 강성대국의 첫걸음을 뗀 일대의 사건을 그린 것으로 '라남의 봉화' 구호가 나오게 된 배경을 알 수 있게 하는 작품이다.『총검을 들고』(2002),『총대』(2003)는 선군사상을 인물들이 체현하고 있으며,『강계정신』의 속편으로 2005년 출간된 『북방의 눈보라』는 2005년 신년사에서 우선 과제로 삼고 있는 식량난 해결에 초점을 맞추고 있다는 점에서 《불멸의 향도》 의 출간 시기와 내용이 국내외 정세와 상황과 밀접하게 연관을 맺고 있 으며, 정책적인 목적에 의해 출간 시기가 결정되고 있음을 알 수 있다.

《불멸의 향도》는 2000년대 이후 국가존립의 위기에 봉착해 있는 현재 를 타개하고 유지하려는 필요성에 의해 방어기제적 성격을 많이 내포 하고 있다. 그것은 작품 속에서 제국주의의 무의식적 연루에 대한 죄책 감을 끊임없이 자극하고 있는 데서도 드러난다. 《불멸의 향도》는 북한 의 사회·정치의 변화상을 보여 주고 있어 한국에서 북한사회를 분석하 고 파악하는데 효용가치가 매우 크다.

4) 천리마의 기수 형상론
리기창의「높은 곳에서」, 안홍윤의『새로 온 부선장』

사회주의의 전면적 건설을 위한 천리마운동은 1956년 12월 노동당 중 앙위원회 전원회의에서 김일성 주석이 "천리마를 단 기세로 달리자"는 구호를 제시함으로써 사회주의건설의 총노선으로 추진됐다. 이어 1958 년 9월 개최된 '전국생산혁신자대회'를 계기로 북한 전체 근로자의 노 력경쟁운동으로 본격화된다. 문학계에서는 1957년 12월의 작가 예술가 열성자대회 이후 현지 파견의 재강화가 이루어지고 천리마운동에 기여 하는 '천리마창작단'이 결성되었다. 이는 나중에 문예조직의 '천리마작 업반' 칭호 획득운동으로 진전된다.

리기창의「높은 곳에서」와 안홍윤의『새로 온 부선장』수령에 대한 충실성이 직접적으로 드러나는 사상성이 강한 작품이지만 구성은 좋은 편이다. 천리마운동 시기의 분위기를 읽을 수 있다. 리기창의 「높은 곳에서」는 천리마작업반의 혁명임무 완수를 그린 작품으로 자만하던 용접공 경식보다 묵묵히 더 열심히 하는 보배 아주머니를 보고 반성한다는 내용이다. 경쟁심이 충만한 경식을 등장시켜 당시 만연했던 속도전에 대한 강박 등을 엿볼 수 있는 작품이다.

■ **리기창 「높은 곳에서」, 1971년**

정류탑 개조를 위한 돌격대원 소속인 경식은 돌격대원 중 가장 나이가 어리지만 능력을 인정받고 있다. 또한 경식은 자신의 능력을 더욱 인정받고 싶어 하여 경험 많은 용접공에게 더욱 기술을 배우려고 한다. 날씨가 춥고 바람이 심해 높은 정류탑의 야간작업을 금지 지시가 있는 날이지만 경식은 정류탑 개조공사를 하루빨리 앞당겨 완수하고 경애하는 수령님께 영광의 보고를 드리고 싶어 남몰래 눈보라와 싸우며 야간작업을 한다. 어느새 가지고 올라왔던 용접봉이 다 떨어져 자재를 받아야 하는데 경식은 걱정이 생긴다. 자재창고원인 보배 아주머니와 사이가 좋지 않기 때문이다. 경식은 돌격대원 결성 첫날 보배 아주머니가 여자인데 용접 일을 한다고 나선 것을 보고 속으로 비웃었다. 돌격대원 결성된 이후엔 보배 아주머니가 경식에게 자재를 함부로 쓴다고 이야기를 하는 통에 자존심이 상해 있기 때문이다. 경식은 경험 많은 용접공에게도 자신의 일에 대하여 칭찬을 듣는데 아무것도 모르는 보배 아주머니의 질책하는 태도가 못 마땅한 것이다. 경식은 용접봉을 받기 위하여 창고로 갔지만 거기서 침식을 하는 보배 아주머니는 없고 자물쇠만 달려있다. 경식은 일찍 돌아가라는 지시에 보배 아주머니가 집에 간 것이라고 생각하면서, 자신에게 용접봉을 넉넉히 주지 않아 오늘 작업을 하지 못하게 된 탓을 보배 아주머니에게 돌린다. 다른 직장 창고에서라도 용접봉을 빌려 일을 하려던 경식은 자신이 내려왔던 정류탑에서 용접 불꽃이 튀는 것을 보고 용접기 전원을 끄지 않아 사고가 생긴 것이라고 판단하고 부리나케 정류탑으로 올라갔다. 다행이 사람이 용접기를 잡고 있어 가까이 간 경식은 용접을 하고 있는 보배 아주머니의 솜씨를 보고 놀랐다. 경식은 보배 아주머니가 처녀 때 용접공으로 일을 했었고 자신이

> 용접봉을 함부로 썼을 때 끝만 남은 용접봉을 모아줬던 일을 이야기 한다. 경식은 자신이 했던 일을 보배 아주머니에게 듣고 큰 일과 작은 일에 대하여 느끼고, 보배 아주머니의 일에 대한 열정을 느끼게 된다.

"3대혁명 붉은기 쟁취운동"은 사상혁명·기술혁명·문화혁명의 3대혁명을 대중화하기 위한 노력경쟁 운동이다. 1972년 개정 사회주의 헌법에 명문화되면서 이를 대중적으로 전개하기 위해 1975년 중반에 본격적으로 제기되었다. 조선노동당 제5기 제11차 중앙위원회 전원회의(1975.11)의 결의로 시작된 이 운동은 같은 해 12월 1일 함경남도 단천군 검덕광산에서 열린 궐기모임을 필두로 북한의 각급 공장·기업소·협동농장·학교로 확산되었으며, 오늘날까지 사상·기술·문화 개조에 기여한 '3대혁명 기수'들을 탄생시켰다. 안홍윤의 「새로 온 부선장」은 천해양식사업소의 "3대혁명 붉은기 쟁취운동"을 그린 작품이다.

■ 안홍윤 『새로 온 부선장』, 1976년

일부 사람들은 선장라고 하면 웅장한 배에 타는 책임자라고 생각한다. 그런데 6미터 정도인 배에 단둘이 타는 데에도 선장과 부선장이 있다. 천해양식사업소가 자리 잡고 있는 앙구 안에는 황혼이 깃든 저녁 무렵에도 5직장 1반의 곤포양식공 최칠성이 작업을 하고 있다. 최칠성은 혁신자로 이름을 날린 사람이다. 그는 3대혁명 붉은기 쟁취운동에 궐기하는 종업원 모임이 있은 후 모두가 기를 쓰며 덤벼쳐서 자기의 이름이 빛을 잃어가고 있다는 생각에 잡도리를 단단히 하겠다는 결심에서 일을 하고 있었던 것이다. 칠성이 오색기를 높이 만들기 위해 대패질을 끝낼 무렵 단발머리 처녀가 나타나 칠성에게 인사하며 새로 배치를 받았다고 말한다. 칠성은 오늘 아침 반장 아바이가 식구 한 명 늘게 됐다는 말과 새 식구를 부선장으로 선포까지 했던 일을 기억하며 반갑게 인사한다. 부선장 금숙은 웃음 많고 호기심도 많은 처녀였지만 일을 할 때 규정만 생각하고 융통성과 요령이 없는 것이 달갑지 않았다. 그러나 선장 최칠성은 어린 부선장이 시간이 지나고 일을 하다보면 알게 될 것이라고 생각하고 아량 있게 넘긴다. 그런데 어느날 부선장 금숙이 다른 배들이 다 떠나도록 나오지 않았다. 혼자라도 떠나려고 하는데 금숙이 '로동안전초소장' 완장을 팔에 끼고 달려온다. 순간 칠성은 금숙이 작업반의 로동안전 초소장으로 임명된 것을 생각하며 매 반원들을 검사하느라 늦은 것을 알게 된다. 그런데 금숙이 출발하려고 할 때 칠성에게 왜 구명조끼를 입지 않았냐며 당장 입어야 한다고 말한다. 칠성은 다른 배에 한탕 밑질까봐 다음부터는 이런 일이 없을 거라며 떠나자고 하지만 금숙은 내려가서 구명조낄 찾는다. 칠성은 규정만을 생각하는 금숙이를 보며 더 답답해진다. 늦게나마 돌아와서 칠성과 금성이 제품포장을 땀을 뻘뻘 흘리며 하는데 포장줄이 풀어지며 곤포가 쏟아졌다. 곤포를 다시 마대 안에 담는데 금숙이 2등품이 섞여있다고 소리친다. 칠성은 수다스런 철남이가 제품이 뒤섞이는 줄 몰랐던 모양이라며 래일은 정치사업을 해야겠다고 말한다. 그러나 금숙은 마대를 모두 다시 풀어보자고 말한다. 칠성은 시간이 없는데 언제 하냐며 한줌 섞인 것이니 걱정말라고 말하자 금숙은 양심이 없다며 어떻게 그냥 보내냐고 한다. 칠성은 선장과 부선장의 경계를 알려주어야겠다는 생각에 금숙에게 부선장의 위치와 임무에 대해 말한다. 금숙은 자기가 버릇없었던 것을 사과하지만 오작품을 그냥 보낼 수는 없다며 어버이 수령님께서 아신다면 하고 울며 나가버린다. 칠성은 답답한 마음으로 3대혁명 붉은기 쟁취 운동에로 힘차게 부르는 구호를 읽어보며 스스로 구호의 요구대로 살고 있는지 생각한다. 그 때 건조장에서 불빛이 보여 나가보자 금숙이 혼자 오작품 마대를 확인하고 있었다. 칠성은 어버이 수령님의 가르치심대로만 살려는 금숙을 이해하지 못한 것을 반성하며 그녀에게 사과한다.

5. 1980년대 문학 : 청춘이라는 키워드

1) 청춘이라는 키워드

남대현의 『청춘송가』와 이범수의 『조국과 청춘』

1980년대 북한소설의 키워드는 '청춘'이다. 청춘은 한창 젊고 건강한

나이 또는 그런 시절을 봄철에 비유하여 이르는 말이다. 1980년대는 북한의 청춘들을 통해 그들의 꿈과 희망을 엿볼 수 있는 작품들이 많이 출간되었다. 특히 1980년대는 한국에서 북한에도 연애소설이 있다는 사실을 확인한 해였다. 1987년 남대현이 발표한 장편소설 『청춘송가』는 1988년 한국에서 북한소설에 대한 관심을 이끈 소설이다. 젊음의 패기와 열정을 창조적으로 발휘함으로써 국가와 사회에 대한 봉사와 사랑의 성공으로 결말을 이끌어낸 청춘의 바람직한 모델을 제시하는 동시에 체제의 관료주의에 대한 비판의식을 담은 작품이라는 평가를 받았다.

■ **남대현, 『청춘송가』, 1987년**

리진호는 공대를 졸업하고 바로 정무원 산하의 기술부에 배속된 젊은 열공학도이다. 대학 시절부터 중유를 대신할 연료를 개발하는데 몰두해온 진호는 제철소 현장에 배속 받고 싶었으나 정무원 산하 기술부에 배속되어 중유의 대체연료 기술안을 담당하게 된다. 그의 연인 현옥은 진호가 일하고 있는 기술부의 심사실장인 명식의 누이동생으로 출판사 편집국에서 일하고 있다. 대학 재학 시절 '호케이'(아이스하키) 선수였던 진호와 재능과 미모를 겸비한 현옥이 경기장에서 선수와 응원단원으로 만나 사랑하는 연인이 된다.

진호는 중유를 대체할 연료의 기술안이 실패를 하자 그는 기술안 실패의 책임 추궁이 있기 전에 먼저 당기술위원회에 제철소 근무를 자원한다. 그러나 사람들에게는 진호의 제철소 파견 근무 신청이 기술안의 실패에 따르는 책임 추궁을 회피로 비쳐진다. 제철소 지도원은 대학 졸업자들이 처음 현장에 자원했다가 결국 기술부나 연구소로 옮기기 위해 애쓰는 모습을 자주 봐왔기에 진호에게도 기술부나 연구소로 가라고 종용하나, 진호는 '강철' 직장으로 보내주기를 집요하게 청한다. 강철부에 열처리 기사로 배속된 진호는 대학 친구 태수를 만나 큰 격려를 받고 자신의 연구와 과업에 충실히 임한다. 진호는 이 새로운 연료 기술안을 완성하기 위해 노력하던 중 친구 태수가 만든 분사기를 개조해 연료를 용광로에 취입하는 실험을 하다가 분사기가 폭파되는 바람에 큰 부상을 입고 병원에 입원하게 된다. 이 사고로 최종 기술 심사를 앞둔 친구 태수의 연구 결과물인 투사기를 망가뜨리고, 용광로도 파괴되어 진호는 자책과 절망에 휩싸인다. 그러나 진호는 이에 굴하지 않고 실험을 지속하여 성공한다. 그리고 10일간의 휴가를 얻고 평양으로 향한다.

■ 이범수의 『조국과 청춘』, 1989년

이범수의 『조국과 청춘』의 주인공인 리수복은 실존 인물로서, 한국전쟁 당시 1211고지에서 육탄으로 탱크를 맞아 자폭한 육탄영웅으로 당시 16세였다. 그는 1999년 선군 기호의 하나로 재호출될 만큼 선군사상과 함께 총대철학을 강조했던 시기, 한발의 총알처럼 적을 향해 날아가 초개와 같이 목숨을 버렸던 리수복은 인민들과 군인들이 경쟁적 모방의 대상으로 삼기에 적합한 인물이었지만 1980년대는 해방된 조선을 꿈꾸는 청춘으로 묘사된다.

> "나는 해방된 조선청년이다. 생명도 귀중하다.
> 찬란한 내일의 희망도 귀중하다.
> 그러나 나의 생명, 나의 희망, 나의 행복,
> 이것은 조국의 운명보다 귀중치 않다.
> 하나밖에 없는 조국을 위하여 둘도 없는 목숨이지만
> 나의 청춘을 바치는 것처럼 그렇게 고귀한 생명, 아름다운 희망,
> 위대한 행복이 또 어데 있으랴"
>
> 리수복 「하나밖에 없는 조국을 위하여」

위의 사망하기 전날 쓴 그의 자작시 「하나밖에 없는 조국을 위하여」이다. 이 시를 모티브로 한 리범수의 장편 서사시 『조국과 청춘』(1989)이 있다. 희곡 『리수복 영웅』(1956), 서정시 「영원한 전사」(1964) 북한의 가

요「매봉산의 노래」·「결전의 진군」 등도 리수복과 1211고지를 소재로 한 작품이다.

2) 이혼과 부정입시

중편소설 『벗』, 단편소설 『생명』

이혼문제를 다룬 백남룡의 『벗』은 1988년에 발표되어 북한에서 선풍적인 인기를 끈 작품으로 한국에서도 1991년에 출간되어 인기를 끌었다. 노동자 출신의 예술단 여가수 채순희가 선반공인 남편을 상대로 제기한 이혼소송을 통해 북한 인민들의 실제 생활을 엿볼 수 있다. 이 소설은 당시 북한이 남한에서 생각했던 것만큼 통제되고 억압된 사회가 아니라는 점을 잘 보여준다. 특히 순희가 남편과 부부 싸움을 하며 상패가 아니라 옷이나 화장품을 살 수 있는 월급을 가져오라는 그녀의 말과 행동은 북한사회의 단면을 보여주는 예이다. 이외에도 노동의 가치가 약화되어 가고 있는 북한의 현실과 관료의 부패를 잘 그리고 있다.

■ **백남룡 중편소설 『벗』, 1988년**

시인민재판소 판사 정진우는 어느 날 도예술단의 중음가수인 채순희로부터 이혼 신청을 받게 된다. 순희는 마찰프레스 기능공에서 출발해 선반공이 되었고, 또 결혼 후에는 공장 예술소조원이 되었다가 그 능력을 인정받으며 도예술단의 가수가 된 인물이다. 이혼 사유는 성격차이다. 순희의 남편 석춘이에게는 기능대학 진학과 업무 변경이라는 선택의 여지가 있었지만 이 모든 선택지를 거부한다. 순희는 그런 남편의 모습에 염증을 느낀다. 정진우는 순희와 석춘을 만나며 이 부부 사이에 존재하는 여러 갈등을 보면서 남편으로서 자신의 모습을 되돌아보게 됩니다. 그리고 정진우로부터 춘식의 진심을 전해들은 순희는 떠나는 춘식을 기차역으로 배웅 나가 기다리겠다고 말한다.

백남룡의 단편소설 「생명」은 북한의 입시부정을 그린 소설로 남한과 마찬가지로 북한에서도 부모의 행복이 자녀의 성적순임과 대학입학에 있음을 보여 준다는 점에서 공감이 되는 소설이다.

■ **백남룡 단편소설 「생명」, 1985년**

리석훈 학장은 8월의 후끈한 더위 속에서 감회에 잠기어 강안 유보도 기슭을 산책하며 저녁 노을을 감상하고 있다. 뜻하지 않게 닥쳐왔던 죽음과 싸우던 병원에서의 스무날과 요양지에서의 석달을 돌이켜 보는 것이었다. 그때 등 뒤에서 울리는 쾌활한 말소리에 고개를 돌린 석훈은 어떤 노인과 정답게 인사를 나누고 그간의 안부를 전한다. 그 노인은 강안 유보도와 소공원을 맡아보는 관리인이었는데 언제나 성실하고 헌신적인 자세와 책임감으로 석훈을 감동시키곤 하던 사람이었다.

석훈은 아내의 권유로 복부외과 과장을 집으로 초청하기 위해 의사의 집으로 간다. 그 복부외과 과장은 석훈이 정신을 잃고 사경을 헤맬 때, 다른 의사들이 한숨을 쉬고 도리짓을 하던 석훈을 위해 인간애적 의술과 책임성을 발휘하여 기어코 석훈을 살려내었던 것이다. 역전 앞 광장의 선술집을 찾아 혼자서 술을 마시고 있는 복부외과 과장을 만나 그의 괴로움에 젖은 탄식을 듣게 된다. 복부외과 과장의 괴로움은 바로 그의 아들 때문이었는데, 대학입시 점수가 부족해 대학에 진학하는 것이 불가능하다는 사실이었다. 게다가 그 의사의 아들은 석훈이 학장으로 있는 대학을 지원했던 것이다. 석훈과 교무과장이 입학생에 대한 담화를 나누게 되고 마침내 석훈은 몇 명의 학생들에 대한 인물 심사를 맡기로 한다. 석훈이 인물 심사를 맡은 학생 중에는 수험번호 133번의 정철욱(복부외과 과장이 학부형으로서 청탁을 부탁한 아들)과 성적이 마감 순위에 있는 오경남이라는 학생이 끼어 있었다. 그밖에도 인민부위원장의 딸인 송순희가 들어 있었다. 석훈은 오경남이라는 학생이 바로 강안 유보도 관리원의 아들이라는 것을 직감하고 채찍으로 후려 맞은 듯한 전율을 느낀다. 결국 그는 학생을 다른 선생이 면담해 줄 것을 지시하고 지금까지의 자신의 행동을 돌이킨다. 다음날 학장실에서 석훈은 최종 합격자 명단을 검토한다. 그 자리에서 석훈의 원주필은 정철욱과 송순희를 그어 버리고 각각 오경남과 한금옥을 써놓고 수표

> (사인)을 한다. 리석훈의 결심으로 교무지도원 또한 양심의 가책에서 풀려나게
> 되고 복부외과 과장도 반성을 하게 된다.

6. 1990년대 문학: 숨은 영웅들

한웅빈의「새로운 기슭에서」,「두 번째 상봉」, 한형수의「생활의 시작점에」

이 작품은 숨은 영웅을 그린 작품이다. 한웅빈의 작품들은 북한 작품은 도식적이라는 생각을 깨는 작품이 많다.「새로운 기슭에서」와「두 번째 상봉」도 그런 작품이다. 이 작품들은 손님의식과 주인의식을 통해 다양한 인물을 보여주고 있으며, 어렵고 힘든 걸 무조건 참고 극복해 나가는 것이 아니라 진정한 주인답게 자신이 살기 편하게 바꾸어야한 다는「새로운 기슭에서」는 주제 전달 뿐 아니라 다양한 인물들과 인물들의 변화를 그림으로서 소설 내용 자체를 풍성하게 만들어 주어 읽는 즐거움을 준다.

> ■ 한웅빈「새로운 기슭에서」, 1990년
>
> 씩씩하고 모범적인 전사 강일호는 동해안의 공업도시인 고향에 가지 못하고 간석지 건설장으로 오게 된다. 그러나 간석지에 대해서, 식사의 맛에 대해서, 숙소에 대해서 불만을 토로하던 강일호는 언제나 간석지이기 때문에 불편해도 참아야 한다며 간석지라는 말로 모든 걸 정당화하는 리신철이라는 청년을 만나게 된다. 강일호는 간석지에 맘을 붙이지 못하고 맞은편 제방의 한 처녀에게 맘을 빼앗겨 매일을 견뎌 나간다. 같이 일하는 아바이 조장과 '삼촌들', 어린 '문철'과 누나 '문희'는 여러 가지 문제를 끊임없이 제기하는 강일호에게 놀라지만 싫어하지는 않는다. 하지만 직장장은 신철처럼 참고 견디지 못하며 의견을 내놓는 일호가 못마땅하다. 일호는 식당의 취사원이 정성껏 음식을 만들지 못

하는 걸 보다 못해 자기가 요리를 하고, 숙소가 무너지자 더 살기 좋은 방으로 만드는데, 문철이 가져온 판자 때문에 직장장과 창고장에게 욕을 먹는다. 거기다가 한 립방은 실히 될 돌들을 반 입방이 되는 광차에다 밀어 넣다가 광차바퀴를 망가뜨려 놓아 그 조는 하루 종일 일을 하지 못한다. 종합사업소 지배인이 내일 오기 때문에 더 큰일이라는 직장장은 가만두지 않겠다는 엄포를 놓는다. 일호는 또한 영화 관람을 밖에서 하면 영사막이 흔들려 제대로 관람이 불가능하다는 걸 알고 의문을 품는다. 일호는 지배인과의 면담에서 어렵고 힘든 걸 무조건 참는 것은 자랑이 아니라며 건설에 참여한 사람들을 간석지의 첫 주민으로 여기고 일하기 좋게 간석지를 꾸며야 한다고 말한다. 지배인은 그답게 일호의 말에 동의하며 일호를 고향으로 휴가를 보내주지만 일호는 며칠 만에 돌아온다. 돌아온 간석장에 리신철은 잠시 머무를 곳이기에 참아왔던 거라며 떠나버리고 마음에 둔 처녀 또한 간석지를 떠나기 위해 원치 않는 사람과 약혼을 해 떠났다는 걸 알게 된다. 신철은 자기 집에 만족하는 주인이 아니라 불만을 고쳐내는 주인이 되고자 맘을 먹는다.

■ 한웅빈「두 번째 상봉」, 1999년

「두 번째 상봉」은 세계청년학생축전의 안내원와 외국인 기자의 이야기다. 이 작품 역시 한웅빈 특유의 위트와 솔직함으로 우리식 사회주의의 자긍심을 웃음으로 보여주고 있는 작품이다.

10년 전 제13차 세계청년학생축전 때 안내 겸 통역으로 참가한 '나'는 축전에 참가한 외국인들에게 주체조선의 진면모를 보여주어야 한다는 사명감을 가지고 있었다. 대다수의 외국인들이 이해와 호의를 가지고 있었지만 반신반의하거나 적의를 가진 사람들도 있었다. 서방세계의 사회주의에 대한 시각은 '고층 살림집과 그 아래 작은 수매소의 사진을 제시하면서 고층에는 간부들이 낮은 수매소에는 노동자들이 산다'는 사진의 설명으로 알 수 있었다. '나'가 안내를 맡은 외국인은 호기심과 의심이 많은 기자였는데 누군가를 매대 앞에서 기다리는 사람을 보고 동냥을 하는 거냐고 묻기도 하고 이 나라의 모든 것이 무대 세트라고 생각하였다. 어느날 그와 보통강 유보도에 나갔다가 5.1경기장의 건축술에 대한 이야기를 나누었는데 그는 웅장한 건물은 무능한 군주의 위엄을 위한 것이라고 말한다. 그리고 그는 아내와 아들과 집이 있어 행복하지만 아직

해고될 걱정은 없다는 불안감을 표현하기도 한다. 그러다가 낚시를 하고 있는 솔직하고 거침없으며 눈치 없는 중학교 동창친구와 외국인 기자가 면담을 하게 된다. '나'의 친구는 집과 직업이 있느냐는 물음에 어이가 없어하고 그런 것이 없는 게 어딨냐며 '나'에게 자꾸 되물음을 한다. 기자는 친구의 대답에서 사회주의의 잘못된 점을 꼬집으려 하지만 친구는 집도 아내도 아이들 넷도 있고 아이들은 말썽을 피워서 문제가 있으며 무료 의무교육이나 무상치료에 대해 이야기 한다. 또한 공장의 로봇 도입에 대한 문제를 이야기하자 기자는 직장을 잃을 지도 모르겠다고 말하고 친구는 전혀 그런 말을 이해하지 못한다. 기자는 저 친구 또한 준비시킨 것이 아니냐며 의심을 하지만 '나'는 먹고 입고 사는 데서 불안이 없는 것은 진실이지만 결코 화려하지는 못한 생활이라고 말한 것이 왜 비현실적으로 보였는지 이해하지 못한다. 그 때를 회상하며 '나'는 10년 사이에 사회주의권의 붕괴, 자본주의로의 복귀, 제국주의의 포위, 국상, 파괴적인 자연제해 등으로 인해 60년 전에 선열들이 걸었던 고난의 행군길 위에 섰고 고난의 행군은 끝났지만 아직도 어려운 것이 한 둘이 아니고 거리의 가로등불도 밝지 못하다고 생각한다. 그러면서 모든 것이 부족하고 어렵지만 평등한 사회주의를 지키며 아무것도 잃지 않은 조국의 모습과 올해를 강성대국건설의 위대한 전환의 해로 빛내이자는 구호와 광명성 1호의 발사를 두고 자긍심을 느낀다. '나'는 그 기자가 쓴 '미래에 대한 확신이 넘치는 사람들이 사는 땅'이라며 다시 찾아온 우리 땅에 대한 기사를 보게 되고 미래에 대한 확신이 가득 찬 땅에 대한 신심을 갖는다.

■ 한형수의 「생활의 시작점에」, 1996년

한형수의 「생활의 시작점에」는 산골의 훌륭한 교장선생이 키워낸 많은 제자들을 통해 자신을 내세우지 않는 숨은 영웅인 교장선생님과 벽지를 회피하려는 선욱을 대조적으로 보여주고 있는 작품이다.

교원대학을 최우등으로 졸업한 례영은 산골의 궁심인민학교로 배치받지만 선욱은 그곳으로 가는 것을 반대한다. 궁심으로 가는 버스에서 례영과 궁심리 이웃의 버섯 수출문제로 가는 선욱은 교장선생에게 줄 돋보기를 사가는 두 아이를 만난다. 그러나 선욱은 경솔하게 그 안경을 깨뜨리고 두 아이는 운다. 그 때 함께 차에 타고 있던 지질학 박사 영웅대좌는 걸어서 가겠다며 차에서 내지만 실은 안경을 다시 사가지고 학교로 가려는 심산이다. 이것을 안 세계 레스링선수권 보유자의 권유로 버스운전사는 그 안경을 사러가기 위해 차를 돌리게 된다. 하지만 선욱은 다급히 내려버리고 차에 탔던 모두는 교장선생님의 제자들로, 선욱 또한 예전에 이곳에 배치 받은 적이 있었고 산골생활을 견디지 못해 쫓겨 나왔다는 얘기를 한다. 공화국 영웅을 7명이나 길러낸 교장선생님에게 가는 길에 례영은 선생님들은 숨은 영웅들이라는 박사의 얘기를 듣는다.

7. 2000년대 고난의 행군과 선군문학

장기성 「자전거」, 림재성의 「나루가의 밤 이야기」

고난의 행군은 북한이 1990년대 중·후반 국제적 고립과 자연재해 등으로 극도의 경제적 어려움을 겪은 시기에, 이를 극복하기 위해 제시한 구호이다. 원래 고난의 행군이란 말은 1938년 말~1939년 김일성 주석이 이끄는 항일 빨치산이 만주에서 일본군의 토벌작전을 피해 혹한과 굶주림을 겪으며 100여 일간 행군한 데서 유래했다.

선군정치는 1995년 초에 처음 논의되기 시작하였으며, 1998년 김정일의 국방위원장 취임과 함께 북한의 핵심적 통치방식으로 정착하였다. 선군정치는 "군사선행의 원칙에서 혁명과 건설에서 나서는 모든 문제를 풀어나가며 군대를 혁명의 기둥으로 내세워 사회주의위업전반을 밀고 나가는 정치방식"으로, '군사선행, 군 중시'의 정치라고 할 수 있다.

2000년에 등장한 선군혁명문학은 전우애를 강조하거나 강성대국 건설을 군이 선도해야 한다는 내용을 표출하는 작품이 눈에 띈다. 장기성의 「자전거」는 인민군대를 사랑하는 인민들의 군대원호를 그린 작품이며, 림재성「나루가의 밤 이야기」는 제대군인 광섭이 송덕에서 만난 사람들에 대한 이야기를 통해 선군정신으로 자력갱생하는 모습을 그리고 있다. 자력갱생은 고난의 행군시기를 극복해나가는 한 방법이었다. 어려움을 극복하고 강성대국 건설을 위해 애쓰는 관리위원장의 모습이나 광섭에게 총대정신을 갖게 하여 군에 입대하도록 영향을 준 마영기의 등장은 이 작품이 선군문학 범주에 있음을 보여준다.

■ 장기성 단편소설「자전거」, 1999년

"인민군대를 친혈육처럼 아끼고 사랑하며 성심성의로 원호하는 기풍을 더욱 철저히 세우자!" 련화는 군관으로 복무하는 막내 동생이 출장길에서 고향집에 잠시 들린다는 얘기를 듣고 집에서 떠나지만 연유사정으로 농촌버스들이 다니지 못해 60리 길을 걷다가 자전거를 끌고 가는 중년 사나이를 만난다. 그 자전거는 다친 군인을 위해서 자전거를 양보한 체신분소 아바이에게 전달되는 것이었다. (체신분소 아바이→군인→할머니→청년→중년사나이→련화) 련화는 이런 이야기를 중년 사나이에게 듣고 총대를 한없이 중시하는 인민의 성정을 느낀다.

■ 림재성 단편소설「나루가의 밤 이야기」(당창건 55돐 문학축전작품), 2000년

시공 아바이와 설친한 송덕 과수분조장 처녀와 영예군인 총각의 결혼으로 강 건너편의 사람들은 사공 아바이가 잔치에 가서 나룻배가 올 수 없다는 얘기를 듣는다. 중년 사나이는 사공이 배를 떠나 잔치집에 가는 경우는 처음 본다며 송덕사람들을 욕한다. 이를 들은 리광섭이 배를 가지러 강을 건너려 하자 안경쟁이 송덕의 농장 부기원이 자신이 길을 안다며 강을 건너간다. 광섭은 자신과 송덕의 얽힌 이야기를 사람들에게 해 준다.

송덕이 살기 좋은 고장이라는 소문을 듣고 도착한 리광섭은 그렇지 못한 송덕의 상황을 보고 실망을 한다. 관리위원장 춘근은 농사를 마무리 짓고 발전소를 하나 더 건설해 전기난방화를 실시할 건데 기술인 광섭이 와 줘서 너무 고맙다고 말한다. 관리위원장은 술과 담배에 씨암탉을 잡고 집으로 초대해 권하지만

광섭은 알레르기 체질이라 아무 것도 취할 수 없고 연애도 아편과 같으니 하고 싶지 않다고 한다. 기자들이 많이 찾아오냐는 광섭의 질문에 관리위원장은 마을을 돌아보고 귀맛좋은 이야기만 하다가 지방신문 귀퉁이에나 기사를 낸다고 말한다. 춘근은 그것은 앞으로 해야 할 일이 많다는 거라고 한다. 다음날 춘근은 광섭에게 왜 송덕으로 왔냐고 묻고 광섭은 철도에 비하면 여기 일이 신선놀음이라는 것과 자연재해가 계속 될 때도 이 곳은 밥 걱정을 몰랐다는 얘기를 듣고 왔다고 말한다. 춘근은 송덕의 발전소, 식료공장, 목욕탕 등은 농민들이 농사짓는 여가의 시간으로 만든 거라며 그들이 쌀이 없으면 죽을 먹고 나무뿌리를 먹으며 오늘처럼 일어서게 된 거라고 말하며 나가라고 한다. 춘근은 떠나기로 하고 밤길을 걷다가 군대에서 몸 약한 병사를 위해 꽃게를 잡다가 죽을 고비에서 만난 처녀와 얼마 전에 결혼을 했다며 바다의 노래를 열심히 부르며 소달구지를 타고 가는 마영수를 만나게 된다. 마영수는 병사시절 사회주의 내 조국의 귀중함을 느꼈다면서 송덕이 한 번도 신문에 나오지 못하자 제대 후에 송덕으로 돌아왔다고 한다. 춘근이 돌아온 영수에게 심산벽촌으로 왜 왔냐고 하자 지금이 산골이 벌방보다 부족한 것이 없다며 송덕 사람들은 땅타발, 하늘타발 말라고 했다. 영수와 춘근은 밤마다 진거름을 실어와 마을을 가꾸었고 총진병사의 정신으로 강성대국으로 내달렸던 것이다. 그런데 춘근은 두 번째 발전소를 건설하면서 물사태를 몸으로 막다가 죽었고 죽기 전에 광섭을 꼭 바로 잡아 달라고 부탁했다는 말을 한다. 멀리서 마영수와 부기원이 배를 끌고 오는 소리가 들린다.

8. 김정은 시대의 문학과 전망

: 김정일 애국주의와 과학기술 우선주의 그리고 문명국가

북한은 2011년 12월 19일 낮 12시 특별방송을 통해 12월 17일 오전 8시 30분 김정일이 사망했다고 발표하면서 김정은 시대가 시작된다. 이후 2011년 10월 8일 김정일의 유훈에 따라 같은 해 12월 30일 '조선로동당 중앙위원회 정치국회의'에서 김정은에게 '조선인민군 최고사령관'의

호칭이 부여됨으로써 김정은이 새로운 시대의 개막을 대내외에 알리게 된다. 이후 2012년 4월 김일성 탄생 100주기를 맞아 '조선노동당 제1비서, 국방위원회 제1위원장'에 추대되고, 7월 17일 '공화국 원수'로 추대됨으로써 당·정·군의 모든 제도 권력을 장악하여 권력 승계를 마무리한다.

김정일 사후 체제 결속을 위해 '김정일 애국주의'가 강조되었으며 2014년 지도사상으로 김일성-김정일주의(주체-선군사상)를 채택하면서 이에 부합하는 작품들이 창작되고 있다. 김정은 시대의 소설 경향은 초기에는 김정일 애국주의를 강조하는 소설과 과학 기술 우선주의를 반영한 '돌파하라 최첨단' 또는 '최첨단으로의 돌파' 그리고 '문명국가 건설'일 것이다.

김영희 「붉은감」은 2012년 8월 24일 김정은이 조선인민군 제4302군부대관하 3중3대 혁명붉은기 감나무 중대를 시찰한 후 기념촬영을 한 일을 주요 소재로 하고 있다. 특히 단체 기념촬영이 아닌 부대원 모두와 개별적으로 사진을 찍었다는 점에서 이 시찰은 매우 중요한 사건으로 보도되었다. 「붉은감」의 배경인 감나무 중대는 동해안에 있는 여성 해안포중대로 김정일 위원장이 1995년부터 2009년까지 5회 이상 이 부대를 찾아가는 등 각별한 관심을 보인 중대이다. 감나무 중대는 김정일이 현지시찰을 한 후 감이 익는 계절에 다시 오겠다고 약속한 그때부터 중대는 감나무 중대라는 이름으로 북한 내에 알려졌다. 김정일과 감나무 중대의 일화는 북한 내에서는 매우 유명한 일화이다. 이 일화는 2013년 10월 23일 『로동신문』에 「감나무중대에 베푸신 은정」으로 다시 보도되고, 다시 각종 매체에서 영상물과 녹음물 「실담-감나무중대와 더불어

길이 전할 이야기」 등으로 재생산 되고 있다. 김정일이 김일성 사망 후 첫 부대시찰이 다박솔 초소였던 것만큼, 그것과 비슷한 비중으로 다루어진 것이 김정일 사후의 김정은의 감나무 중대 현지시찰이었다. 감나무 중대는 김정일이 다박솔 초소 다음으로 찾은 곳이기 때문이다. 이 작품은 김정일 애국주의의 정수를 보여주는 작품이다. 하지만 상투적인 서사구성으로 재미는 없지만 김정은 시대와 군과 인민을 통제하는 방식을 엿 볼 수 있는 작품이다.

「푸른강산」은 중앙양묘장에 2011년 10월9일 김정일이 김정은과 함께 현지지도를 한 중앙양묘장이 배경이다. 이 작품은 김정일을 수행한 현지지도에서 조국의 자연을 아름답게 꾸며 후대에게 물려주기 위해 국토사업보호사업을 전군중적 운동으로 벌일 것을 제안하는 김정은의 모습과 그것을 '김정일 애국주의'로 승화시켜 진행하는 강형준의 모습을 그리고 있다.

김정일 시대부터 이어져 온 과학기술 우선주의는 김정은 시대에 와서 더욱 강조된다. 사회전반에서 강조된 과학기술 우선주의는 최첨단으로의 돌파와 지식 경제주의라는 용어로 대별된다. 최첨단으로의 돌파는 강성대국 건설에서 강성국가로의 전환을 맞이하면서 문명국가라는 새로운 목표와 맞물려 나온 구호이다. 북한의 최첨단의 구호를 잘 구현하고 있는 작품은 백상균의 「자격」과 김하늘의 「영원한 품」이다. 이 두 작품은 당시의 분위기를 잘 보여주는 작품이다. 북한은 문명국가 건설을 위한 전 인민을 인재화하는 것에 목표를 두고 있는데 이러한 부분은 2014년 12년제 의무교육체제 변화와 중등교육의 개선으로 나타난다. 북한의 교육정책에 대한 고민을 잘 보여주는 작품이 김삼복의 「스승」

'자기 땅에 발을 붙이고 눈은 세계를 보라!'는 김정일 국방위원장의 친필 (김일성종합대학 전자도서관)

이다. 교육과정 개정에 대한 이유를 자세하게 묘사하고 있다는 점에서 주목할 만하다.

중학교 교사 교원 미영은 교육자 집안의 딸로 부모는 물론 언니까지 교원이어서 자신만은 절대 교원이 되지 않겠다고 결심했지만 아버지에게 속아 사범대에 입학하고 졸업 후 교원이 된다. 그런 그녀의 꿈은 현재 건실되고 있는 아파트를 받으면 약혼자와 결혼 후 교원을 그만둘 생각을 부모 몰래 품고 있다. 그녀가 품은 꿈은 영도방법에서 제시하는 혁명의 주인다운 태도를 가지는 것 즉, 공산주의 혁명가, 혁명의 참된 지휘성원들이 지녀야 할 혁명가적 기풍에 반한다. 그렇다고 그녀가 자신의 일을 게을리 하는 인물은 아니다. 그녀는 자신의 업무를 싫어함에도 반을 우수한 반으로 만들기 위해 성적이 나쁜 학생들을 늦은 밤까지 과외 지도를 한다. 그러나 재일이가 학업에 흥미를 보이지 않자 짜증을 낸다. 이에 미영의 아버지는 교원의 실력이 학생들의 실력이라며 교원들의 자질을 높여야 한다는 김정은의 말을 전하며 곧 중등교육 개선책이 마련될 것임을 말한다. 교육과정 개편안이 마련되고 미영이네는 교육자 거리의 살림집을 받게 된다.

김정은 시대에는 봉사시설과 문화시설 건설에도 주력하는데 그것 역시 문명국가건설과 관련이 있다. 북성기계공장의 실제 모델로 '허철용이 사업하는 기계공장'의 강성원 건설을 모티프로 창작된 윤경찬의 「감사」는 자칫은 무거울 수 있는 주제를 매우 경쾌하게 그려내고 있어 웃으며 볼만한 작품이다. 이외에도 탈북했던 여인이 재입북한 사건을 통해 두 명의 어머니를 대비하면서 그녀에 대한 처분을 그린 김하늘의 「들꽃의 서정」도 구성이 좋아 읽어 볼만하다.

위의 소설들에서 볼 수 있듯 김정은 시대의 지향은 명확하다. 인재양성을 통해 과학기술을 발전시키고, 기술 경제사회로 진입하여 경제적 발전을 발판으로 문명국을 만드는 것이다. 따라서 각 부문별 인재들이 현장에서 고군분투하는 소설들이 창작될 것으로 보인다.

북한음악

북한,
노래로 인민을…

배인교 · 경인교육대학교 한국공연예술연구소

1. 들어가는 말

흥이 많고 노래하기 좋아하는 한민족의 특성은 북한의 인민에게 예외로 적용될 수 없다. 분단 이후 북한에서도 수많은 음악작품이 창작되었고 많은 음악예술인들에 의해 구현되고 있다. 우리 사회에서 창작된 가요의 수를 셀 수 없을 만큼 북한의 상황도 그럴 것이라고 예상할 수 있다. 그러나 많은 사람들이 북한의 음악은 예술작품이 아니라고 말한다. 특정한 사상을 내포하고 있고, 사람들을 선동하기 위해 만들어진 음악이기 때문이라는 것이다. 그러나 이 말에는 어폐가 있다. 우리는 현재 특정 사상을 내포한 종교음악을 훌륭한 예술작품으로 취급하고 있으며, 이러한 종교음악은 사람들을 특정 종교로 포섭하기 위한 도구로 사용되기 때문이다. 또한 어느 사회에 속해 있건 간에 예술 작품은 그 사회의 정치, 사회사상과 무관할 수 없다. 사회 구성원으로 존재하는 인간이 창작하기 때문이다.

민요학 이론 중에는 과거 한반도와 한민족 역사와 함께한 국가들의 음악이 현재 한민족음악의 주요 근간으로 자리하고 있다는 논의가 있다. 그리고 이러한 논의를 따른다면 음악은 시간의 흐름 속에서 서로 중첩되며 현재까지 이어져 오고 있다고 말할 수 있다. 예를 들어 백제가요 〈정읍〉은 고려시대를 거쳐 조선에서 무용반주음악으로 쓰였으며, 고려가요 〈동동〉 역시 조선시대에 무용반주음악으로 사용되었다. 그리고 이 두 음악은 현재 한국 전통음악 중 궁중음악을 대표하는 〈수제천〉과

〈동동〉으로 전승되어 활발히 연주되고 있다.

이런 이유로 분단 이후 북한에서 창작, 연주하고 있는 음악이 향후 한민족 음악 문화의 또 다른 자양분이라는 지위를 갖게 될 것이라고 우리는 예견할 수 있으며, 예견하여야만 한다. 그리고 이러한 의미에서 우리는 현재 북한 음악에 대한 이해가 필요하다.

한 나라의 음악을 알고 이해한다는 것은 그 문화에 대한 호감과 함께 한다. 예를 들어 전 세계에 퍼져 있는 'ARMY'는 방탄소년단의 노래의 가사를 이해하고 그 노래와 자신의 삶을 일치시키며 방탄소년단의 성장과 자신의 성장을 응원한다. 그들은 나아가 다른 한국 노래에 관심을 갖으며, 한국 문화에 대해서도 적극적으로 접하고 알려고 노력한다. 상대에 대한 좋은 감정, '호감'이 문화에 대한 열린 마음을 가능하게 한다.

그러면 북한 음악은 어떨까? 우리 국민들은 북한에, 아니 북한 문화에, 그리고 북한의 음악에 대해 호감을 가지고 있는가? 대다수의 국민들은 그렇지 않을 것이다. 우선은 북한 음악을 원초적으로 차단하였고, 스스로 차단할 정도로 접할 수 있는 통로가 많지 않으며, 접한다 하더라도 '국가보안법'이라는 자기검열을 하는 경우가 대다수이기 때문이다. 이제 우리는 북한 음악은 예술작품이 아니라는 주장은 가볍게 건너뛰고 한민족 음악 창작의 또 다른 면에 대한 호기심을 안은 채 실제 북한 음악의 종류와 양상을 살펴볼 필요가 있다. 호감을 갖기 위해 호기심을 갖기를 바라는 마음이다.

북한 음악에 대한 호기심 단계로 들어가기에 앞서 북한 음악의 종류를 잠시 살펴볼 필요가 있다. 대부분 민족이나 국가의 음악이 그렇듯이 북한 음악 역시 성악, 기악, 극음악으로 나눌 수 있다. 그러나 성악과 기악, 극음악의 하위 갈래는 나라와 민족의 문화적 특성에 따라 다양한 갈래가 있을 수 있으며, 북한 역시 체제의 발전 과정에 따라 다양한 분류와 갈래가 있다. 또한 북한 음악을 알아보기에 앞서 간과하지 말아야 할 것이 있다. 바로 북한은 "조선민주주주의인민공화국"이란 국호를 가지고 있으며, '인민'을 우선한다는 것이다. 즉 북한의 음악은 기본적으로 광범위한 인민대중을 위한 음악이며, 특정 집단이나 마니아층을 위한 음악은 창작하지 않는다.

2. 북한의 성악

1) 북한 성악의 종류

북한의 성악을 설명하는 글을 보면 대체로 노래 가사의 내용과 가창 방식에 따라 구분하는 것이 일반적이다. 그리고 성악의 하위 갈래는 저자마다 조금씩 다르며, 북한의 것과도 다르다. 문제는 이러한 갈래명들을 우리들은 쓰고 있지 않아 북한의 여러 성악 장르에 대한 이해가 필요하다는 것이다. 우리는 대체로 외국의 갈래명들을 그대로 따라 쓰는 데 비해 북한에서는 한자어나 한글식 표현으로 바꾸어 사용한다. 또한 우리의 성악은 서양 클래식을 전공한 성악가들이 부르는 성악과 국악인들이 부르는 성악, 뮤지컬 배우들이 부르는 크로스오버, 그리고 수많은 대중가요로 나뉘며 대중가요는 발라드, 힙합, 트롯, 랩 등 외국에서 들어온 장르명을 사용한다. 또한 각 장르별 벽이 높아 벽을 넘나들 경우 이

북한 가요의 분류기준과 형태

분류기준	분류형태	세분류
표현수단과 표현수법	서정가요	
	서사가요	
	행진곡	
	률무가요	
내용의 주제사상과 성격	송가	수령송가
		당송가
		조국송가
	당정책가요	
	로동가요	
	추도가	
	풍속가요	
	사가요	
	계몽가요	
	군가	
	혁명가요	

슈가 되기도 한다. 그에 비해 북한에서는 이 모두를 가요라고 부르며, 장르별 벽이 높지 않다. 그 이유는 '인민대중'이 좋아하는 음악을 만들어 보급하는 것이 가장 중요하기 때문이다. 인민이 좋아하는 음악을 추구하며 만들어 보급하려는 정책적 의지도 인해 우리와 매우 다른 북한의 성악 갈래명에 대한 이해가 필요하다고 할 수 있다.

북한의 음악을 설명한 남한의 저서와 북한에서 출판된 글에서 발견할 수 있는 갈래어는 송가, 당정책가요, 혁명가요나 교성곡, 무반주합창 등 매우 많으나 우리에게는 낯설기 그지없다. 1987년에 출판된 북한의 글에서는 가요의 내용과 형식에 따라 다양한 분류어를 만들어 놓은 것을 찾아볼 수 있다. 즉 표현 수단이나 수법에 따라 서정가요, 서사가요, 행진곡, 률무가요로 나누며, 내용의 주제 사상과 성격에 따라 송가, 당정책가요, 로동가요, 추모가, 풍속가요, 사가요, 계몽가요, 군가, 혁명가요로 나누었다. 그리고 송가는 수령송가와 당송가, 조국송가로 세분하였다.

함께 살펴볼 남한의 논저는 북한의 제한된 자료 속에서 제시된 분류어 들이다. 1990년 『북한음악의 이해』(1990, 노동은)에는 영가(송가), 당정 책가요, 노동가요, 교양가요, 민요, 동요, 혁명가요, 가요행진곡이 있다 고 하였고, 1992년의 「통일 이후의 한국음악 정립을 위한 모색」(1992, 김영운)에서는 북한 음악은 주체음악이며 민족음악과 양악으로 나뉜다 고 하면서 우리의 대중음악에 해당하는 북한의 성악곡 개념은 유통구 조의 차이 때문에 존재하지 않으나 가요라는 이름으로 정리될 수 있는 음악에 송가, 당정책가요, 노동가요, 서정가요, 민요, 혁명가요 등이 있 다고 하였다. 1990년의 것에 비해 우리의 음악을 전통음악과 전통음 악 스타일의 음악인 국악과 양악으로 나누는 것처럼 북한의 음악을 전 통음악 스타일을 갖는 민족음악과 양악으로 나누고 있는 점은 1990년 의 논의와는 차별화된 분류로 나가고 있는 것을 볼 수 있다. 그리고 북 한의 성악곡의 갈래들을 제시해 놓았는데 앞서 설명한 내용에 더하여 '서정가요'가 추가되었음을 확인할 수 있다. 그리고 2000년대 들어 북 한 가요를 대상으로 한 남한 학자들의 분류어는 분단 이후 현재 북한 에서 가창되고 있는 가요의 성격, 내용, 특정 시기에 첨가된 작품의 성 격을 기준으로 송가, 행진가요, 서정가요, 민요식의 노래, 당정책가요 로 정리하였으며, 여기에 아동음악을 별도의 범주로 두어 어린이노래 와 학생소년노래로 나누었다.

이제 남북한에서 소개하고 있는 북한 성악의 다양한 갈래어를 익혀보자.

(1) 송가

앞서 살펴본 것처럼 노동은은 송가를 '영가(송가)'라고 소개하였다. 현재 우리에게는 익숙하지 않은 갈래어인 '영가'는 북한에서도 현재 잘 사용하지 않는 개념어이며, 괄호 속의 '송가'가 현재 사용하는 개념어이다. '영가'는 1980년대에 우리나라에서 많이 사용한 갈래어였다. 이 시대에 중고등학교를 다녔던 사람들은 음악시간에 한 두 번은 '미국 흑인 영가(靈歌)'라는 말을 들어봤을 것이다. 흑인 영가의 사전적 의미는 아프리카에서 노예로 끌려온 아프리칸-아메리칸들이 부르기 시작한 종교적, 민속적 성격의 가사로 이루어진 노래이며, 아프리칸 고유의 리듬감을 바탕으로 찬송가의 영향을 받아 이루어졌다 한다. 우리에게 익숙한 〈old black Joe〉와 같은 노래를 생각해 보면 잘 이해할 수 있을 것이며, 송가라는 말이 익숙하지 않았던 당시의 시대상을 반영하여 좀 장엄하면서도 그리움이나 찬양의 의미를 담고 있는 개념어인 '영가'를 갈래어로 사용한 것은 아닌가 한다.

'송가'에 대한 북한의 설명을 정리해 보면, 가사와 선율은 장엄, 밝음, 열정, 친근함의 정서를 담고 있으며, 가사에 내재된 의지와 지향이 경축적인 울림과 선명한 리듬에 반영됨으로써 계급적이고 정치적인 성격이 뚜렷한 노래 갈래라고 한다. 북한 사전에서 제시하고 있는 첫 번째 민중적 송가는 18세기 말 프랑스혁명 때 불렸다가 현재 프랑스 국가가 된 〈La Marseillaise 라 마르세이에즈〉이며, 1888년 파리 꼬뮌때 창작된 〈L'Internationale 인터내셔널〉도 송가의 대표적인 노래라고 보고 있다. 수령송가와 당송가, 조국송가로 나눌 수 있는 송가는 북한에서 매우 많이 창작되는 노래 갈래이다. 그 이유는 정책적으로 북한의 주도적인 정치사상인 주체사상의 현신이자 인민을 이끄는 지도자의 업적과 품성을 칭송하고, 인민들의 손으로 건설된 조선 노동당를 찬양하며, 당과 수령의 영도로 번영하는 사회주의 북한과 사회주의 제도에 대한 인민들의 신뢰와 긍지, 자부심을 표현하는 노래를 만들어 보급할 필요가 있기 때문이다. 지도자의 업적과 품성을 칭송하는 가사를 담고 있는 노래 중 잘 알려진 노래는 〈김일성장군의 노래〉(1946), 〈김정일장군의 노래〉(1997), 〈김정은장군 찬가〉(2016) 등이 있으며, 조선로동당을 찬양하는 〈백전백승 조선로동당〉(1975), 사회주의 북한과 사회주의 제도에 대한 인민의 긍지와 자부심을 표현한 〈빛나는 조국〉(1946), 〈애국가〉(1947), 〈조국찬가〉(2013) 등이 있다. 이를 보면 송가는 북한 성립 초기부터 현재까지 꾸준히 만들어 보급하여 지도자의 위상과 조선로동당의 위엄, 그리고 사회주의 체제의 우월성과 인민의 행복을 끊임없이 북한 인민들에게 각인시키는 역할을 하고 있음을 알 수 있다. 이 중에서 조국송가의 한 예로 북한 〈애국가〉를 소개하면 다음과 같다.

북한 〈애국가〉의 가사는 인민들에게 공모를 거쳐 선택된 것이라고 하나 실제로는 박세영의 시를 사용하여 창작되었다. 〈애국가〉를 보면 우리의 〈애국가〉와 매우 비슷한 점을 발견할 수 있다. 바로 못갖춘마디로 시작하며, 첫 소절의 시작음 또한 같다. 즉 "동/해물과"와 "아침은 빛나라"의 음이 모두 "솔-도′시라"인 것이 우연의 일치인지 당시 동시대인들의 음감인 것인지 알 수 없으나 남북 〈애국가〉의 시작은 같다.

이렇게 북한에서 많이 만들어 보급하는 '송가'라는 갈래어를 우리는 사용하고 있지 않아 '송가'라는 말을 북한만이 쓰는 용어로 낯설게 받아들인다. 그러나 사용하고 있지 않은 것이 아니라 송가 앞에 '찬양'의 의미인 '찬讚'을 붙여 '찬송가'로 쓰고 있는 점이 다르다. '송가'는 아름다

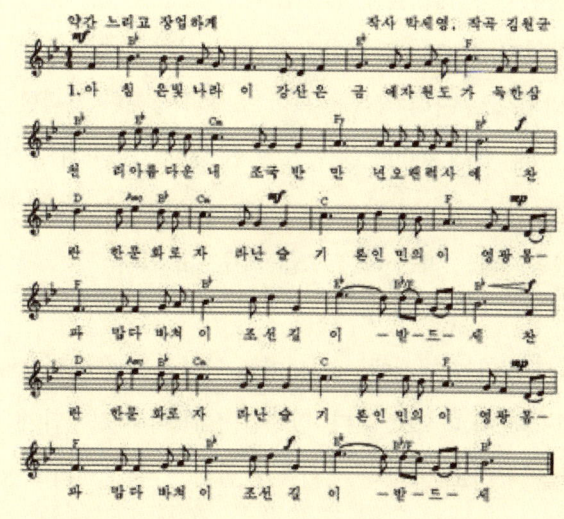

움을 찬양하는 노래이며 찬양의 대상을 온 마음으로 따르고자 하는 의지를 반영하고 있어 북한의 송가와 기독교의 찬송가는 매우 닮아 있는 것을 볼 수 있다.

북한의 송가는 2000년대 들어 다양한 방향으로 변화 발전하고 있다. 먼저 북한에서 선군시대로 불렸던 2000년대 초에는 합창조곡〈선군장정의 길〉이 창작되었다. 조선인민군공훈합창단에서 선군시대에 맞춰 창작한 이 음악은 서곡〈조선은 말한다〉, 제1악장〈선군의 닻은 올랐다〉, 제2악장〈장군님의 전선길이여〉, 제3악장〈승리의 력사로 영원하리라〉, 제4악장〈장군님께 영광을〉, 그리고 마지막 곡인 종곡〈빛나라 선군장

정의 길이여〉까지 서곡과 종곡, 그리고 4개의 악장으로 구성된 합창조곡이다. 그리고 이 작품에 대해 "대기념비적장군송가"라는 칭송과 함께 선군음악정치의 맥락을 짚었다는 점에서 "선군음악실록"이라고 표현하기까지 하였다. 기존의 장엄하고 웅장한 정서를 유지하되 극대화시키기 위한 방법으로 여러 악곡을 모아 조곡의 형태를 선택한 것이라고 할 수 있다. 이와 함께 2009년에 발표된 현 북한 지도자의 송가인 〈발걸음〉은 숭엄한 감정이 아닌 밝고 활기차면서도 힘찬 느낌의 악곡이어서 기존의 수령송가와는 약간 다른 모습을 가지고 있다.

김정은시대로 불리는 현재에는 지도자를 찬양하는 수령송가와 함께 다양한 조국송가들이 나오고 있다. 김정은 집권 이후 정치학계는 북한이 정상국가를 지향하고 국가적 체계를 일신하는 데 노력하고 있다고 설명해왔다. 이러한 설명을 뒷받침하듯이 북한의 조국 송가는 매우 활발하게 창작되고 있다. 즉 1940년대 만들어졌던 〈빛나는 조국〉을 재형상한 것은 물론 10절이나 되는 〈나의 조국〉이나 〈우리의 국기〉(2019), 〈인민의 나라〉(2018) 등 기존의 조선 민족에서 나아가 조선민주주의인민공화국으로 우뚝 서보려는 의지를 조국송가에서 찾아볼 수 있다.

(2) 당정책가요

송가 다음으로 제시된 당정책가요 역시 노래말의 내용에 따른 갈래어 중 하나이다. 당정책가요는 1960년대 후반부터 인민들에게 당의 노선과 정책을 빨리 교육시키기 위해 창작, 보급된 노래형식이라고 한다. 당정책가요는 당의 정책과 노선, 방침들의 본질과 내용을 알기 쉽게 풀이한 노래와 당이 제시한 구호들을 그대로 노래 제목으로 한 노래로 나뉜다. 예를 들어 〈10대정강의 노래〉(1968)같은 곡은 당의 방침을 알기 쉽게 풀이

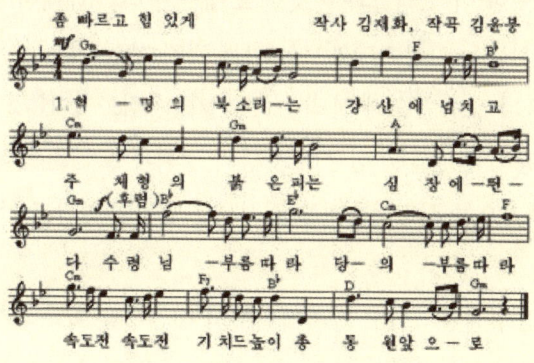

한 노래이며, 〈사회주의대건설 총동원앞으로〉(1974) 같은 노래는 당이 제시한 구호나 표어를 노래 제목으로 그대로 노출시켜 창작한 노래이다.

이 두 노래의 성격은 약간 다르다. 당의 방침을 쉽게 풀이한 노래는 어려운 내용을 쉽게 외우고 이해할 수 있도록 노래 선율이 단순하고 속도도 약간 빠르다. 이러한 성격의 노래를 우리나라 노래에서 찾아보면 "하늘천 따지"하는 천자문을 외우는 노래나 구구단 노래, 상품의 특성을 노래 가사로 설명하는 광고음악 등을 꼽을 수 있다. 이들 노래는 모두 길지 않아 쉽게 따라 부를 수 있는 선율에, 외워야 하는 어려운 내용의 가사를 느리지 않은 속도로 부른다. 그리고 지속적으로 사람들에게 노출시켜 자연스럽게 외워 부르게 한다. 한두 번만 들으면 바로 외울 수 있고 사람들이 계속 따라 부를 정도로 좋아할 만한, 북한식 표현으로는 '통속적인' 선율을 만들어 내는 것이 중요한 노래 갈래이다.

이에 비해 당이 제시한 구호나 표어를 제목으로 사용하는 노래는 인민이나 군중들의 의지에 호소하는 노래이고 그들의 행동과 실천을 요구하는 노래이어서 선율이 전자의 것보다는 진지하면서도 호소력이 강한 느낌을 준다. 또한 이 노래들과 비슷한 노래를 우리 노래에서 찾아본다면 〈무노동 무임금을 자본가에게〉나 〈함께 가자 우리 이 길을〉과 같이 소위 민중가요나 노동가요라 불리는 '운동가요' 정도가 될 것 같다. 그리고 노래를 통해 인민들을 선동하고 당의 정책과 노선을 선전한다는 점에서 당정책가요는 선전선동과 직접적으로 연관이 있다고 할 수 있다.

그러나 노래가 직관적이고 정치적이어서 대중성을 확보하기 위해서는 예술적인 부분과의 결합이 매우 중요하며, 이를 위해 가사는 시적으로, 선율은 통속적이면서도 예술적 품위를 잃지 않는 노래로 만드는 것이 창작가들의 주요한 고민이고 관건이라고 할 수 있다.

(3) 서정가요, 서사가요

일반적으로 가요는 아름다움을 찬미하며 서정적인 내용을 갖는 서정가요가 대부분이다. '서정가요'라는 글자를 보면 서정적인 노래나 우리 대중가요의 발라드와 같은 느낌을 받는데, 북한의 「문학예술사전」에서 서정가요는 "넓은 의미에서 서정시와 연결된 모든 가요"이며, 역사적으로는 향가부터 고려가요, 조선후기의 잡가 등을 서정가요로 묶어 놓았다.

서정가요는 음악적으로 아름답고 서정성이 가득하며 부드러운 선율과 따듯하고 다정한 울림을 가지고 있어 기존의 남녀 간의 사랑과 자연의 아름다움을 노래한 데서 나아가 북한에서는 수령의 위업과 덕성에 대한 찬미, 사회주의건설과 조국통일 등 서정성이 요구되는 노래에서 많이 보이고 있다. 이를 보면 서정가요는 가사의 내용에 따른 분류라기보다는 선율과 리듬에 의해 차별화된 가요형식이라고 할 수 있다.

이에 비해 서사가요는 이야기를 바탕으로 노래를 만들어 부르는 것으로 판소리가 대표적이다. 북한에서 말하는 서사가요는 판소리처럼 긴 이야기를 장면별로 부르는 노래라기보다는 함축적인 이야기를 담고 있는 짧은 노래라고 할 수 있다. 이로 인해 서사가요는 절가형식이 확립되기 이전에 창작되어 많이 불린 것으로 보인다. 절가형식으로 만들면 서사가 이어지지 못하고 단절되는 경향이 있기 때문이다. 그리고 절가형식에서 서사의 단절을 보완하고 해결한 것이 바로 1970년대 혁명가극의 노래들이라고 할 수 있다.

가극의 노래는 서사가 기본이나 북한 혁명가극에서는 기존의 통절형식의 아리아에서 벗어나 절가형식으로 모든 노래를 작곡하여 부르게 함으로써 "우리 식", 혹은 "피바다식" 혁명가극을 완성해 내었다고 설명하고 있기 때문이다. 우리에게 잘 알려진 대표적인 서사가요로는 〈정말 좋은 세상이야〉(1997), 〈최령감네 평양구경〉(1960)이나 〈웃음꽃이 만발했네〉(1955), 〈샘물터에서〉(1952) 등을 들 수 있다. 특히 〈샘물터에서〉는 모란봉악단에서 율동과 함께 선보여 각광을 받기도 하였다.

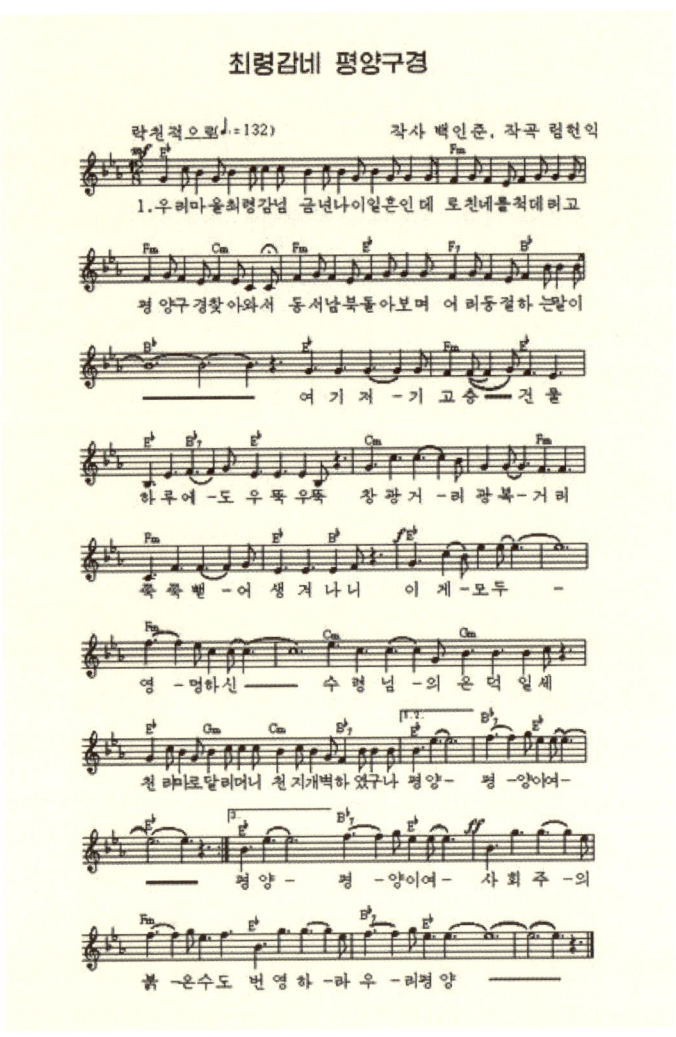

2013년 7월 27일 모란봉악단 공연 중 〈샘물터에서〉

2. 북한의 성악

(4) 노동가요, 풍속가요, 교양가요, 추도가

노동가요는 노동의 과정에서 만들어 부르는 노래를 지칭하는 것으로 짐작 가능한데, 북한의 사전에는 "민요의 한 형태"라고 규정한 것으로 보아 민요 중 노동요를 노동가요라고 부르는 것을 알 수 있다. 그리고 풍속가요는 세태 풍속이나 인정, 세태를 주로 묘사하는 노래를 말한다.

교양가요는 북한 사전에서도 찾아보기 어려운 갈래어이다. 다행히 교양가요 대신 교양소설이라는 갈래어가 있어 교양가요를 유추해 볼 수 있을 것 같다. 교양소설은 "지난 날의 문학에서 주인공의 인격의 내면적인 성장발전과정을 따라가면서 어떻게 개성적인 인간이 형성되는가를 보여준 소설"이며 "보통 주인공의 유년시절부터 성인시기에 이르는 성장과정을 보다 높은 정신적 경지에로 승화과정을 전개시켜 보여"주는 문학 갈래어이다.

이를 보면 교양가요는 서사민요 같은 갈래가 아닐까 한다. 시집살이노래나 무가의 바리데기와 같이 태어나서부터 성장의 과정을 나열하고 있기 때문이다. 만약 그렇다면 노동가요나 풍속가요, 교양가요는 모두 20세기 이전에 형성되어 불렸던 노래인 민요의 한 종류를 성악 갈래어로 제시한 것이라고 할 수 있다.

이에 비해 추도가는 추모의 노래로 민요의 〈상여소리〉와 같은 성격의 노래이나 북한에서 불리는 추도가는 이와 달리 "혁명적인 애도가"라고 한다. 죽음에 대한 단순한 슬픔이 아니라 개인 또는 집단의 혁명적 위훈에 대한 찬양과 경건한 추모, 남은 유업을 완수하려는 결의가 담겨 있으며, 〈추도가〉, 〈빨찌산추도가〉, 〈유격대추도가〉와 같이 비장하고 경

건한 느낌을 주는 것이 특징이다. 그러나 추도가는 모두 일제강점기에 항일투쟁에서 전사한 독립군들이 만들어 부른 노래가 대부분이며, 현대 북한 노래에서는 달리 찾아보기 어렵다. 기본적으로 북한 노래에서 죽음이나 이별, 슬픔을 표현하는 노래는 만들지 않으며, 인민들을 끊임없이 독려하고 사회주의 체제 속에서 행복하게 사는 인민의 정서를 표현해야하기 때문이다.

그리고 동요는 아이들의 노래이며 전래동요와 20세기 전반기에 창작한 동요, 그리고 북한에서 창작한 동요 등으로 나눌 수 있을 것이다.

(5) 혁명가요, 가요행진곡(행진가요), 룰무가요

혁명가요는 "낡고 반동적인 사회제도와 착취계급을 반대하고 민족적 및 계급적 해방을 이룩하자며 자주적이며 창조적인 새 사회를 건설하기 위한 혁명의 노래"로 넓은 의미로는 북한에서 창작된 노래는 모두 혁명가요라고 할 수 있다. 그러나 현재는 주로 일제강점기에 혁명투쟁 과정에서 창작된 노래들을 지칭하는 가요의 갈래어로 사용하고 있다.

〈조국광복회10대강령가〉나 〈조선인민혁명군〉, 〈반일전가〉처럼 김일성이 직접 창작했다고 알려진 노래들과 함께 혁명송가의 시작곡이라고 알려진 〈조선의 별〉 등이 있다. 북한에서는 백두혈통과 항일무장투쟁을 강조하고 있어 이 시기에 창작되었거나 불렀던 혁명가요의 위상이 매우 높아서 끊임없이 발굴하려고 애쓰고 〈혁명가요련곡〉과 같이 혁명가요를 복원해서 연주도 많이 한다. 또한 혁명가요 중 항일무장투쟁을 진두지휘했던 김일성이 직접 창작했다는 혁명가요는 모두 "불후의 고전적 명작가요"라는 갈래어로 분류한다.

가요행진곡은 현재 '행진가요'라는 갈래명을 지칭하는 것으로 보인다. 행진가요는 행진곡의 성격을 갖는 노래로 노래의 가창 범위는 군대로 한정되지 않고 일반 대중으로 확대되어 있다. 즉, 원래 군중들의 대열 행진에 쓰일 것을 예상하고 창작되었으나 대중들에게 자연스럽게 가창되거나 연극무대에서 활용되고 있어 행진곡풍의 군가는 아니다. 행진가요의 예로는 〈조선행진곡〉(1945)이나 〈청년사회주의건설자행진곡〉(1958), 〈조선청년행진곡〉(2010) 등을 찾아볼 수 있다.

률무가요의 률무는 율동과 무용이며, 소위 '댄스음악'이 여기에 해당될 것으로 보인다. 그러나 기본적으로 북한의 률무는 군중무용과 관련이 있다. 사람들이 춤을 추면서 나태해지거나 퇴폐적으로 나가는 것을 방지하기 위해 춤을 추면서도 조직과 규율, 집단주의를 길러줄 수 있는 춤동작을 경쾌한 민요나 흥취를 돋우는 리듬의 노래에 맞춰 춘다. 우리는 수많은 군중들이 모여 음악에 맞춰 같은 춤동작을 하는 것을 북한의 야회 동영상에서 쉽게 볼 수 있으며, 이때 흘러나오는 노래가 바로 률무가요라고 할 수 있다.

(6) 민요풍의 노래와 사가요

민요풍의 노래는 현재도 북한에서 활발하게 창작되어 연주되는 노래형태 중 하나이며, 말 그대로 민요 스타일의 노래라는 뜻이다.

1950년대 북한의 음악인들은 전통음악 중에서 어떤 장르가 인민적인가에 대한 논의를 한 바 있다. 그리고 판소리가 민중적이며 인민적인 장르라고 생각하여 판소리식 노래를 불러 보급하려 하였으나 실제로 북한의 대다수 인민들은 전라도스타일의 판소리에 큰 관심을 가지지 못하였다. 이에 과거 민중들이 만들어 부르고 민중들 사이에서 불렸던 민요가 가장 인민적이라는 노래라는 합의를 하였으며, 1960년대 이후 일제강점기에 만들어진 〈아리랑〉이나 〈울산타령〉, 〈꽃을 잡고〉와 같은 신민요의 전통을 계속 이어 민중들에게 향유되던 민요의 형식에 현대적, 서양 음악적 요소를 넣고 사회주의 북한의 내용을 넣어 만든 노래를 많이

김원균명칭평양음악대학 방문객을 위한 소공연 모습

만들어 부르게 하였는데 이것이 바로 민요풍의 노래, 혹은 민요식 노래이다. 민요풍의 노래는 〈꽃을 잡고〉와 같은 서정적인 발라드와 〈울산타령〉과 같은 민요식 노래, 그리고 〈목포의 눈물〉과 같은 트롯풍의 노래를 모두 포함한다.

2014년 모란봉악단의 신작음악회에서 소개된 세 곡의 민요풍의 노래는 민요풍의 노래라는 갈래가 이 세 부류를 모두 포함하고 있는 것을 알 수 있다. 즉 〈세월이라 가보라지〉와 같이 서정성이 매우 강한 것, 〈바다만풍가〉(2014)와 같이 민요적인 것, 그리고 〈철령아래 사과바다〉(2014)와 같이 트롯적인 노래에서 알 수 있다.

사가요는 일인칭 시점의 생활과 체험을 바탕으로 만들어진 노래로 우리의 대중가요와 연관이 있다고 할 수 있다. 안희열의 글은 1980년대에 발표되었고 북한에서 보천보전자악단과 왕재산경음악단이 대중가요를 만들어 활발하게 활동하던 시기는 1980년대 말부터여서 생활가요, 혹은 대중가요라는 갈래어가 사용되기 전이다.

따라서 사가요는 대중가요가 활발하게 창작되기 이전 인민들의 사적인 감정을 표현하였던 노래들을 말한다고 할 수 있다. 대표적인 사가요에는 〈휘파람〉(1990)이나 〈아직은 말 못해〉(1991) 등을 들 수 있으며, 앞서

말한 바와 같이 이 노래들은 1990년대 이후에는 대중가요, 혹은 생활가요라는 갈래어로 분류되었다. 〈휘파람〉은 보천보전자악단의 전혜영이 불러 매우 인기가 많았으며, 〈아직은 말 못해〉는 북한의 퍼스트레이디 리설주가 은하수관현악단에 소속되어 활동할 당시에 불러 현재까지 회자되고 있다.

(7) 계몽가요, 계몽기가요, 전시가요

안희열이 구분한 성악 갈래어 중 계몽가요는 다음에 얘기할 시대적 용어인 계몽기가요와 혼동되기 쉽다. 북한의 계몽가요는 '창가'와 개념이 비슷하다. 북한의 설명에 따르면, 계몽가요는 "19세기 말~ 20세기 초에 애국계몽운동의 영향 속에서 나온 계몽적 성격의 노래"이며, 향학열을 고취시키거나 건강한 체력을 기르라는 내용을 갖는다. 그러나 대체로 계몽가요는 일본에서 메이지유신 이후에 창작된 양악식 창가의 영향을 많이 받았으며, 20세기 초 근대적 학교 교육과 함께 많이 가창되었다.

계몽기가요는 앞서 살펴 본 계몽가요와 어감이 매우 비슷하나 실제 의미는 조금 다르다. 계몽기가요는 "일제강점기에 조선민족이 당한 비참한 운명과 수난을 노래한 가요를 통칭"하는 말이며, 창가(계몽가요)와 동요, 서정가요(예술가요), 신민요, 대중가요(류행가)로 구분된다고 한다. 이를 보면 계몽기가요는 계몽가요를 포함하는 갈래어 임을 알 수 있으나 실제 북한에서 사용하는 계몽기가요는 1920년대 이후부터 1940년대 전반기까지 창작되어 대중들에게 많이 가창된 대중가요에 무게가 실려 있다. 특히 〈봉선화〉나 〈눈물젖은 두만강〉, 〈노들강변〉과 같이 "비애의 감정이 배여있지만 망국의 설움과 민족적 의분을 짙은 민족적 정서로 부드럽고 유순한 선율"의 노래이며, 당시 도시 소시민들을 중심으로 많이 가창되어 현재까지도 큰 의미를 갖는 노래라는 평가를 받고 있다.

계몽기가요는 일제강점기 소시민들의 계급적 한계를 많이 가지고 있다는 기존의 평가와 달리 1990년대 후반부터 매우 긍정적인 평가를 받았다. 이는 전자음악을 기반으로 한 대중가요와 달리 장년층과 노년층에서 많이 가창된 이 시대 음악에 대한 의미 부여의 측면이 강하며, 우리처럼 트롯이나 뽕짝이 아닌 계몽기가요라는 갈래어를 붙여 합법화한 것이라고 볼 수 있다. 특히 계몽기가요의 대표곡으로 지시한 위의 세 곡은 현재 북한 민요풍노래가 갖는 성격과 매우 관련이 높다. 민요풍노래는 앞서 살펴본 바와 같이 말 그대로 민요 스타일로 창작된 노래이며, 1945년 이전 대중들이 좋아했던 가요의 형식 모두를 옛 민중들의 노래, 민요로 묶은 결과라고 할 수 있다.

전시가요는 계몽기가요와 함께 시대를 한정하여 지칭한 갈래어이다. 전시가요는 전쟁기에 북한에서 만들어 불렀던 노래이며, 전쟁기 인민의 생활과 감정을 반영한 가요를 말한다. 전시가요는 노래의 내용이 혁명성과 전투성, 전투를 대하는 행동성과 승리에 대한 낙관성, 그리고 후방 인민들의 서정성이 담긴 노래로 나눌 수 있다.

혁명성과 전투성을 가진 노래들에는 〈조국보위의 노래〉, 〈진군 또 진군〉, 〈결전의 길로〉와 같은 노래들이 있다. 이중 김옥성 작곡의 〈결전의 길로〉는 원 제목이 〈섬멸의 길로〉였다가 전쟁 후에 〈결전의 길로〉로 바꿔 부르게 하였다고 한다. 이러한 행진곡풍의 노래와 달리 김정일이 매우 사랑했다는 〈전호속의 나의 노래〉와 〈내 고향의 정든 집〉, 〈문경고개〉 등은 인민군의 정신을 강조한 노래들이며, 〈자동차운전수의 노래〉(1951)나 〈정찰병의 노래〉 등은 인민군의 대담성을 해학적인 음악언어로 미군을 야유하고 풍자한 노래라고 한다.

지금까지 북한의 여러 가요 갈래 중 송가와 당정책가요, 서정가요와 서사가요, 노동가요·풍속가요·교양가요·추도가, 혁명가요와 행진가요, 률무가요, 민요풍의 노래와 사가요, 계몽가요·계몽기가요·전시가요 등의 의미를 살펴보았다.
남북한이 다른 시간을 겪었던 탓에 서로 비슷하면서도 다른 가요의 갈래어들이 사용되고 있는 것도 확인하였다. 이러한 다른 갈래어들로 인해 그간 많은 거부감을 가지고 있었던 것도 사실이다. 특히 혁명이나 당정책, 송가 등은 북한의 사회주의사상이나 주체사상과 맞물려 금기시되었던 노래이기도 하다.

그러나 이런 노래들에 대한 이해가 없이 북한을 이해할 수 없다. 물론 이러한 가요의 갈래들 외에 북한에서 부르고 있는 많은 대중가요들이

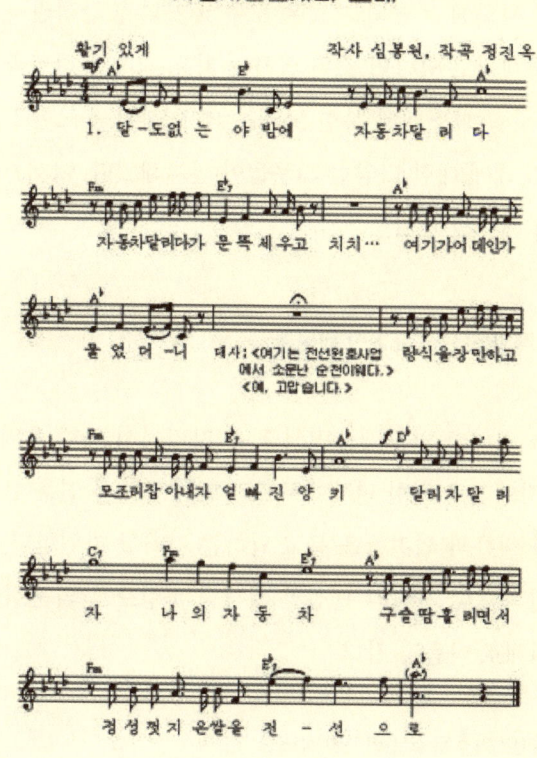

있으며, 남한의 노래와 중국의 노래들이 섞여서 인민들 사이에서 불리고 있는 것도 주지의 사실이다. 그러나 '노래의 나라' 북한에서 정책적으로 만들어 보급하고 있는 다양한 노래들의 성격과 의미에 대한 이해가 없다면 여전히 북한 가요에 대한 벽은 높기만 하여 넘어갈 엄두를 내지 못할 수밖에 없다.

한편 자본주의 사회에서 살고 있는 우리들은 음악이 자본의 논리와 밀접하며, 자본의 흐름에 의해 노래가 생산되고 사회 속에서 공유되고 있다는 것을 안다. 그러나 사회주의국가에서 음악은 어떨까? 음악이 창작되는 것이나 사회에 보급되는 것은 모두 국가의 중앙집권적 의도와 계획에 의해 통제되고 있다면 소위 말하는 가요 넘버나 히트곡은 없는 것일까? 우리 사회에 소개된 북한 노래는 왜 오래된 올드한 느낌을 주는가 등 북한 노래에 대한 다양한 의문들이 산재해있다. 이제 이러한 의문들을 하나씩 해결해 보자.

2) 북한의 노래와 관련한 다양한 의문들

북한 음악을 접하고 연구해오면서 많은 자리에서 북한 음악을 설명하게 되었다. 강연을 의뢰한 단체에서 요구한 주제로 강연을 한 후에는 반드시 다양한 질문과 의견들을 묻고 답하는 자리를 마련한다. 그리고 사람들은 일반적으로 자신의 관점과 생각을 바탕으로 의문점을 던진다. 질문들은 대체로 다음과 같다.

- 북한의 가수들 목소리가 이상해요.
- 가수들 목소리가 다 똑같아요.
- 왜 콧소리를 잔뜩 넣어서 노래를 부르나요?
- 북한 노래는 왜 이렇게 촌스럽고 올드하나요?
- 작사나 작곡도 정부 규제가 있나요?
- 북한에도 우리나라 엔터테인먼트 회사처럼 연습생이 있나요?

북한 음악인들이 부르는 노래를 들려줬을 때 가장 먼저 듣는 말은 가수들 목소리에 콧소리가 잔뜩 들어가서 비슷하게 들린다는 의견이다. 북한 가수들은 왜 이렇게 부를까? 북한 노래를 부르는 창법은 크게 세 가지이다. 이탈리아의 오페라에서 많이 사용하는 벨칸토 창법, 민성창법,

그리고 대중가요창법이다. 대중음악창법은 1980년대 이후 스타성을 갖는 가수들의 등장과 함께 나타난 현상이며, 대중가요를 부르는 특정 악단의 가수들이 많이 사용하는 창법으로 가수들마다 다르다. 무대에서 연주하는 가수들의 대부분은 민성창법으로 많이 부르며, 벨칸토창법인 양성을 전문으로 하는 성악가 집단이 별도로 존재한다. 즉, 북한 김원균 명칭음악대학 성악과는 양악과, 민족성악과, 대중음악(생활음악)과로 나뉘며, 양악과에서는 벨칸토 창법을, 민족성악과에서는 민성창법을 가르친다.

민성창법은 민족성악창법의 줄임말이며, 북한에서 설정하고 있는 민족성악의 대표 장르는 민요이다. 우리의 경우 전통성악이 가곡·가사·시조 등의 정가와 민요·잡가, 판소리 등으로 나뉘며, 특정 장르를 한국 전통성악의 대표로 설정하지 않는다. 모두 훌륭한 음악문화유산이다. 이에 비해 북한에서 정가는 소수의 지배계층이 즐겨 들었던 음악이므로 정가의 음악 발성은 민족성악에서 제외되었으며, 민요와 판소리를 두고 저울질을 하였다.

체제 성립 초기인 1950년대에는 판소리를 민족성악의 대표로 설정한 듯하다. 그 이유는 판소리가 갖는 민중성과 사회 비판성이 기본이 되어 퇴폐적이고 사랑타령만 하는 민요·잡가와는 차별을 가진다고 생각하였기 때문이다. 또한 분단 초기와 한국전쟁 기간에 월북한 판소리음악인들의 위치 또한 고려하지 않을 수 없었다. 체제 우월을 선전하기 좋을 뿐만 아니라 일제강점기에 이들이 활발하게 창극 활동을 하면서 인지도가 높았기 때문이다. 그러나 판소리가 북한 성악의 대표 자리를 획득하여 유지하는 데는 많은 난관이 있었다. 우선 판소리는 한강 이남의 경기남부, 충청도, 전라도 지방에서 발생하여 발전한 음악으로 가슴과 목을 진동시켜 소리를 내는데 익숙하다. 이들이 높은 소리를 가성이 아닌 육성으로 힘있게 질러 내기 위해 수많은 시간을 훈련으로 보내고, 결국 걸걸하게 쉰 목소리로 힘있게 판소리를 가창한다.

이에 비해 북한이 위치한 한반도 북부는 대체로 비성과 두성 공명을 많이 사용하며, 이로 인해 남쪽에 비해 높은 소리를 내는 것이 익숙한 지역이다. 전라도를 중심으로 한 판소리와 평양을 중심으로 한 민요가 서로 소리를 내는 위치가 다르다. 문제는 한반도 북부에서 판소리식 발성법을 채택할 경우 이들은 발성 위치를 코에서 가슴으로 내리기 위해 더 많은 시간을 할애하여 연습을 해야 한다는 점이었다. 또한 걸쭉한 쉰 판소리목을 우리는 '철성(鐵聲)'이라 하여 아름답다고 여기나 이 발성으로 노래를 하면 가사가 뭉개져 잘 들리지 않는다는 점도 문제였다.

결국 북한 음악인들은 민족성악의 대표 장르를 인민성을 기본으로 담보하고 있는 민요로 선정하고 민요 중에서도 북한 인민들에게 익숙한 경서도민요, 즉 서울, 경기도, 그리고 황해도 평안도에서 불렸던 민요에 대표성을 부과하게 되었다. 또한 민요에서도 나타나는 탁한 음색을 제거하여 맑고 선명하게 노래 부를 수 있도록 연구하였으며, 그 결과 등장한 것이 바로 민성창법이다.

민성창법은 기본적으로 경서도 민요발성을 사용하되 당시에 '과학적'이라고 생각했던 양성발성법을 접목시켜 만든 것이며, 목 뒤쪽을 발성의 지지대로 삼아서 코와 두성을 많이 사용하는 창법이라고 할 수 있다. 그리고 1960년대 말에 민성창법에 대한 정책적 장려와 함께 주체창법이라고 부를 정도로 북한의 모든 인민들이 노래 부를 때 사용하는 기본 발성법으로 자리하게 되었다.

그런데 2019년 최고인민회의 대의원들을 위한 예술공연 〈우리의 국기〉에서 선보인 〈우리의 국기〉는 좀 다른 모습을 보여주어 주목된다. 서곡 〈우리의 국기〉 서두에서 독창으로 부르는 아이의 발성은 이후 여러 아이들의 제창과 다른 발성법이 사용되었다. 독창으로 부른 아이는 인위적이거나 훈련받지 않은 자연스러운 발성으로 노래한 반면, 이어진 여러 아이들의 노래는 민성창법으로 부른 것이다. 북한의 주요 행사에서 이러한 발성의 차이를 보여준 것을 변화의 단초로 설정하기에는 무리가 있으나 분명 천편일률적인 음색과 발성을 강요하는 이전의 분위기와는 다른 모습을 보여주었다는 점에서 눈여겨 볼 필요가 있다.

2018년 평창동계올림픽을 계기로 남한에 온 북한의 삼지연관현악단과 6인의 가수들은 1시간 30분 정도의 공연 시간 내내 다양한 노래와 춤, 연주를 보여주어 절찬을 받았다. 그러면서도 많은 사람들이 북한 노래는 왜 저렇게 촌스럽게 들리는지, 그리고 트롯 느낌의 노래가 많은지 의아해했다. 또한 아이돌그룹의 칼군무에 익숙한 사람들에게 북한 1급 가수들의 율동과 춤은 1990년대 가요프로그램에서 활동했던 방송합창단 정도로 보일 뿐이었다. 그러면 북한은 왜 시대를 앞서가거나 동시대 음악을 즐기지 못하는 것일까?

북한에서는 일반적으로 자본주의 사회에서 유행하거나 만들어 부르는 대중가요를 퇴폐적이고 향락적이어서 인민의 정신세계를 흔들어 놓는 음악으로 보고 있다. 이로 인해 heavy-metal, punk, rock 음악 등은 절대

연주할 수 없는 북한에서의 금지음악이 되었다. 그러나 노래는 새로운 리듬과 형식의 노래의 유행과 전파가 매우 빠르며, 자문화로의 수입과 흡수 또한 매우 빨라 북한 당국이 금지시키기는 노력이 물거품이 되는 경우가 많았다.

이에 부분적 흡수로 방향전환을 하게 되었고, 이로 인해 1980년대 이후 전자악단을 출범시키는 동시에 자본주의국가에서 유행했던 디스코리듬을 수입하였다. 그 이전에는 대체로 송가나 당정책을 홍보하는 노래들만 있었으나 전자악단의 창설 이후 디스코 리듬의 '우리식 전자음악'을 만들어 보급하였고, 사회주의 인민의 생활을 담은 밝은 가사의 노래를 가벼운 율동을 곁들여 연주하고 TV로 송출하였다. 특히 디스코리듬은 안땅장단과 매우 비슷하며 1980년대 이후 창작된 수많은 디스코 리듬의 노래들에 절대 디스코리듬이라 말하지 않고 안땅장단이라 하며 '민족적' 흥취라고 표현하여 자본주의 문화의 유입에 매우 예민한 모습을 갖고 있었음을 알 수 있다.

그러나 이 이상의 공식적 수용은 보이지 않았다. 적어도 2010년대 이전까지는 그렇다. 대중가요가 북한 내에서 정착한 후 자체적으로 발달해 가던 시기 중에, 1994년 북한 지도자의 변동과 고난의 행군, 그리고 10여 년에 걸친 복구 시기를 거치면서 글로벌한 가요 형식에 대한 수용이 어려웠다. 2011년 또 한 번의 지도자 교체 이후 R&B와 같이 기존에 소개하지 않았던 노래 형식을 수용하는 모습이 보이며 향후 북한 가요의 모습을 기대하게 하였다. 최근 청봉악단에서 창작하여 발표한 〈그리움〉(2019)이라는 노래는 1980년대의 디스코 음악을 넘어 1990년대 한국식 발라드와 비슷한 느낌을 주기도 한다.

대중가요에 대한 북한 음악계의 통제는 자연스럽게 작사나 작곡 방법에 대한 정부의 규제가 작용한 결과라는 것을 알 수 있으며, 가수로 성장하는 시스템 역시 아직까지는 국가의 통제 하에 있다고 할 수 있다. 북한은 1960년대부터 음악 창작가들이 합평회를 통해 작품의 질을 높일 수 있도록 시스템을 구축하였다. 그러나 합평회는 창작의 질을 높이는 도구보다는 창작품에 대한 검열체계로 작동하였으며, 합평회를 통해 노래가 매우 정치적이고 당의 목소리를 대변하는 쪽으로 기울어지게 되었다. 이러한 정치적이고 사회적인 노래를 연주하는 연주자 역시 국가의 시스템 속에서 성장하여 무대에 선다.

유치원부터 음악영재교육이 시작되며 소학교를 거쳐 예술전문학교와 음악대학을 졸업한 후에 중앙 무대에 설 수 있다. 또한 전문음악인으로 활동하면서도 음악경연대회에 참여하여 기량을 높여가도록 독려하고 있다. 이는 자본주의사회에서 연예기획사의 기획 하에 연습생부터 시작하여 데뷔를 하는 시스템이 아닌 국가 자체가 엔터테인먼트회사처럼 가수 양성 시스템을 구비하여 가수 선발과 레퍼토리 선정, 무대 결정, 무대에서의 연주 형상 등 모든 것을 관할하고 있다고 할 수 있다.

이렇게 정부 기구나 국가가 문화예술인들을 관리하는 기획사 역할을 하고 있는 상황은 현재도 여전하다. 2012년 7월에 등장한 모란봉악단이나 2015년에 등장한 청봉악단, 그리고 2018년에 평창과 서울에서 공연한 삼지연악단 모두 국가 시스템 안에서 창단하고 국가가 정한 공연에 참여하며 인민에 봉사한다. 연주회에서 연주할 악곡은 국가와 당이 승인하며, 승인된 곡목에 한하여 연습하고 실제 무대에 올린다. 이를 보면 인민대중을 향해 선전과 선동을 지속하며, 당정책을 끊임없이 교양시키기 위해 국가가 음악 창작에 개입하고 있으며, 가수, 작곡가, 작사가, 반주자 모두 국가공무원의 성격을 갖고 있기에 자유로운 창작과 연주 활동이 상대적으로 어렵다고 할 수 있다.

3. 북한의 기악

1) 북한 기악곡의 흐름

북한의 기악은 우리와 마찬가지로 양악과 민족기악으로 나뉜다. 양악은 서양식 오케스트라나 서양악기로 연주하는 음악을 말하며, 민족기악은 전통악기와 개량악기로 연주하는 음악을 지칭한다. 북한 양악의 시작은 1946년 국립교향악단의 전신인 중앙교향악단의 발족이며, 민족음악은 1947년 국립민족예술단의 전신인 고전악연구소의 설립부터 시작하였다.

체제 성립 초기 양악 연주는 일제강점기에 수입된 유럽 고전음악을 연주하거나 독주곡 중심으로 연주하다가 1950년대 들어 작곡법의 발달과 함께 협주곡, 관현악곡, 교향시 등이 창작되면서 좀 더 북한적인 기악곡 레퍼토리를 확보해나가기 시작하였다. 또한 사회주의체제의 우월성과 북한의 문화적 우월성을 웅장한 사운드와 조화로운 음색으로 표현하는 관현악단의 활동은 체제 유지와 선전에 매우 큰 역할을 담당하였다.

그러나 기악음악은 직접적으로 사상의 전달이나 인민 교양에는 한계가 많아 기악음악으로 인민의 문화생활을 향상시키고 활성화하기에는 어려움이 있었다. 즉, 서사나 노래말이 없는 기악곡의 경우 인민대중이 집중해서 감상할 수 있는 시간이 매우 짧으며, 감상할 수 있을 정도의 기본 소양이 필요한 장르이기 때문이었다.

이에 북한의 음악 정책가들과 많은 작곡가들은 두 가지 방향으로 기악음악 감상을 제시하였다. 하나는 끊임없는 교육이었다. 기본 소양, 즉 교양을 갖추기 위해 학교 교육 현장에서 음악 이론을 가르치고 감상법을 지도하는 등 말이 들리지 않는 음악에 대한 감상 태도에 대한 교육을 하였다.

다른 하나는 인민대중이 이해할 수 있는 기악곡을 만들어 내는 것이었다. 이렇게 해서 만들어진 음악이 바이올린독주곡 〈풍년 든 마을〉, 관현악 〈보리타작〉, 피아노협주곡 〈전쟁승리〉, 바이올린과 관현악 〈용광로가 보이는 바다가에서〉와 같은 표제음악과 〈조국을 위하여〉, 〈항거의 불길〉, 〈향토〉와 같은 교향시 형식의 음악이었다.

이러한 노력에도 불구하고 기악곡이 갖는 사상성은 한계가 많았다. 결국 1960년대 말부터 새로운 관현악곡을 만드는 작업이 시작되었으며, 김정일이 가장 좋아했던 노래라고 알려진 전시서정가요 〈내 고향의 정든집〉과 민요풍의 노래 〈그네뛰는 처녀〉가 1970년에 관현악으로 편곡되었다. 그리고 이어서 김옥성 작곡의 합창과 관현악 〈청산벌에 풍년이 왔네〉(1970)를 김영규가 관현악으로 편곡하였으며, 1976년에는 최성환에 의해 관현악 〈아리랑〉이 창작되면서 1970년대 북한 기악곡 창작계에 나타난 일대 전환의 양상을 "주체예술의 대전성기"에 이뤄낸 "기악혁명"이라고 평가하였다.

이들 작품은 모두 원 가요가 가지고 있는 선율을 그대로 살려 관현악으로 편곡하여 인민대중들에게 노래의 가사를 생각하며 기악곡을 감상할 수 있도록 하였으며, 이로써 기악곡에 사회주의 사상을 담을 수 있게 되었다.

이후 북한에서 창작한 기악곡은 모두 가요를 편곡한 음악이 주로 창작, 연주되었다. 그리고 인민들에게 잘 알려진 민요와 노래를 관현악곡을 창작하는 관행은 1992년 『음악예술론』으로 명문화되었다. 『음악예술론』은 김정일의 이름으로 출판된 북한 음악이론서이며 음악계의 바이블에 해당된다. 이 책에서 이러한 관현악곡 창작 방침에 대한 최고 지도자의 승인을 찾아볼 수 있으며, "편곡도 창작이다"와 "선율의 각을 뜨지 말라"는 요구가 기악 창작 부분에서 명문화되었다. 또한 훌륭한 기악곡의 기본이 되는 명가요에 대한 요구가 현재까지도 지속되고 있다.

1990년대 말 고난의 행군 종식 선언 이후 2000년대에는 김정일의 주도로 다양한 실험들이 이루어졌다. 1970년대 이후 북한의 관현악곡은 대체로 명곡이라 불리는 가요 한 곡을 기악곡으로 편곡하는 방식만을 고수하였던 반면 2000년대 선군시대에는 교향조곡이라는 장르의 음악을 선보였다. 2003년에 창작된 합창조곡〈선군장정의 길〉을 관현악으로 편곡한 교향조곡〈선군장정의 길〉은 합창과 달리 서곡과 종곡이 없이 전체 4악장으로 이루어져 있다. 북한의 관현악곡은 기악혁명 이후 대부분 다악장 형식보다는 단악장에 3부분 형식을 취하는 경우가 많았으나 이 곡은 4개의 악장이 개성있는 악조와 리듬, 선율을 가지며 각각의 악장이 대조적이면서도 유기적으로 조화를 이루었다는 평가를 받았다.

김정은시대 들어와서는 관현악이 웅장하고 압도적인 규모를 뽐내는 전형을 벗어나 새로운 형식을 만들어냈다. 대표적인 작품이 〈발걸음〉과 〈우리 장군님 제일이야〉이다. 〈발걸음〉은 김정일 생전에 만들어진 김정은 찬가이며, 김정은 집권 이후 〈김정은장군 찬가〉나 김정은 관련 송가가 만들어지기 전에 많은 자리에서 연주되었다. 그리고 이것을 관현악 〈발걸음〉으로 편곡하여 연주하였는데 기존의 창작방식과 달리 처음부터 음악이 끝날 때까지 가요 〈발걸음〉의 선율을 조금씩 변화시켜가면서 반복하다가 마지막에서 악기 연주자들이 "척 척 척척척"하며 발걸음 소리를 내고 종결하였다.

이렇게 악기 연주자들이 특정한 부분의 의성어를 구현하는 현상은 관현악 〈우리 장군님 제일이야〉에서는 더 나아가 작품 앞부분에서 "랄랄라 랄랄라 랄랄라랄랄 랄랄라 랄랄라 제일 제일이야"라는 노래의 가사 중 핵심 부분을 노래하고 마지막에는 다시 한 번 "랄랄라 랄랄라 랄랄라랄랄 랄랄라 랄랄라 제일 제일이야"을 반복하고 악기를 내려놓은 채 "우리 장군님 제일이야"를 외친 후 다시 악기를 들고 종결구를 연주하며 종지하였다. 이를 보면 북한 관현악 창작 경향의 변화와 함께 권위적인 모습을 점차 탈피하면서 좀 더 쉽게 재미있게 인민들에게 다가갈 수 있도록 변화하고 있음을 알 수 있다.

민족기악 역시 양악기악과 비슷한 행보를 갖는다. 북한의 민족기악은 우리의 전통음악 기악곡이나 국악 관현악과 매우 다른 형태로 발전되었다. 분단 초기에는 각 악기 하나가 연주하는 산조를 중심으로 연주하다가 전통악기가 개량되기 시작하면서 기악합주곡과 민족관현악곡이 만들어졌다.

초기에 북한 민족기악은 산조의 한 부분을 따로 떼어서 별도의 이름을 붙여 연주하였다. 예를 들어 최옥삼 작곡의 〈은하수〉나 〈봉황새〉 같은 곡들은 전통적인 대금연주곡 중 시나위나 산조, 봉장취와 매우 비슷하다.

1960년대 들어서는 민족악기를 대상으로 작품 창작이 활발해졌다. 현재 우리 국악인들이 많이 연주하는 음악 중 하나인 대금협주곡 〈초소의 봄〉이나 거문고연주곡 〈출강〉 등은 양악작품에서의 표제음악이 민족기악에도 적용되었음을 알 수 있다.

그러나 1970년대 기악혁명으로 민족관현악 역시 관현악을 위한 별도의 악곡을 창작하여 연주하기 보다는 기존의 민요나 민요풍의 노래를 민족관현악으로 편곡하여 연주한다. 그러나 민족관현악 편성으로만 연주하기보다는 배합관현악으로 연주하는 경우가 많아 보인다.

민족악기 중심으로 양악기와 같이 편성된 금강산가극단의 실내악 연주 모습

현재 YouTube에서 찾아볼 수 있는 북한 민족관현악편성의 음악은 정남희 탄생 100주년 기념 연주회에서의 정남희 작곡 〈평양의 봄〉 연주 정도이며, 대체로 민요나 민요풍의 노래를 기악곡으로 편곡한 음악은 배합관현악이나 협주곡의 형태로 많이 보인다.

북한 민족기악에 대한 이해는 북한 민족악기 개량의 역사와 함께 한다. 우리는 전통악기, 혹은 국악기라 부르는 것을 북한에서는 민족악기라 한다. 1950년대 초반부터 악기 개량이 시작되었으며, 개량을 위한 방향은 서양악기와 같은 큰 울림, 7음 음계 12반음의 표현, 과학적으로 표준화된 악기의 제작, 맑은 소리의 구현이었다. 당시 한국 전통악기를 서구 유럽의 것처럼 하나만 연주하여도 큰 음량을 낼 수 있도록 하여 민족음악과 민족악기의 우수성을 과시하고자 하였으며, 서양악기처럼 관악기와 현악기 모두 7음 음계 12반음을 구현하여 전조와 이조가 가능한 악기로 만들어 음악에서의 표현력을 높이고자 하였다.

또한 전쟁과 분단으로 악기 재료 수급의 어려움이 있었을 뿐만 아니라 악기마다 조금씩 다른 음높이를 가지고 있는 악기를 표준화하여 쉽게 보급할 수 있기를 원하였다. 특히 전통 관악기의 주재료인 굵은 나무는 남부지방에서 잘 자라며 대나무의 북방한계선이 서울 근처여서 재료 수급에 어려움이 많았다. 이에 쉽게 구할 수 있는 박달나무와 같이 물성이 단단한 나무를 관악기의 재료로 사용할 수밖에 없었으며, 전통 관악기와는 다른 새로운 악기 제작 방법이 요구되었다. 결국 음악대학(현 김원균명칭 음악종합대학) 안에 민족악기연구소와 악기공장을 두고 표준화 작업을 진행하였으며, 이곳을 중심으로 가야금을 비롯한 많은 악기들을 제작 보급하였다.

현재 북한에서는 모두 개량된 민족악기를 사용하고 있다. 전통 현악기 중 남북한에서 가장 많은 개량 악기를 만들어 낸 것은 바로 가야금이다. 우리의 경우 1980년대부터 12현 가야금에서 15현, 17현, 18현, 21현, 22현, 25현가야금 등 줄 수를 늘려 악기를 개량하였고, 고음·중음·저음 가야금 등 음역대를 달리한 개량가야금을 만들기도 하였다. 이에 비해 북한의 가야금개량 작업은 1953년부터 시작되었으며 12현 가야금에서 19현을 거쳐 현재는 21현 가야금을 많이 사용하고 있다.

전통 현악기 중 악기의 체제와 구성이 가장 많이 바뀐 악기는 바로 해금이다. 우리의 해금은 별도의 개량 과정을 거치지 않고 현재까지 사용하고 있는데 비해 북한의 해금은 해금속악기라고 하여 음역대별 악기군을 만들어 사용하고 있다. 즉, 소해금, 중해금, 저해금, 대해금의 네 개의 음역대 악기를 만들었으며, 서양 현악기인 바이올린, 비올라, 첼로, 더블베이스와 같이 활용하고 있다.

북한의 해금속 악기와 우리 해금은 악기 구조에서 많이 다르다. 우리 해금은 현 사이에 활대를 끼워놓고 연주하며 현을 지판에 눌러 소리 내는 대신 손가락으로 모아 쥐고 탄력의 강도를 이용해 음높이를 조절한다. 이에 비해 북한 해금속 악기들은 모두 현을 누를 수 있는 지판을 설치하고 지판 위해 네 줄의 현을 건 후 활대를 악기와 분리하여 서양의 현악기처럼 연주한다. 악기의 모양은 해금과 비슷하나 실제 악기 구조는 완전히 달라졌다고 할 수 있다. 전통 현악기에서 해금은 고음부를, 아쟁은 저음부를 맡아 연주하였으나 북한에서 아쟁은 민족관현악에서 탈락하고 이동이 간편한 해금이 선율악기의 주도권을 획득하였다고 할 수 있다.

양금은 기존의 양금보다 악기의 크기가 커지고 페달을 달아 농현을 할 수 있도록 하였으며, 이외에 고대악기 와공후를 벤치마킹하여 만들었다는 옥류금과 김정일이 만들었다는 어은금을 민족관현악에 참여시켜 연주하고 있다. 이은금도 악기를 음역대별로 두어 어은금속 악기를 만들었다.

북한의 민족목관악기는 죽관악기류와 새납피리속 악기로 나뉜다. 죽관악기는 악기의 주 재료가 대나무였음을 알려주는 명칭이나 현재 북한의 죽관악기는 앞서 말한 바와 같이 대나무를 사용하지 않는다. 이는 마치 서양악기의 플루트를 목관악기로 놓고 있는 것과 같다. 죽관악기는 저대류와 단소류로 나뉘며, 저대는 대금을 말한다. 이 악기들도 음역대별로 악기를 마련하였는데 단소는 고음단소와 단소, 저대는 고음저대, 중음저대, 저대를 두었으며 모두 손가락을 놓는 지공에 건을 달아 반음을 연주할 수 있도록 하였다.

새납과 피리속의 악기는 장새납과 새납, 대피리와 저피리가 있다. 새납은 태평소의 다른 이름이며 군대음악인 대취타나 농악(풍물굿)과 같이 열린 광장에서 선율을 연주하는 매우 음량이 큰 악기이다. 북한에서는 이 새납을 극장무대에서 활용할 수 있도록 음색을 부드럽고 음량을 약하게 개량하였으며, 길이를 길게 하였다고 해서 장새납이라 하였다. 피리는 오보에나 클라리넷의 음색에 가까운 대피리와 음역대가 낮은 저피리로 나누어 개량하였다. 새납과 피리류 악기 모두 죽관악기들처럼 지공에 건을 달아 반음 연주에 용이하도록 하였다.

타악기의 경우 일정한 음높이를 표현할 수 있는 조율북과 조이개 두 개를 두어 음높이의 차이를 둔 장구 등이 사용된다.

1950년대 초반부터 시작된 민족악기개량은 천리마시대에 비약적인 속도전을 거친 후 1960년대 중반에 거의 완성된 것으로 보인다. 1970년대에는 다양한 개량악기 중 앞서 살펴본 악기들을 민족관현악에 편성하여 연주단의 형태를 정착시키는 시기라고 할 수 있다. 민족악기는 음역대를 넓히고, 음량을 확대하며, 서양악기처럼 7음계 연주에 적합하게 만들어 관현악 창작과 연주에 용이한 방향으로 나아갔다. 또한 악기의 크기와 제작방법을 규격화·표준화하여 악기공장에서 쉽게 만들 수 있도록 하였다.

이와 함께 악기의 음색을 부드럽게 만들기 위한 작업을 진행하였다. 현악기에서는 현을 진동시킬 때 나는 서걱거리는 소리를 없애거나 활대를 문질렀을 때 나는 마찰음을 줄이는 방향으로 진행되었다. 그리고 관악기에서는 우리가 '장쾌하다'고 표현하는 찢어지는 것 같은 소리의 음색을 부드럽게 내도록 조정하였다. 성악에서 쉰 목소리와 같은 "소리"를 없애기 위해 노력했던 것처럼 기악에서도 이러한 소리를 없애고자 노력한 것이다. 이렇게 전통성악의 발성법이나 전통악기의 탁한 음색을 부드럽고 선명하게 만들고자 한 이유는 가사의 정확한 전달 때문이었다. 탁한 목소리로 노래를 부르면 가사가 뭉개져 잘 들리지 않는 경우가 많으며, 이러한 노래를 반주하는 악기의 탁한 소리 또한 노래 가사에 덧입혀져 소리가 무대 곳곳까지 잘 전달되지 못했기 때문이다.

민족악기가 서양악기와 같이 7음계의 음을 연주하고 12반음을 낼 수 있게 개량된 후 양악기와 함께 편성되어 연주할 수 있게 되었다. 일제강점기에는 선양합주라 하여 조선악기와 양악기를 한데 편성하여 합주를 했었는데 이러한 경험을 북한 음악 연주에 적용한 것이라고 할 수 있으며, 이것을 북한에서는 배합관현악이라고 부른다. 배합관현악은 1970년대 혁명가극연주에서 나타나기 시작하였으며, 음향학적으로 다듬어지면서 현재까지 이어지고 있다.

현재 배합관현악은 북한 내 모든 악단에 적용되었으며, 연주 악곡에 따라 기본적으로 배합관현악 편성을 하기도 하고 악곡의 연주를 위해 배합편성을 하는 경우도 있다. 배합관현악은 부분배합관현악과 전면배합관현악으로 나뉜다. 부분배합관현악은 양악 오케스트라편성을 기본으로 하면서 특정 작품을 연주에 민족 악기 2~3개를 배합하여 연주하는 경우이다. 예를 들어 관현악 〈아리랑〉에서는 고음저대를 편성하여 연주하며, 모란봉악단의 연주에서도 민요풍의 노래를 연주할 때 꽹과리를 사용하여 민족적인 효과를 주기도 한다. 전면배합관현악은 양악 오케스트라 편성과 민족악기 편성을 대체로 1:1 비율로 편성하는 경우이다. 예를 들어 바이올린이 10대이면 소해금도 10대, 목관악기가 3대이면 민족죽관악기도 3개를 놓는 방식이다.

배합관현악을 편성할 때 민족악기가 우선시되며, 북한에서는 민족악기를 우위에 놓고 편성한다고 표현한다. 북한 악단에서 배합관현악이 일반화된 것은 2010년대 이후이다. 은하수관현악단이 2011년 설명절연주회 이후부터 전면배합관현악편성으로 연주를 진행하였으며, 2016년 국립교향악단 창립 70주년 기념 음악회에서도 배합관현악 편성을 하고 있는 것으로 보아 북한에서 매우 일반화된 악기 편성이 되었음을 알 수 있다.

2) 북한의 음악 연주 단체

북한에서 연주활동을 수행하는 음악단체의 수는 매우 많다. 중앙인 평양에 약 20여 개의 악단과 공연장이 있고, 지방에는 각 도와 시에 한두 개 정도의 도립, 시립 예술단과 공연장을 두었다. 이러한 음악단체는 대체로 전용 공연장을 기반으로 활동한다. 예를 들어 국립교향악단은 모란봉극장, 만수대예술단은 만수대예술극장, 조선인민군협주단은 4.25문화회관, 국립민족예술단은 봉화예술극장, 윤이상관현악단은 윤이상음악당을 거점으로 하여 연주활동을 한다.

현재 평양에서 활동하는 중앙음악단체는 공훈국가합창단, 국립교향악단, 국립민족예술단, 만수대예술단, 모란봉악단, 삼지연관현악단, 영화및방송음악단, 윤이상음악연구소 관현악단, 왕재산예술단, 조선인민군공군사령부협주단, 조선인민군군악단, 조선인민군해군협주단, 조선인민군협주단, 조선인민내무군협주단, 철도성여성취주악단, 청년협주단, 청봉악단, 평양학생소년예술단, 피바다가극단 등이며, 이외에 해체된 보천보전자악단과 은하수관현악단 등이 있었다.

그리고 지방 예술단으로는 강원도예술단, 량강도예술단, 자강도예술단, 평안남도예술단, 평안북도예술단, 함경남도예술단, 함경북노예술단, 황해남도예술단, 황해북도예술단의 도립예술단과 개성시예술단, 남포시예술단 등의 시립예술단이 있다. 이러한 예술단들은 기악이나 성악, 극음악, 무용 등의 종목 중 한 분야만을 특장하지 않고 정악단, 민속악단, 창작악단, 무용단을 가지고 있는 우리의 국립국악원과 같이 종합예술단의 형태를 갖는다.

주지하다시피 북한 최고의 기악 연주단체는 국립교향악단이다. 1946년 중앙교향악단에서 시작하여 1947년 국립교향악단으로 개편되었다. 현재는 3관 편성의 관현악단과 실내악단을 보유하고 있으며, 전용 공연장은 모란봉극장이며, 2006년 4월에 새롭게 개건되었다. 연주단원의 수는 120명 정도로 알려져 있으며, 주로 양악연주자로 구성되어 있으나 민족죽관악기 파트와 타악 파트에 민족음악 연주자를 배치하고 있다. 국립교향악단은 창단 초기에 김기덕이 지휘를 맡았으나 곧이어 소련에서 유학하고 돌아온 후 허재복이 국립교향악단을 지휘하였으며, 일본에서 북한으로 이주한 김병화와 허재복의 딸인 허문영, 그리고 김호윤, 방철진, 채주혁 등 다수의 지휘자들이 국립교향악단에 소속되어 연주활동을 하는 것으로 알려져 있다.

조선국립교향악단은 2002년 〈민족의 명절 추석맞이 남북교향악단 연주〉에서 KBS교향악단과 함께 봉화예술극장에서 연주한 악단이며, 재일조선인으로 북한에 "귀국"하여 국립교향악단 지휘자로 활동했던 김병화가 지휘자로 있었다. 이때 남북관현악단은 악기별로 남북연주자들이 손을 잡고 함께 입장하였으며, 연주 악곡은 북한에서 창작한 관현악 〈아리랑〉이었다. 이 음악은 "귀국"예술인 김병화의 지휘로 연주함으로써 남한과 북한, 그리고 재일조선인이 함께하는 민족의 〈아리랑〉 연주로 평가할 수 있다.

국립교향악단은 2016년 창립 70주년 기념 음악회를 가졌었다. 이날 연주한 레퍼토리는 〈김일성장군의 노래〉부터 〈루슬란과 류드밀라〉의 서곡까지 다양했으며 국립교향악단의 성장과 함께 한 의미있는 작품들을 살펴볼 수 있다.

국립교향악단 창립 70주년 기념음악회 연주 곡목

1) 김일성장군의 노래
2) 김일성원수께 드리는 노래
3) 그네뛰는 처녀
4) 불후의 고전적명작 〈피바다〉를 주제로 한 교향곡 〈피바다〉 1악장
5) 관현악 청산벌에 풍년이 왔네
6) 관현악 우리 장군님 제일이야
7) 교향시 그리움은 끝이 없네
8) 관현악 장군님 백마타고 달리신다
9) 관현악 명곡묶음
   뽈류슈꼬 뽈레, 아득히 먼 길, 검은 눈동자, 깔린까, 볼가의 배노래,
   지새지 말아다오 평양의 밤아,
   뽈류슈꼬 뽈레, 〈루슬란과 류드밀라〉 서곡
10) 관현악련곡 운명도 미래도 맡긴 분
    인민의 환희, 내 조국강산에 넘치는 노래, 그 품이 제일 좋아
    내 심장의 목소리, 천리라도 만리라도, 우리 원수님,
    천리라도 만리라도, 운명도 미래도 맡긴 분, 조국찬가

위의 악곡에서 〈그네뛰는 처녀〉와 〈청산벌에 풍년이 왔네〉, 교향곡 〈피바다〉는 1970년대 초에 창작된 북한식 관현악곡이며, 작품의 지휘자는 각각 허문영, 김병화, 채주혁이었다. 이렇게 무겁고 웅장한 작품들을 연주하다가 관현악 명곡묶음에서는 가벼운 팝스오케스트라의 분위기를 선보였다가 관현악연곡을 연주하였으며, 마지막에는 김정은시대 창작된 수많은 가요들을 지금도 여전히 관현악으로 편곡하고 있다는 것을 보여주면서 다양한 레퍼토리를 확보하고 있다는 모습을 각인시켜 주었다. 최근에는 외국 지휘자와 함께 베토벤 교향곡 9번을 연주하기도 하는 등 다양한 연주활동을 보여주고 있다.

북한 악단으로는 규모가 가장 큰 단체가 바로 만수대예술단이다. 주체사상이 공표된 이후인 1969년에 창단되었으며, 주체예술의 본보기단체이다. 만수대예술단에는 공훈남성중창조, 여성중창조, 공훈여성기악중주조, 무용조, 관현악조, 무대조가 있으며 현재 전용극장은 동평양대극장이다. 1970년대 가극혁명시기에 혁명가극〈꽃파는 처녀〉와 음악무용이야기〈락원의 노래〉, 그리고 4대 혁명무용을 창작하였다. 만수대예술단은 2018년에 평창에서 공연한 삼지연악단이나 모란봉악단, 청봉악단 등, 북한 내 여러 음악단체와 연주인들의 산실이며 연주 레퍼토리는 합창, 중창, 경음악, 관현악, 민족기악중주 등 다양하다.

국립민족예술단은 1947년 고전악연구소를 모체로 하며, 박동실, 안기옥, 정남희, 류대복 등의 월북 국악인과 김진명, 김관보 등의 재북 국악인들이 주축이 되어 창단한 단체이다. 창단 이후 북조선가극단, 민족예술극장, 모란봉예술단, 평양예술단 등으로 불리다가 김정일에 의해 국립민족예술단으로 이름이 확정되었다.

이 단체는 1950년대 창극에서 비롯된 민족가극과 민족기악, 민족성악 등 민족음악을 모범적으로 창작하는 단체로 성장하였으며, 민족가극과 민족무용 창작에 주력하였다. 1970년대에는 혁명가극〈밀림아 이야기하라〉,〈금강산의 노래〉등을, 그리고 1980년대 후반에 민족가극〈춘향전〉등을 창작하여 무대화하였다. 가극과 함께 가야금독주와 병창, 옥류금독병창, 민족가무조곡 등의 갈래를 새로 만들어 무대에 올리면서 민족음악과 민족무용 창작의 본산으로 자리 잡았다. 국립민족예술단의 전용극장은 봉화예술극장이다.

북한의 여러 음악 단체 중 민족음악을 많이 선보이는 단체는 조선인민군협주단이다. 초기에는 송가와 혁명가요 등을 주요 연주곡목으로 삼았다. 그러나 점차 가극, 음악무용, 연극, 우리의 콩트와 비슷한 화술소품 등을 창작하는 데 중점을 두었으며, 1970년대 혁명가극 〈당의 참된 딸〉을 창작한 것을 계기로 조선인민군협주단의 위상이 높아졌다. 이 외에 가야금독병창, 여성민요4중창과 남성중창과 같은 성악연주형식을 만들어 공연하였으며, 배합관현악을 발전시키는데 적극 기여하였다. 4.25문화회관에 이 단체가 상주하며 연습 및 공연을 진행하고 있다.

조선인민내무군협주단도 2010년대 이후 민족음악 연주가 활발한 단체이다. 이 단체는 북한의 경찰기관인 인민보안부 인민내무군 정치국의 산하 공연기관으로 국립민족예술단과 함께 봉화예술극장을 전용공연장으로 사용한다. 1947년에 창단되었으며, 2010년부터 조선인민내무군협주단이란 이름으로 활동하였다. 오케스트라 형태의 악단 활동이라기보다는 소규모 앙상블이나 밴드 형태로 연주하는 경우가 많으며, 어은금이나 가야금의 병창, 저대와 통소 연주 등 다양한 민족악기 연주 형태를 선보였다.

이 외에 1984년에 창립한 윤이상음악연구소의 관현악단은 윤이상 음악과 서양의 근현대음악을 주요 레퍼토리로 삼아 연주하는 단체이다. 연구 및 연주 활동을 병행하고 있으며, 해마다 윤이상음악회를 연다. 윤이상음악연구소의 관현악단은 20세기까지 북한에서 젊은 연주자들이 대거 포진하고 있는 젊은 연주단체였으나, 2009년 은하수관현악단과 삼지연악단 등 북한의 차세대 젊은 연주자들로 조직된 악단이 출연한 이후 더욱 독보적인 악단으로 자리매김하고 있다.

4. 북한의 극음악

북한에서 연행되는 극음악의 상황은 우리와 같으면서도 조금 다르다. 극음악에는 일반적으로 영화음악이나 드라마음악, 가극이 있으며, 북한에서는 가극 창작에 심혈을 기울이는 편이다. 영화는 1960~80년대까지 북한에서 공을 들여 창작했던 부문이며 영화음악도 함께 발달하였었다. 그러나 현재는 영화 제작이 많이 이루어지지 않아 영화음악 제작도 과거에 비해 매우 적다. 즉 우리는 영화산업이 활발한 만큼 영화음악 시장도 큰 규모로 발전하고 있는 반면, 북한의 경우는 자본력의 한계로 영화음악이 폭발적으로 성장하지는 못했다고 할 수 있다. 드라마의 경우는 영화보다 상대적으로 제작비가 적게 들어 꾸준히 창작되고 있으며, 드라마음악도 드라마의 인기를 담당하는 한 축으로 OST가 자리 잡고 있는 것으로 보인다.

영화와 드라마의 음악들은 전체적인 의미보다는 극의 분위기를 도와주는 보조적 역할을 하는 콘텐츠인 것에 비해 가극은 음악이 주도적인 역할을 하는 분야이다. 우리의 가극 음악은 클래식과 대중음악으로 나뉘며, 클래식은 서양 오페라, 서양 오페라 형식을 모방한 창작 오페라, 전통적인 극음악인 창극이 있고, 대중적인 극음악으로는 영미권의 뮤지컬과 이러한 형식을 모방한 창작 뮤지컬이 있다. 이에 비해 북한의 극음악을 설명하는 글들은 대동소이하나 대체로 가극과 민족가극으로 나누어 설명한다.

가극은 양악 스타일의 극음악으로 북한에서는 오페라와 뮤지컬을 가극이라 부른다. 북한에서는 분단 초기부터 많은 가극을 창작하여 연주하였으며, 그 형식은 대체로 악극, 혹은 뮤지컬이었으며 관현악과 작곡법의 발달과 함께 규모도 점차 커지고 완성도도 높아져 갔다.

1970년대 혁명가극 창작 이전에 상연된 주요 가극은 〈금란의 달〉(1957), 〈안옥희〉(1958), 〈위대한 친선〉(1958), 〈밀림아 이야기하라〉(1958), 〈조선의 어머니〉(1959), 〈설한산에서〉(1959), 〈참된 사람의 이야기〉(1960), 〈인간에 대한 지극한 사랑〉(1961), 〈무궁화 꽃수건〉(1966) 등이다. 이와 함께 러시아 오페라인 〈예브게니 오네긴〉이나 〈이완 쑤싸닌〉 등도 상연하여 서구 유럽 오페라를 익히는 데 힘을 쓰기도 하였다.

우리나라에서도 2014년에 상연된 바 있는 러시아 오페라 〈예브게니 오네긴〉은 푸시킨의 소설에 차이코프스키가 곡을 붙였으며, 19세기 말 러시아 상류 귀족사회의 부패를 폭로하고 러시아 봉건사회의 불합리성을 폭로한 작품이다. 이 작품은 1958년에 평양음악대학에서 상연되었으나 이러한 유럽 오페라는 1960년대 말 주체사상이 확립되고 1970년대 혁명가극이 가극계를 주도하면서 자취를 감추었었다. 이후 〈예브게니 오네긴〉은 2010년에 재형상되었는데 이는 김정일위원장이 2008년에 김원균명칭 평양음악대학(현 음악종합대학)에 이 작품을 재형상하라고 과업을 주었기 때문이었다. 그리고 2012년까지 100회 공연을 달성하였다. 북한에서 한동안 상연되지 않았던 유럽스타일의 오페라를 실습하고 공연한다는 것은 김정일의 교육 모토였던 〈자기 땅에 발을 붙이고 눈은 세계를 보라〉를 음악분야에서 실현해본 것이라고 볼 수도 있을 것이다.

주지하다시피 현재 북한 가극은 1970년대 〈피바다〉식 혁명가극의 창작 이후 '가극혁명'이라는 모토 하에 5대 혁명가극을 완성하여 상연하였다. 북한에서 문화예술작품 앞에 "혁명"이 붙어 있는 경우는 김일성과 항일무장군이 1930년대 항일무장투쟁을 하는 중에 창작했다고 알려진 것들에 붙인다. 혁명가극 역시 시대적 배경은 1930년대이며, '항일'에 방점이 찍혀 있다.

5대 혁명가극의 첫 번째 작품은 〈피바다〉이다. 1960년대 말부터 김정일이 관심 속에 창작된 작품으로 1971년 창작된 이후 북한 전역과 해외에서 절찬리에 상연되었다고 한다. 〈피바다〉의 원 제목은 〈혈해〉이며, 1969년에 창작된 영화를 가극으로 만든 것이다. 전체 7장 4경으로 구성되었으며, 일제의 토벌로 가난과 불안 속에 살아가는 주인공이 혁명화의 과정을 거쳐 항일유격대로 성장한다는 내용을 담고 있다.

혁명가극 〈피바다〉의 창작 이후 많은 가극들이 〈피바다〉 스타일을 따라 만들도록 하였으며, 이를 〈피바다〉식 가극이라고 부른다. 〈피바다〉식 가극의 특징은 내용과 형상에서 기존의 것과 차별화되었다. 우선 내용이 항일무장투쟁시기의 혁명사상을 가셔야 한다.

그리고 창작 방법에서 독특한 방식을 취하고 있다. 먼저 가극의 노래를 모두 절가로 형상해야 한다. 기존의 아리아나 대화창을 모두 내용의 완결이 있는 절가형식으로 구성하도록 하였다. 또한 무대의 시대정황이나 인물의 내면을 설명하는 방창을 둔 점도 특이하다. 방창은 초기 창극에서 출연자 외에 무대를 설명하는 도창(導唱)의 방백(傍白)에서 기원하며, 무대 밖에 방창단을 두어 연주하도록 하였다. 세 번째는 노래가 없는 부분에서 관현악이 독자적으로 연주되어 인물의 내면을 표현하게 하였으며, 관현악은 민족악기와 양악기를 배합한 배합관현악으로 편성하여 민족적이면서도 현대적인 음색을 추구하도록 하였다. 네 번째로 무용이 가극에 참여하되 극의 중요한 대목에 삽입되어 주인공의 내면세계를 부각시키도록 하며 다섯 번째로 무대미술은 사실주의를 구현할 수 있도록 암막되지 않고 시간이 흘러가듯이 무대로 흐름식 입체무대미술을 설치하였다. 〈피바다〉의 성공 이후 피바다가극단을 별치하여 평양대극장에서 혁명가극 〈피바다〉만을 공연하게 하였으며, 1990년대에는 가극 〈사랑의 바다〉를 올려 〈피바다〉식 가극의 새로운 가능성을 보여주기도 하였다.

항일무장투쟁기에 연극으로 시작하여 1970년대 영화로, 그리고 가극과 소설 등으로 외연을 확장한 〈피바다〉는 1973년에 교향곡 〈피바다〉로 완성되었다. 전체 3악장으로 구성된 교향곡 〈피바다〉는 제1악장 〈피바다〉, 제2악장 〈일편단심 붉은 마음 간직합니다〉, 제3악장 〈혁명의 기치〉라는 표제를 가지고 있다. 여기에는 1970년대 기악혁명의 방식, 즉 명가요를 관현악으로 편곡하는 방식이 적용되었으며, 제1악장에서는 〈피바다가〉와 〈토벌가〉를 주제악곡으로 사용하였다. 제2악장에서는 주제가 중 하나인 〈일편단심 붉은 마음 간직합니다〉를 주제악곡으로 사용하였으며, 2악장 마지막에는 이 가요의 후렴구를 격정적으로 표현하였다. 제3악장은 혁명가요 〈혁명가〉로 시작하다가 〈피바다가〉를 중간에 삽입하여 원 주제를 상기시키고 다시 〈혁명가〉로 돌아간다.

교향곡 〈피바다〉에 대하여 북한에서는 "교향곡 〈피바다〉는 인민들속에 널리 알려진 명곡들을 가지고 관현악작품을 창작할데 대한 우리 당의 관현악창작방침을 훌륭하게 구현하고 있다"고 평가하였으며, "작품이 담고 있는 혁명적인 내용과 함께 인민적 절가에 기초한 선율전개방식,

꽃파는 처녀
일본 공연 팜플렛

주체적배합관현악에 의한 화성, 복성, 조바꿈처리 등 관현악적 수법들이 철저히 우리 인민의 사상미학적 취미와 요구를 구현하고 있는 것으로 하여 우리식 교향악 창작의 본보기로 되고 있다"고 하였다.

〈꽃파는 처녀〉는 1972년에 만수대예술단에서 창작하였으며, 〈피바다〉식 가극의 창작원칙을 따라 만들어낸 작품이다. 서장과 종장, 그리고 전체 7장으로 구성되어 있으며 〈피바다〉에서처럼 절가양식의 〈꽃파는 처녀〉, 〈해마다 봄이 오면〉, 〈사랑하는 오빠와 우리 삼형제〉 등의 주제가가 명곡으로 추앙받고 있다.

이 작품에서는 방창이 〈피바다〉에서 보다 확대되었다. 소방창, 대방창, 혼성방창과 함께 독창, 2중창, 3중창의 방창을 새롭게 만들어 가극 곳곳에 삽입해 놓았다. 또한 주인공 꽃분이의 꿈을 사실주의적으로 표현하기 위하여 얇은 막 뒤로 무용을 배치해 북한식 '환상'을 구현하기도 하였다. 가극 〈꽃파는 처녀〉를 바탕으로 한 관현악작품은 1985년에 창작되었다. 〈꽃파는 처녀〉에 나오는 노래들을 배합관현악으로 편곡한 작품이며 제1악장은 〈꽃파는 처녀〉의 주제음악인 〈꽃사시오〉를 비장하게 표현하였으며, 제2악장 〈꽃과 같이 피여난 정성〉을, 제3악장 〈어머니의 죽음〉, 제4악장 〈혁명의 꽃씨앗을 뿌려간다네〉로 구성되었다.

〈당의 참된 딸〉은 1971년에 조선인민군협주단이 창작하여 상연한 작품으로 전체 6장으로 구성되었다. 이 작품은 한국전쟁 당시 미군의 공격에도 불구하고 목숨을 걸고 중환자들을 후방으로 후송하는 임무를 완수하고 희생된 인민군 간호원인 강연옥의 이야기를 극화한 것이며, 다른 혁명가극과 달리 한국전쟁기의 이야기를 바탕으로 창작되었다. 그러나 이 역시 〈피바다〉식 가극 창작법을 사용하여 극화한 것으로 혁명가극으로 불린다.

〈밀림아 이야기하라〉는 1950년대에 한 번 상연되었던 작품이나 1972년 가극 혁명기에 국립민족예술단에서 창작한 작품이며 서장과 종장, 그리고 5장으로 구성되었다. 이 작품은 일제강점기 항일무장투쟁단체였던 조선인민혁명군의 군인인 최병훈이 일본인 아래에서 적후 지하공작 임무를 수행하면서 수령에 대한 충성과 인민에 대한 불굴의 의지를 표현한 가극이다.

마지막으로 〈금강산의 노래〉는 일본 치하에서 가족이 생이별 당한 황석민 일가가 북한에서 재회한다는 내용을 담고 있으며, 1973년에 국립민족예술단에서 창작하였다. 이 작품은 서장과 종장, 그리고 전체 7장으로 구성되었다. 〈금강산의 노래〉는 〈피바다〉식 가극의 창작방법으로 사회주의 현실을 아름답게 반영한 작품이며, 우리에게는 〈경치도 좋지만 살기도 좋네〉라는 주제가가 많이 알려져 있다. 이 작품은 1974년에 북한에 입국한 재일조선중앙예술단에게 전습되었으며 이로 인해 금강산가극단이라는 이름을 얻게 되었다. 금강산가극단은 이 작품을 훌륭하게 형상하여 1974년에 김일성훈장을 수여받았으며 소속된 많은 연주자들이 국가수훈을 받았다.

양악 가극이 혁명가극으로 귀착되었다면 국악 스타일의 가극은 창극에서 민족가극으로 연착륙하였다. 창극은 일제강점기에 판소리에 연극적인 요소를 넣어 만든 무대형식으로 1930년대 조선성악연구회에서 창작한 작품들이 많은 사랑을 받았다. 이 조선성악연구회에서 창극활동을 하던 정남희, 조상선, 공기남, 임소향 등이 전쟁 중 월북하여 고전악연구소에서 활동하면서 자신들이 했던 창극활동을 지속했었다.

북한에서 창극은 1960년대 초까지만 보이는 장르이며, 이후 민요극을 거쳐 민족가극으로 변화 발전하였다. 초기 북한의 창극은 일제강점기의 것처럼 〈춘향전〉, 〈심청전〉, 〈흥보전〉, 〈장화홍련전〉 등이었다. 그러나 1958년 창극 〈배뱅이〉가 창작된 이후 민요를 창극에 넣어 창작하기 시작하였고, 1960년에 창작된 창극 〈강건너 마을에서 새노래 들려온다〉 이후 기존의 판소리 스타일 창극은 더 이상 북한에서 찾아볼 수 없게 되었다. 더불어 조상선과 정남희 창작의 〈황해의 노래〉(1960)는 북한에서 판소리 스타일로 창작된 마지막 창극이 되었다. 그리고 창극이라는 갈래명은 1963년 이후에는 민족가극으로 귀착하였다. 1962년에 민요극 〈붉게 피는 꽃〉과 민족가극 〈이것은 전설이 아니다〉가 창작되었으며, 〈독로강반에 핀 꽃〉(1964), 〈녀성혁명가〉(1965) 등이 창작되었다가 1970년대 들어서 〈피바다〉식 혁명가극의 완성 이후 1980년대 민족가극으로 정착되었다.

민족가극의 대표작은 〈춘향전〉이다. 국립민족예술단에서 각색하여 1988년에 상연되었으며, 이후 『민족가극 춘향전 종합총보』가 제작되기도 하였다. 이후 〈박씨부인전〉을 기획하다가 고난의 행군기를 거치면서 좌절되었다. 한편 1963년에 창작된 창극 〈홍루몽〉은 2010년에 민족가극 〈홍루몽〉으로 재형상되어 중국에서 상연됨으로써 조·중 친선의 의미를 갖는 작품이 되었다.

5. 북한 음악의 전망

외부 세계에 노출을 극도로 꺼려하는 북한을 지칭하는 말 중 하나가 '노래의 나라'이다. 이렇게 부르는 이유는 북한 음악의 기본이 노래이고, 노래로 끊임없이 인민들을 선전·교양하고 있기 때문이다. 아침부터 곳곳에 노래가 울리며 구호와 각종 당정책을 홍보하는 노래가 울려 퍼진다. 북한의 기악은 노래를 기본으로 창작하고 창작가들은 수없이 많은 노래를 인민들에게 보급한다.

그러나 21세기 들어 사회 시스템은 급격하게 변화하고 있고, 이와 함께 북한 인민의 일상 또한 많은 변화를 겪고 있다. 그러나 새로운 북한의 상황과 인민의 생각을 반영한 음악이나 노래가 "사실주의" 음악을 창작해온 국가 시스템 속에서만 만들어지고 있어 많은 한계에 봉착해있다고 할 수 있다. 다변화된 사회주의 북한의 생활상을 반영할 다양한 음악이 요구됨에도 경직되고 획일화된 창작 시스템은 인민의 다양한 요구를 받아들이고 해결하기 어렵기 때문이다.

북한 당국은 이러한 현실을 인지하고 모란봉악단, 청봉악단, 삼지연악단 등을 새롭게 창단하여 다양한 노래를 만들어 보급하고 있다. 2012년 모란봉악단의 창단 이후 파격적인 악곡 구성과 연주 형상은 전 세계 사람들의 이목을 집중시켰으며 북한 인민들의 환영을 많이 받았다. 그러나 끊임없이 신작 가요를 만들어 연주하였음에도 한국 가요의 전파를 막아내지 못하였다. 이후 청봉악단은 모란봉악단의 노래에 비해 좀 더 부드럽고 인민의 삶을 반영한 음악을 만들어 연주하였으나 활동이 그리 활발하지는 않아 보인다. 노래는 발라드풍의 부드러운 노래들이 많이 창작되고 있으나 내용은 여전히 수령과 당과 사회주의 북한을 찬양하는 내용의 노래가 많다.

북한 음악에 대한 글을 쓰고 공부하고 있으나 여전히 많은 궁금증들이 산재한다. 북한에서 현재 어떤 노래가 유행하고 있는지 히트곡 넘버는 주나 월 단위로 변하는지, 외국곡에 대한 반응은 어떠한지와 같은 북한에서 실제 연주되고 있는 음악상황에 대한 궁금증과 함께 정말 인민들이 좋아하고 부르는 노래는 무엇인지 궁금해진다. 지방마다 어떤 음악들을 보존하고 있는지, 그 지역의 향토음악을 연주하는 단체나 공연장이 있는지, 클럽에서 EDM 같은 음악이나 DJ들이 활동을 하는지, 신곡은 음원으로 발매를 하는지, 음반 산업은 여전히 성황인지, 노래방 노래들은 주단위로 신곡이 채워지는지, 대중가요 관련 경연대회는 있는지 등등 일상과 음악이 궁금하다.

2010년대 들어 YouTube 채널을 통해 북한 음악에 대한 궁금증들이 많이 해소되었다. 비록 북한 인민들은 접속할 수 없으나 북한 밖에서는 북한 음악을 너무나 쉽게 보고 들을 수 있으며, 이러한 영향으로 북한 음악 연구가 매우 활발히 이루어지기도 하였다. 그럼에도 불구하고 북한의 일상과 그들의 음악 활동 양상을 접하는 것은 매우 제한적이다. 다변화된 사회와 인민들의 생각의 변화가 노래를 좋아하는 북한 인민들의 음악생활에 어떠한 영향을 끼칠지, 그리고 그 결과가 어떻게 나타날지 귀추가 주목된다.

북한대중음악

NK-POP이
유행입니다

모리 토모오미 · 리츠메이칸대학

1. 들어가며

여기서는 북한 대중음악 특히 1980년대 이후의 경음악 및 '김정은 시대'의 음악단을 중심적으로 소개하고자 한다.

2012년 이후 김정은 위원장이 북한의 지도자로서 전면에 나온 이후, 모란봉악단을 비롯하여 기존의 악단과 다른 분위기를 가지는 음악 그룹들이 등장하였다. 특히 2012년에 갑작스럽게 등장한 모란봉악단은 한국을 비롯하여 여러 나라에서 보도되었다. 독자 여러분들도 들어본 적이 있을 거라고 추측된다.

이런 '김정은 시대' 악단들은 참신하게 보이지만 그 흐름을 되돌아보면 사실은 그 중요한 원류의 하나는 1980년대로 거슬러 올라갈 수 있다. 그러면 1980년대에 무슨 일이 생겼던 것인가?

김정일 총비서가 김일성 주석의 후계자로서 뽑힌 후, 즉 1980년의 조선노동당 제6차 노동당 대회에서 김정일이 김일성의 사상 및 정치적 업적을 계승한다는 것이 공식적으로 결정된 이후, 문학예술 분야에서 여러 '개혁'이 일어났다. 그 중 중요한 분야의 하나가 음악이었다. 특히 경음악이 북한 음악계의 중요한 분야로 자리매김한 것은 북한음악의 흐름을 보았을 때 주목해야 하는 점이다.

한국을 비롯한 자본주의 국가에서는 1980년대에는 이미 경음악이 대중음악으로서 중심적인 자리를 차지한 지 오래되었지만, 북한은 실험적으로 도입한 시기라고 할 수 있을 것이다. 하지만 그것은 북한음악이 그 때까지 발달되지 않았다는 것을 의미하지 않는다. 북한이 민요를 비롯한 한반도 고유의 음악에 주목한 것이 한국보다 훨씬 빠른 시기였고, 민요나 민족음악을 독자적으로 발전시키기 위해 상당한 노력을 기울여 왔다. 물론 북한이 그렇게 해 왔던 이유는 민족적 정통성을 주장하기 위해서라는 해석도 가능할 것이다.

북한은 세계에서 대중음악의 중심이 된 경음악을 받아들이고 1980년대부터 조금씩 경음악을 사회에 보급시켰다. 이 글에서는 악단 소개를 중심적으로 다루면서 1980년대부터 지금 현재까지의 북한의 대중음악을 이야기하고자 한다.

북한 음악계의 대표적인 악단을 분야별로 정리하면 편의상 종합예술단, 가극단, 관현악단, 민족음악단, 경음악단, 합창단 등으로 나눌 수 있다. 소속도 조선로동당, 조선인민군, 기타 조직 소속으로 나눌 수 있다. 북한의 음악 단체는 음악적인 분야, 연주 형식 혹은 소속의 차이를 넘어 합동 공연 등을 통해서 교류하는 것이 비교적 많다. 경음악단의 경우 구성원의 이동도 빈번하고 자연스럽다.

서두에서 말한 바와 같이 이 글에서는 북한 경음악을 해설하고자 하지만, 북한 경음악을 더 이해하기 쉽게 하기 위해 우선 1980년대까지의 북한의 대표적인 악단을 소개한다.

2. 경음악단 등장 전의 악단 소개

1) 조선국립교향악단과 윤이상관현악단

관현악단(orchestra)계에서는 우선 북한을 대표하는 악단인 조선국립교향악단을 들 수 있다. 조선국립교향악단은 1946년 8월 8일에 '중앙교향악단'이라는 명칭으로 창설되었다. 그 후 1947년에 국립예술극장 산하의 악단이 되어 명칭을 '조선국립교향악단'으로 바꿨다. 한국전쟁이 정전된 1953년에는 조선작곡가동맹의 산하가 되어 1956년에 독립 단체가 되었다. 1969년에는 조선예술영화촬영소 소속의 악단이 되었다. 1971년에 피바다가극단 소속의 악단이 되어 1980년에 다시 독립하였다. 조선국립교향악단은 이렇게 다소 복잡한 변천사를 거쳤다. 남북 관계가 개선된 2000년 8월에는 한국에서 첫 공연을 가졌었다.

조선국립교향악단은 2016년 8월 8일로 창립 70주년을 맞이한 '기념음악회'를 열었다. 이른바 '혁명송가'(지도자를 찬양하는 곡들)를 비롯하여 다양한 곡들을 약 1시간 반 가량 연주하였다. 이 공연에는 김병화(국립교향악단 수석 지휘자 역임. 김일성상 계관인, 인민예술가)가 관람자로서 참석하고 있었다는 점이 주목을 받았다. 공연 사회자에게 인터뷰를 받은 김병화는 사회자에게서 "이렇게 오신 김에 지휘를 한번 해보시는 게 어떻습니까?"라는 권유를 받아 무대에 오르고 〈청산벌에 풍년이 왔네〉를 지휘하였다. 김병화는 일본 오사카에서 태어난 재일교포인데 1960년 '귀국선'을 타고 북한으로 이주하였다. 평양음악무용대학 작곡학부를 거쳐 국립교향악단에 입단, 1969년부터 지휘자로 활약하였다. 2000년 8월 서울 공연에도 참가했다.

1990년에 창립된 윤이상관현악단도 특색이 있는 관현악단이다. 윤이상관현악단은 윤이상음악연구소 부속의 60명 내외의 중규모 관현악단이다. 윤이상음악연구소는 '윤이상 음악을 비롯하여 북한음악과 외국의 음악을 폭 넓게 연구하는 전문음악연구기관'으로서, 1984년 9월 27일에 창립되었다. 매년 윤이상음악회를 개최하고 있다.

2) 만수대예술단

만수대예술단은 종합예술단으로서는 가장 유명하고 대규모 악단이라고 할 수 있다. 만수대예술단은 1946년에 창립된 '조선가무단'이 기초가 되었다. 조선가무단이 발전적으로 해체되며 창립된 악단이라고 말할 수 있다. 2012년 모란봉악단이 등장하기 전에는 조선로동당이 주관하는 유일한 예술단이었으며 매우 격이 높다. 북한 음악계의 중심적인 악단이라고 말할 수 있다. 가극, 음악, 무용작품 등을 종합적으로 다루는 예술단이다.

1969년 9월 27일에 김정일(당시 조선로동당 중앙위원회 선전선동부)의 지도로 조직이 되었다. 단원 수는 시절에 따라 차이가 있겠지만, 예를 들면 1973년 4월의 〈아사히신문〉의 보도에 의하면 1973년 당시의 단원 수는 304명으로, 무용가 54명, 성악부문 80명, 민족관현악단(3관 편성) 120명, 기타(지휘자, 무대미술가, 작곡가, 편곡가, 안무가 등)로 구성되었다.

만수대예술단의 기본 임무는 북한의 공식자료에 의하면 '온 사회의 주체사상화 위업을 실현하는데 적극 이바지하는 것'이다. 물론 북한의 예술단이라면 그 기본적인 역할은 정치사상 및 당의 지도 내용, 국가의 정책을 인민에게 전달하는 것이다. 단원은 중앙(평양)과 지방의 예술단체에서 선발된다. 그 선발 기준은 '정치사상적으로, 기술실무적으로 튼튼히 준비된 우수한 창작가, 연주가들'이다.

단원은 '창작집단과 공훈남성중창조, 녀성중창조, 공훈녀성기악중주조, 무용조, 관현악조, 무대조'로 구성되어 있다. 만수대예술단의 활동 거점은 만수대예술극장(1976년 완성, 평양시 중구역 만수대동)이며 여기에는 무대예술을 위한 설비가 완비되어 있다.

만수대예술단은 창단 직후인 1970년대에 일대 전성기를 구가하였다. 이 시기의 대표작이며 지금도 많이 공연하는 작품은 혁명가극 〈꽃파는 처녀〉이다. 1970년대의 만수대예술단의 성과는 북한에서는 '주체적 음악예술'의 성과라고 규정하고 있다.

만수대예술단은 해외에서도 다수 공연해 왔다. 전술한 바와 같이 만수대예술단의 기본적 역할은 예술 공연을 통해서 인민에게 주체사상을 전파하여 '온 사회의 주체사상화 위업'을 완수하는 것인데, 한편으로는 그 높은 예술적 역량으로 외국과의 문화교류에서 중심적 역할도 담당해 왔다.

대표적인 사례로 1973년 8월부터 9월에 걸쳐 만수대예술단은 일본공연을 하였다. 일본 조선문화교류협회(日本朝鮮文化交流協会)와 아사히신문사(朝日新聞社)가 주최자로서 만수대예술단을 일본에 초청하여 도쿄(東京) 나고야(名古屋) 오사카(大阪) 등 각지에서 총 41회에 달하는 공연을 하였다. 재일본조선인총련합회(在日本朝鮮人総聯合会) 홈페이지에 게재된 특집 '김일성 주석님과 일본인사들'에 의하면 김일성 주석은 1973년 9월 30일에 일본 출판사인 미라이샤(未来社) 편집국장 마츠모토 마사츠구(松本昌次)와의 회견에서 만수대예술단의 일본공연의 의의를 '일본인민과 직접 접촉하여 조일 두 나라 인민들 사이의 우호친선을 깊이한 것'이라고 말하였다. 이 당시 일본의 언론은 만수대예술단의 공연을 보고 "황금의 예술" "주체의 예술"이라고 평가하기도 하였다. 또한

1981년에는 이탈리아 로마에서 혁명가극 〈꽃파는 처녀〉를 선보였다. 공연을 통해서 북한의 음악과 무용 등을 해외 사람들에게 알리는 역할도 담당하고 있다.

2015년 2월부터 4월에 걸쳐 평양에서 〈예술공연 추억의 노래〉가 행하여졌는데, 여기서는 〈충성의 노래〉, 〈동지애의 노래〉, 〈봄을 먼저 알리는 꽃이 되리라〉 등 만수대예술단의 '명곡'이 연주되었다. 그리고 만수대예술단 공훈여성기악중창조와 김승연, 최삼숙, 주창혁 등 이른바 만수대예술단의 명가수가 등장하였다. 이 때 김정일이 만수대예술단 구성원들을 직접 지도하는 사진들이 배경막에 나오기도 했다.

최근의 공연으로는 2016년 동평양대극장에서 개최된 〈태양의 노래 영원하리〉를 들 수 있다. 이 공연은 2월 16일 '광명성절'에 맞춰서 열렸다.

3) 피바다가극단

만수대예술단과 쌍벽을 이루는 단체로서 피바다가극단을 들 수 있다. 피바다가극단은 북한의 문헌에서 "가극을 기본으로 하면서 다양한 음악무용작품들을 창조 공연하는 중앙예술단"이라고 정의되어 있다. 즉 피바다가극단은 가극을 중심으로 한 종합예술단이라고 말할 수 있다. 현재 평양대극장을 중심으로 창작 및 공연 활동을 하고 있다.

피바다가극단의 원형은 1946년에 창설된 '북조선가극단'이다. 1960년에 들어 새로운 형식의 혁명가극으로의 전환이라는 요구가 있었고, 그 역할을 맡는 전문적인 예술단의 창립이 이어졌다. 여기서 김정일이 주도하여 북조선가무단을 확대 개편함으로써 1971년에 피바다가극단이 창단이 되었다. 피바다가극단의 특징은 북한에서 '불후의 고전적 명작'인 혁명가극 〈피바다〉를 전문적으로 상연하는 것에 있다. 첫 상연은 가극단 창단 해인 1971년이다. 피바다가극단이 상연하는 〈피바다〉는 원작 '피바다'를 각색하며 가극으로 만든 것이다. 가극 〈피바다〉를 만들고 상연하는 과정에서 '피바다식 가극'이라는 독특한 가극 양식이 창조되었다. 북한에서는 '피바다식 가극'은 "위대한 령도자 김정일 동지의 독창적인 창작 원칙과 방도에 의하여 새롭게 창조된 혁명적이며 인민적인 우리 시대의 가극형식"이라고 정의되어 있으며, 그 기본 주제는 항일혁명투쟁, 조국해방전쟁(한국전쟁)시기의 투쟁, 사회주의국가 건설을 위한 투쟁, 한반도의 자주통일실현을 위한 투쟁 등이다. 즉 조선민주주의인민공화국 건국과 그 후의 사회 정치적으로 중요한 사건들이 주제가 되고 있다. 〈꽃파는 처녀〉를 비롯하여 1970년대에 완성된 〈피바다〉, 〈당의 참된 딸〉, 〈밀림아 이야기하라〉, 〈금강산의 노래〉를 합쳐서 '5대 혁명가극'이라고 부른다. '5대 가극'의 형식에 대하여 조선총련의 기관지인 '조선신보'는 "유럽의 가극과 구별되는 독창적인 내용과 형식을 갖추었다. 가사의 절가화, 방창, 배합관현악, 무용의 도입, 립체적인 흐름시 무대미술 등은 유럽의 가극에서는 찾아볼 수 없는 것이다"라고 설명하고 있다.

2000년대 후반에는 조중 친선을 위해 문화 외교를 전개 하였다. 우선 2008년에 완성시킨 가극 〈홍루몽(紅樓夢)〉을 2009년 5월부터 중국 내에서 순회공연을 하였다. 70일 간 12개 도시에서 열렸다. 가극 〈량산백과 축영대(梁山伯與祝英台)〉는 조중국교수립 60주년에 맞게 창작 완성되었으며, 2011년 10월부터 2012년 1월까지 중국내 12개 도시에서 순회공연을 했다.

3. 경음악의 정식화 : 왕재산경음악단과 보천보전자악단

1980년대에 들어가 경음악단이 등장하였다. 그 때까지 북한 사회에서는 경음악은 주민들에게 익숙하지 않은 양식으로 주류 음악이 되지 못하였다. 그러나 김정일의 지시에 따라 북한 음악계에 전자악기를 본격적으로 도입된 악단이 출현하였다. 다시 말하면 당시의 세계적으로 유행하던 '테크노팝(techno-pop)' 등 소위 '자본주의국가들의 음악'을 북한도 받아들였다는 것이다. 이철주의 『조선, 예술로 읽다』(2018)에 따르면 1985년 일단의 북한 음악가들이 조선총련의 도움을 받아 일본 나가노 지역에서 합숙을 하며 집중적으로 연수를 받아 일본의 팝 음악 스타일을 배웠다는 것이다. 물론 당시 일본의 유명한 대중 음악가도 협력하였다는 가능성도 시사되어 있다.

북한은 국내에 실력이 있는 음악가들을 해외에 보낼 정도로 세계 경음악 추세를 흡수하는 적극적인 자세를 보였다. 다만 이런 '자본주의 국가들의 음악'을 그대로 북한이 받아들인 것은 아니었다. 북한은 경음악 형식을 차용하면서 '우리식'으로 개량하였다. 이른바 "북한화(DPR. Koreanize)"된 경음악단을 만든 것이다. 그것이 바로 '왕재산경음악단'과 '보천보전자악단'이다.

이 때까지 북한에서는 자본주의적 분위기를 지닌 경음악을 본격적으로 무대에 올린 적이 없었다. 그렇기 때문에 북한 주민들의 위화감과 당혹감은 상당한 것이었다고 추측할 수 있다. 조선총련계 사람들 중에도 북한 음악계가 경음악을 본격적으로 도입한 것에 큰 위화감을 받은 사람도 있었다고 한다. 이것에 관련되어서는 김정일 스스로가 저서 〈음악예술론〉에서 경음악의 가치를 주장하고 있다.

그럼 '왕재산경음악단'과 '보천보전자악단'을 소개하도록 한다.

1) 왕재산경음악단

왕재산경음악단은 1983년 7월 22일에 창단되었다. 악기 연주자와 가수, 무용수로 구성되어 있다. '왕재산(旺載山)'이라는 이름은 '왕재산 혁명사적지' 즉 김일성 주석이 항일무장투쟁 시기에 '왕재산회의'를 연 함경북도 은성군 왕재산리에 근거하고 있다. '조선대백과사전'은 왕재산경음악단을 "현대적인 우리 식의 경음악과 노래, 무용작품들을 창조함으로써 주체예술 발전에 이바지하는 것을 사명으로 하고 있다"고 적고 있다.

하승희의 「북한의 악단 변화 연구 1945-2018」에 따르면 왕재산경음악단의 구체적인 목적은 민족음악, 주로 민요를 현대적으로 작곡, 편곡하고 젊은 사람들에 보급하는 데에 있다. 그 배경에는 김정일이 우려하는 점, 즉 ① 젊은 세대(일반 주민들뿐만 아니라 가수 등 예술가도 포함)가 민요와 동 떨어지는 경향 ② 젊은 주민들이 민족적 음악이 아니라 다른 나라의 음악을 선호하는 상황이 있었을 것이다.

왕재산경음악단의 대표곡은 민요, 혁명가극 주제가, 예술영화 주제가 등뿐만 아니라 경쾌한 독자적인 노래도 부른다. 예를 들면 2015년에 개최된 〈예술공연 추억의 노래〉에서는 왕재산경음악단 소속이던 왕년의 명가수들이 등장하며 〈정일봉의 우뢰소리〉, 〈너를 보며 생각하네〉, 〈단풍은 붉게 타네〉, 〈사랑하자 나의 조국〉 등을 열창했다.

왕재산예술단의 대표 성악가인 렴청

왕재산경음악단에서는 많은 명연주가, 명가수들이 배출되었다. 트럼펫 연주자 박철준, 가수 황숙경, 김명옥, 김순희, 오정윤, 정명신, 렴청 등이다. 2018년 평창동계올림픽 때 한국에 와서 화제가 되었던 현송월도 한때 이 악단 소속 가수였다. 왕재산경음악단 중 북한 주민들에게 가장 인기를 얻은 가수가 렴청일 것이다. 렴청은 왕재산예술단에서 유일하게 독창 앨범을 발매했다.

왕재산경음악단은 지금은 '왕재산예술단'으로 명칭을 바꾸어 활동하고 있다. 2017년 하반기에는 왕재산예술단은 모란봉악단 및 공훈국가합창단과 함께 원산, 함흥, 신의주, 강계, 안주, 남포, 사리원 등에서 총 195회의 전국순회공연을 하기도 하였다.

왕재산경음악단의 아이콘은 꽃과 색소폰(saxophone)이다. 이 꽃은 '김정일화'이다. '김정일화'는 일본인 원예연구가 가모 모토테루(加茂元照)가 만든 종묘로서 학명은 Tuberous begonias이다. 북한에서는 '김정일화'에 대한 서적은 물론 예술영화 〈꽃에 깃든 사연〉까지 제작되었다. 보천보전자악단에서는 '김정일화'란 노래도 나왔다.

2) 보천보전자악단

보천보전자악단은 1985년에 창단되었다. 전자악기들 즉 일렉트릭 기타, 베이스, 키보드, 드럼 등으로 편성해, 여기에 노래가 합쳐진 형태가 많다. 악기 연주자는 기본적으로 백업 밴드(Backup band)의 역할을 하고 주역은 가수다. 악기 연주자는 남성이 맡고, 메인 보컬은 여성이 맡는 것이 기본적인 스타일이다. 보천보전자악단에 소속하는 대표적인 작곡가로서 '대중음악의 히트 제조기'란 별명이 붙은 리종오가 있다.

보천보전자악단은 80년대부터 2000년대 초반까지 북한의 경음악계를 이끌어 왔다. 유명한 가수와 노래들을 소개하자면 아래와 같다. 1986년에 입단한 김광숙(대표곡 〈빛나라 정일봉〉, 〈같이 가자요〉, 〈친근한 이름〉, 〈축원〉 등), 전혜영(대표곡 〈휘파람〉, 〈처녀시절〉 등), 리경숙(대표곡 〈반갑습니다〉,

리경숙

김광숙

전혜영

〈내 나라 재일로 좋아〉, 〈당신이 없으면 조국도 없다〉, 〈우리를 보라〉 등), **리분희**(대표곡 〈녀성은 꽃이라네〉, 〈지새지 말아다오 평양의 밤아〉, 〈우리 당의 자랑이라네〉 등), **조금화**(대표곡 〈사회주의 지키세〉, 〈우등불〉, 〈아직은 말못해〉 등), **김정녀**(대표곡 〈우리네 위성이 하늘에 떴소〉, 〈우리집은 군인 가정〉 등), **현송월**(대표곡 〈해군들 군항으로 돌아온다〉, 〈더 높이 더 빨리〉 등) 등으로 당대 최고의 인기 가수군을 거느리고 있었다.

보천보전자악단은 모란봉악단 등장에 따라 해산되었다. 발전적 해산이라고 말할 수 있다. 모란봉악단은 보천보전자악단의 정당한 후계 악단이라는 것을 밝힌 바 있다.

4. 김정일 정권 출범 이후

북한에서는 1990년대에 대규모 사회 경제적 위기가 발생하였다. 배급제 등 사회주의의 근간적인 제도가 기능을 못하게 되어 주민들의 대부분은 곤란한 상황에 빠졌다. 북한에서 말하는 이른바 '고난의 행군' 시기다. 이 위기의 배경에는 북한과 협조관계를 유지하고 있던 사회주의 국가들의 해체 및 붕괴, 자연 재해의 연속적인 발생, 그리고 김일성의 서거(1994년)가 있다.

북한에서는 이런 상황을 정신적인 힘, 특히 예술의 힘으로 극복하려고 노력하였다. 그 예술의 힘 중심에 자리 잡은 단체가 조선인민군 공훈국가합창단이다. 문학예술 분야는 기본적으로 당, 국가의 지도를 받으며 정책적인 관점에서 사회의 기본 사상, 가치관을 사람들에게 전달해 교양하고자 한다. 그러나 그 창작활동은 물론 사회적인 분위기에도 많은 영향을 받는다. 따라서 '고난의 행군' 시기는 밝고 경쾌한 노래보다 강건하고 힘 넘치는 분위기의 합창곡이 선호되었다. 합창곡의 힘으로 이 시기를 넘어가야겠다는 것이 중요시되었다. 바로 공훈국가합창단이 전면에 등장한 이유다.

물론 김정일이 '고난의 행군'을 극복하는 정치방식으로 '선군정치'라는 일종의 비상사태에 대한 정치방식을 선택하였고, 그것은 당연히 조선인민군에 의거할 수밖에 없었기 때문에 예술분야에서도 조선인민군 소속인 공훈국가합창단을 중요시하였다는 설명도 가능할 것이다.

이런 맥락에서 '음악정치'라는 말도 등장하였다. 이 말은 2000년 2월 7일에 4.25문화회관에서 열린 인민무력성 음악 발표회에서 처음으로 제기된 개념이다. 이 개념은 음악을 정치의 수단으로, 그리고 북한에서 말하는 "혁명의 무기"로써 음악을 적극적으로 활용하는 것을 의미한다. 이와 관련해 조선중앙통신은 "음악정치는 위대한 김정일 동지에 의하여 처음으로 성식화되고 구현되였다"라고 보도하였다.

'음악정치'는 1990년대부터 시작한 이른바 '고난의 행군' 시절 말기에 등장한 개념으로 당시의 시대정신을 담은 용어이다. 선행연구에 의하면 '음악정치'라는 말은 원래 선군정치와 밀접한 개념으로 선군정치의 실현에 기여하는 것이었다.

2000년 10월에 '고난의 행군'은 북한 당국에 의해 공식적으로는 종결되었다. 사회가 많이 힘든 분위기는 아직까지 남아있으나 북한 경제는

2000년대에 들어가서 차츰 회복되었다. 예술 분야 특히 음악 분야에서도 새로운 흐름이 나오기 시작하였다.

1) 은하수관현악단

은하수관현악단은 당대 최고의 기량을 가진 젊은 기악 연주자와 가수로 구성된 악단이다. 교향악단 형식을 바탕으로 하면서 가요곡도 하는 폭 넓은 공연 스타일을 선 보였다.

은하수관현악단의 정확한 창단 시일을 알 수 없지만, 창단의 중요한 계기가 된 공연은 2009년 1월 26일에 열린 '설명절 공연'이다. 그리고 은하수관현악단의 첫 공연은 2009년 9월 8일에 만수대예술극장에서 열린 음악회이다. 로씨야 21세기관현악단 (Orchestra of the 21st Century of Russia)과 유를로브명칭 국립아카데미야무반주합창단(the State Academic Unaccompanied Chorus Named after Yurlov), 은하수관현악단, 조선인민군공훈국가합창단에 의한 합동 공연이다. 현재 확인할 수 있는 한 35회의 공연을 해 왔는데 2013년 7월 28일에 행하여진 '7.27경축 은하수음악회《승리》'을 끝으로 볼 수가 없다.

은하수관현악단은 관현악단임에도 불구하고 중후한 형식의 고전 클래식 음악보다 인민에게 인기 있는 가요 등을 관현악곡으로 편곡해서 공연하는 것이 많았다. 따라서 관현악 단독 형식이 아니라 가수들과 같이 공연을 하는 것이 다수였다.

은하수관현악단이 참가한 2012년 3월 14일 프랑스 파리의 플레이엘극장에서 공연 모습

2) 삼지연악단

2009년에 만수대예술단 산하인 '공훈여성기악중주단'을 기반으로 설립된 중규모 수준의 관현악단으로, 2018년까지 만수대예술단 소속 악단이었다고 추측이 된다. 2009년 1월 16일에 김정일의 직접적인 지시에 따라 창단이 되었다. 현재 확인할 수 있는 한 2009년 10월10일에 열린 '조선로동당 64돐에 즈음하여 은하수관현악단, 만수대예술단, 삼지연악단의 합동경축공연'이 삼지연악단의 첫 공연이라고 말할 수 있다.

만수대예술단 내부의 관현악단이기 때문에 연주가의 기량은 매우 높다. 제1 바이올린을 맡은 선우향희는 후에 모란봉악단에 배치가 되어 악장으로 활동을 하고 있다. 북한은 2018년 2월에 평창 올림픽에 맞추어서 남한에 '삼지연관현악단'을 파견했는데 이 '삼지연관현악단'이라는 악단은 삼지연악단이 기초가 된 악단이다.

5. '김정은 시대'의 시작

2011년 11월에 김정일이 서거하여 2012년에 김정은 시대가 막을 올렸다. 김정은 시대를 음악 측면에서 상징하는 악단은 바로 모란봉악단이다. 여기서는 모란봉악단을 중심적으로 다루면서 김정은 시대의 경음악을 소개하고자 한다.

1) 모란봉악단

모란봉악단은 2012년 3월에 김정은의 직접적인 지휘하에 창설된 여성 경음악단(All-female band)이다. 모란봉악단은 조선노동당이 주관하고 있다.

모란봉악단은 창설부터 약 4개월의 준비기간을 거쳐, 2017년 7월의 '시범공연'으로 처음 선보였다. 또한 북한은 언론과 유튜브 등으로 해외에 공연의 동영상을 확산하여 모란봉악단의 이름이 알려졌다. 왕재산예술단의 유명한 가수였던 현송월을 단장으로, 보천보전자악단의 부단장이자 작곡가이며 2014년에 '로동영웅 칭호'를 받은 황진영이 부단장을 맡았다. 또한 만수대예술단, 왕재산예술단, 보천보전자악단 등에서 활동한 작곡가 우정희가 창작실 실장을 맡고 있다. 2012년까지 중심적인 역할을 맡은 구성원들은 단장 등 관리직(지도부) 8명, 가수 15명, 연주가 15명이었다.

북한의 로동신문은 모란봉악단은 "새 세기의 요구에 맞는" 악단이며 내용에서 "혁명적이고 전투적이며 형식에서 새롭고 독특하며 현대적이면서도 인민적인 것으로 일관된 개성있는 공연을 하였다"고 전하였다. 예술을 내용과 형식으로 나누어서 성격을 규정하는 것은 사회주의 사실주의(Socialist realism)가 만들어진 이후의 전통이라고 말할 수 있겠다. 사회주의 사실주의에 대해서는 스탈린이 1930년 7월의 소련 공산당 제16차 대회에서 제시한 "내용에서 사회주의적, 형식에서 민족적"이라는 담론이 유명하지만, 김정일 역시 저서인 〈음악예술론〉에서 내용과 형식을 나누어서 설명하고 북한이 지향할 음악에 대해서 피바다가극단을 본보기로 하는 것을 지적하였다.

위에서 언급한 바와 같이 '김정일 시대'의 대표적 경음악단은 왕재산경음악단과 보천보전자악단이었다. 북한의 주장에 따르면, 모란봉악단은 이 둘 중 보천보전자악단을 계승하고 있다. 그래서 북한 내적 시각에서 보면, 김정일 시대의 경음악단이 김정은 시대에 발전 및 진화한 것이 모란봉악단이라고 말할 수 있다.

그런데 모란봉악단은 보천보전자악단에는 없는 특성을 많이 지니고 있다. 모란봉악단이 클래식 음악, 특히 연주곡(instrumental music)을 받아들인 것을 보면 보천보전자악단보다 은하수관현악단 및 삼지연악단의 영향을 더 많이 받고 있다고 볼 수 있다. 즉 모란봉악단은 교향악단적인 특성도 지니고 있다고 지적할 수 있다. 악장인 선우향희가 제1 바이올린을 담당하는 것은 이런 맥락으로 이해할 수 있을 것이다. 제1바이올린이라는 명칭은 명확히 교향악단에서 쓰는 말이다. 선우향희는 만수대예술단, 삼지연악단과 은하수관현악단의 유능한 바이올리니스트였다.

모란봉악단은 악기 연주자와 가수의 분업은 있지만, 퍼포먼스에서는 연주자와 가수 모두가 주인공이다. 악기 연주자는 단순한 백업 밴드(Backup band)에 그치지 않고 기악음악(instrumental music)을 연주함으로써 주역으로 무대에 오른다. 가수와 연주자가 교대하면서 공연의 주인공이 되는 것이다. 이런 형식은 이전의 북한 악단에서는 보기 힘든 장면이었다. 한국과 일본, 구미에서 잘 보이는 경음악 형식과도 다르다.

또한 과거 발표된 노래를 대담하게 편곡하며(〈애국가〉, 〈단숨에〉, 〈문경고개〉 등) 화려하게 연주하였다. 외국곡 특히 미국의 것(디즈니 애니메이션 메들리나 미국 영화음악 등)을 공연 레퍼토리에 넣은 것도 이례적이다.

곡의 '내용' 즉 음악가가 청중에게 전해고자 하는 '메시지'(message)는 대부분이 지도자 칭송, 당 찬양, 애국심 강조, 혁명정신 고무 등이며, 이런 점들은 이 때까지의 북한 음악과 크게 다른 점이 없다. '내용'에 담긴 메시지는 변화가 기본적으로 없다고 볼 수 있다. 단 감히 특징을 들자면 희망을 부여하는 노래나 새로운 사회를 만드는 의지를 보이는 노래들이 비교적 많다.

이런 변화는 단순히 북한 내부적인 요소에서 일어난 것이 아니겠다. 명확히 국외에서 받은 영향이 있었겠다고 추측할 수 있다. 그 중에 하나로서 오기현(2014)이 지적한대로 남북음악 교류의 영향 및 성과를 들을 수 있다. 남북문화교류의 일환으로 한국 가수들이 북한에서 보여준 음악 공연 스타일이 북한 음악계에 많은 영향을 미쳤다는 지적이다. 또 하나는 1990년 이후에 특히 유럽에서 시작해서 세계적인 유행이 된 크로스오버 전자음악(crossover electronic orchestra)의 영향이다.

모란봉악단은 관리자 이외의 구성원들은 전부 다 여성이다. 가수 및 연주자를 여성으로 통일하는 형식, 소위 여성밴드(All-female band)는 세계적

으로 보면 드물지 않다. 하지만 북한 사회에서는 나름대로 유의미한 변화라고 볼 수 있다. 한국과 일본, 중국, 대만에서는 여성밴드가 정착하여 특히 한국의 소위 '여성 아이돌 그룹'이 국제적으로 인기를 얻는 것을 생각하면 북한도 동아시아의 조류를 수용했다고 볼 수 있을 것이다.

구성원들은 북한 국내 유명 악단 출신자들이 많다. 예를 들면 선우향희(악장 겸 제1 바이올린)나 김향순(키보드)은 만수대예술단 삼지연악단 출신이고, 홍수경(제2 바이올린)과 차연미(바이올린)는 왕재산예술단 출신이다. 한편 조국향처럼 고급학교(고등학교) 졸업 후 바로 이례적으로 발탁된 경우도 있다.

이런 모란봉악단이 창단 약 2년 후에 북한 예술계의 가장 높은 지위에 올라갔다. 2014년 5월 16일과 17일에 평양시에서 개최된 '제9회 전국예술인대회'에서 모란봉악단은 북한 음악계뿐만 아니라 북한 예술계 전체의 '본보기 악단'이라고 결정되어 모든 예술인들은 '모란봉악단의 창조기풍'을 배워야 한다는 지도가 내려왔다. 이 예술인대회에는 김정은 위원장은 참가하지 않았지만 '시대와 혁명발전의 요구에 맞게 주체적 문학예술의 새로운 전성기를 열어나가자'이라는 서한을 보냈다. 이 서한 안에서 김정은 위원장은 '모란봉악단의 창조 기풍'에 대해서 '당이 준 과업을 열백 밤을 패서라도 최상의 수준에서 완전무결하게 실천하고야 마는 결사관철의 정신, 기성의 형식과 틀에서 벗어나 혁신적 안목에서 끊임없이 새 것을 만들어내는 참신하고 진취적인 창조열풍, 서로 돕고 이끌면서 실력전을 벌려나가는 집단주의적 경쟁열풍이 모란봉악단의 혁명적이며 전투적인 창조기풍'이라고 정의했다. 이 예술인대회에서 모란봉악단 단장인 현송월이 모란봉악단의 활동을 '총화'하는 연설을 했다.

모란봉악단은 현재 모란봉전자악단이 되었다. 모란봉전자악단의 자세한 정보는 지금까지 불명하였지만, 최근에 모란봉전자악단에 대해 설명한 논문이 북한 학술계에서 나와서 어느 정도 모란봉전자악단의 정체가 밝혀졌다.

2) 청봉악단

청봉악단은 2015년 7월28일에 그 존재가 처음으로 알려졌다. 이 때 조선중앙통신은 ①김정은 위원장의 직접적인 관여로 창립 ②금관악기 위주로 구성된 경음악단 ③왕재산예술단 연주가들과 모란봉중창조로 구성 등 세가지 중요한 내용을 전했다.

청봉악단은 현재까지 6차례의 공연을 했는데, 선을 보였던 것이 북한

국내가 아니라 해외였다는 점이 흥미롭다. 이 공연은 러시아가 북한 예술단을 초대한 형식으로 진행되었다. 북한과 러시아는 2015년을 '조러 친선의 해'로 정했으며, 같은 해 4월에는 모스크바에서 '조러 친선의 해' 개막식이 열렸다. 청봉악단의 러시아 방문은 이 '조러 친선의 해'를 기념하여 실현되었다. 이 공연에서 청봉악단이 부른 노래는 녀성 중창 〈로씨야처녀 노래련곡〉을 비롯하여 〈로씨야 인민들이 사랑하는 노래늘〉이었다는 것도 이런 해석을 뒷받침한다.

위에서 언급한 듯이 청봉악단은 수많은 악단들 중의 하나가 아니라 김정은 위원장의 직접적인 지도에 의해 설립된 "국보적 예술단체"라고 규정하고 있다. 이 점을 고려하면 "국보적 예술단체"를 북한 국내가 아니라 러시아에서 첫 선을 보인 의미는 북러 관계를 그 만큼 중시하고 있다라는 것의 반증이다.

필자가 확인한 한(2018년 현재), 청봉악단 구성원들은 가수 11명과 연주자 15명이다. 모란봉악단과 같은 가수와 연주자의 양자가 주인공이 되는 스타일이 아니다. 가수가 주연이고 연주자는 조연(Backup band)이라는 역할을 가지고 있는 것 같이 보인다. 비올라나 트롬본, 베이스 기타 등 중저음을 떠받치는 악기를 충실하게 해서 연주 소리를 두텁게 하는 것은 연주자가 백업밴드(Backup band)인 것을 방증하고 있는 것 같다.

또한 모란봉악단은 여성밴드(All-female band)이지만, 청봉악단은 가수는 여성이며 연주자는 남녀혼합이다. 조선중앙통신이 청봉악단을 "금관악기 위주의 경음악"이라고 규정한 점을 고려하면 금관악기(트럼펫, 트롬본)가 청봉악단의 연주의 요체가 된다.

2016년 1월 1일의 공연명이 '왕재산예술단 청봉악단 신년경축음악회'라고 발표된 시점에서 청봉악단은 왕재산예술단 내부 조직인 것이 확정적이 되었다. 가수가 주역이고 연주자가 조연이라는 점은 왕재산예술단의 스타일을 일부 답습하고 있지만, 왕재산예술단의 특징 중 하나였던 본격적인 무용이 청봉악단에서는 현재까지 보이지 않고 있다.

3) 삼지연관현악단

2018년 평창동계올림픽에 북한에서 남한으로 파견된 삼지연관현악단은 한국 국민들에게서 크게 주목을 받았다. 이 악단은 처음 등장했을 때 북한 음악계에 평소에 존재하는 악단이 아니라 평창 동계올림픽을 위한 특별 프로젝트(project)악단이겠다는 분석이 지배적이었다.

삼지연관현악단 단장을 맡은 현송월은 서울공연에서 〈백두에서 한나까지 내 조국〉이라는 노래를 한국 관객들 앞에서 선보였다. 그 장면을 기억하고 있는 독자들도 있을 것이다. 앞에서 언급한 듯이 현송월은 1980~90년대에 왕재산경음악단, 보천보전자악단에서 가수로 활동하였으며 북한 인민들에게 큰 인기를 얻었다. 그 후 한동안 모습을 감췄다가 2012년 3월 8일에 개최된 은하수관현악단 〈2013년 3·8 국제부녀절 기념 은하수음악회〉 관객석에 모습을 드러냈다. 사회자가 현송월을 무대에 올리고 현송월은 거기서 〈준마처녀〉를 불렀다. 현송월이 아직 은퇴하지 않았다는 것이 확인되었다. 다만 그 때는 지금과 같이 현송월이 북한 최전선에 있는 예술단체의 책임자가 되리라는 것은 누구도 예상치 못했을 것이다.

현송월은 위에서 언급하였던 듯이, 모란봉악단 단장이며 2017년 10월 7일에 평양에서 열린 조선로동당 제7기 제2차 전원회의에서는 당중앙위원회 후보위원으로 보선되었다. 2018년 1월에 판문점에서 열린 남북교섭 회담에서는 '관현악단 단장' 직함으로 참가해서, 당시 이 직함이 화제가 되기도 했다. 조선중앙TV의 보도에 따르면 삼지연관현악단을 한국에 파견하기 전에 김정은 위원장이 현장 지도를 하였다고 한다.

삼지연관현악단의 공연 스타일은 삼지연악단이나 은하수관현악단의 스타일, 즉 2000년도 후반부터 북한의 주류가 된 음악 연주 스타일을 계승하면서 부분적으로는 모란봉악단의 스타일을 받아들인 것 같이 보인다.

삼지연관현악단은 2월 8일에 강릉에서 공연하고 2월 11일에 서울에서 공연하였다. 공연 내용은 다음과 같다.

삼지연관현악단의 강릉·서울 공연 내용

순서	내용
1	서곡「반갑습니다」
2	「흰눈아 내려라」
3	녀성중창「평화의 노래 비둘기야 높이 날아라」
4	경음악「내 나라 제일로 좋아」
5	녀성2중창「J에게」
6	녀성독창「여정」
7	가무「달려가자 미래로」
8	현악합주와 녀성독창「새별」
9	관현악 친근한 선률 : 아리랑, 검투사들의 입장, 모짜르트교향곡 40번, 뛰르끼예행진곡, 아득히 먼길, 집시의 노래, 검은 눈동자, 또까따, 락엽, 가극극장의 유령, 띠꼬띠꼬, 챠르디쉬, 흑인령감 죠, 레드강 골짜기, 백조의 호수, 아이가 태어났을 때, 그대 나를 일으켜 세우네, 스케트 타는 사람들의 왈쯔, 라데쯔키 행진곡, 카르멘 서곡, 윌헬름 텔 서곡, 나의 해님, 오랜 우정, 푸니꿀리 푸니꾸라, 빛나는 조국
10	노래련곡(메들리) : 남자는 배 여자는 항구, 이별, 당신은 모르실거야, 사랑, 사랑의 미로, 해뜰날, 다함께 차차차, 어제 내린 비, 최진사댁 셋째딸, 홀로아리랑
11	녀성3중창「백두와 한나는 내 조국」
12	「우리의 소원은 통일」
13	「다시 만납시다」

이 중 한국 가요곡은 'J에게'(이선희), '여정'(WAX), '남자는 배 여자는 항구'(심수봉), '이별'(패티김), '당신은 모르실거야'(혜은이), '사랑'(나훈아), '사랑의 미로'(최진희), '해뜰날'(송대관), '다함께 차차차'(설운도), '어제 내린 비'(윤정주), '최진사댁 셋째딸'(이은하), '홀로아리랑'(서유석)이며 원곡을 부른 가수 중 과거 평양에서 열린 음악공연에 출연한 적이 있는 가수가 많다. 이선희가 2003년에 SBS 주최 '통일음악회'(평양)에 출연한 것은 유명하지만, 패티김도 2000년에 평양에서 행하여진 평화친선음악제에 출연하였다. 또한 나훈아는 1985년 9월에 예술공연 출연을 위해

평양을 방문하였다.

공연을 자세히 보면 원곡 〈설눈아 내려라〉를 〈흰눈아 내려라〉로 곡명을 바꾸거나, 〈달려가자 미래로〉의 가사를 일부 바꾸는 등, 한국에서 공연을 하는 것을 고려하여 곡명이나 가사의 일부를 변경한 것은 한국 측을 충분히 배려한 것임을 알 수 있다. 이번 강릉 및 서울 공연에서 연주한 곡 중에 예를 들면 〈내 나라 제일로 좋아〉는 모란봉악단의 편곡 및 연주 스타일과 거의 똑같다.

이번 공연의 목적은 평창 동계올림픽을 성공적으로 진행시키기 위해 평화로운 분위기를 조성하는 것에 있었지만, 동시에 남북관계를 우호적으로 개선하는 것도 있었다. 그래서 남북관계 개선이라는 측면에서 이번 공연을 분석하면 2가지 특징이 나온다. 하나는 과거 '통일음악제' 등을 통해서 평양에서 노래를 부른 한국 가수들의 곡을 많이 한 것이다. 이번 공연에서 선곡된 한국 노래의 가수 중에서 이선희, 최진희, 패티 김, 나훈아, 송대관, 설운도는 과거에 평양에서 공연을 한 가수들이다.

그리고 〈홀로아리랑〉을 일부러 1절이 아니라 2절부터 부른 것도 주목할 만하다. 2절은 '금강산 맑은 물은 동해로 흐르고 설악산 맑은 물도 동해가는 데'로 시작하는데 금강산은 북한에 있고 설악산은 강원도의 남측(강릉시, 속초시, 양양군, 인제군, 고성군)에 걸쳐 위치한다. 금강산에서 나온 물과 설악산에서 나온 물이 동해에서 하나가 된다, 즉 남북통일의 메시지를 여기에 담은 것이다.

삼지연관현악단은 2월 16일에 평양에서 귀환 공연을 하였다. 귀환 공연에서 연주된 곡들은 공개되지 않았으나, 로동신문에 의하면 북한의 곡 뿐만 아니라 한국 곡도 연주되었다고 하니까 강릉공연 및 서울 공연과 거의 같은 곡목들을 연주하였다고 추측할 수 있다. 삼지연관현악단을 공식적으로 북한 안에서 선보인 공연이었다.

그 후 삼지연관현악단은 평창동계올림픽의 공연에 대해서 김정은에게서 높은 평가를 받았을 뿐만 아니라 '본보기 예술단체'라고 규정되었다. 향후 남북친선 문화교류나 해외 문화교류에서 삼지연관현악단이 전면에

삼지연관현악단 전용극장 개관에 맞춰 현지지도하는 김정은 위원장

나설 가능성을 높게 보는 이유이다. 2019년 2월 북미 하노이회담에서는 북한 수행단에 현송월이 포함되면서, 삼지연관현악단을 친선악단으로 미국 공연을 협의하는 것이 아니냐는 조심스런 추측도 있었다. 결국 하노이회담이 '노딜'로 끝났지만, 2008년에 뉴욕필하모닉이 평양시 동평양대극장에서 역사적인 공연을 했듯이 북한 삼지연관현악단이 뉴욕시의 데이비드 게펜 홀(David Geffen Hall)에서 세기적인 미국 초연을 개최할 수도 있는 가능성은 열려 있은 것이다.

2020년 현재 삼지연관현악단은 눈에 띄는 활동은 안 하고 있지만 앞으로 남북관계와 북미관계가 개선이 되면 삼지연관현악단이 교류의 주인공을 맡을 여지는 대단히 커 보인다. 삼지연관연악단의 규모와 고전 클래식과 서양음악에 대한 식견과 실력, 그리고 다양하고 폭 넓은 연주 스

타일 등에서, 조선국립교향악단과는 다른 측면에서 북한을 대표하는 젊은 교향악단으로 세계 무대에서 활약할 가능성이 높다.

6. 나가며

이 글에서는 북한 대중음악에 대해서 경음악의 관점에서 소개하였다. 김정은 시대의 문화예술에서는 경음악에 비중이 놓여있다. 김정은 시대에 새로 창설된 모란봉악단이 문화예술계의 본보기 악단이 된 것이 그 증거가 된다. 현시점에서는 김정은이 직접 질타 격려함에도 불구하고 북한사회에서는 영화나 문학은 별로 활발하지 못하고 음악 분야가 최첨단에 있는 것 같이 보인다.

공연 스타일도 그렇다. 예를 들면 설맞이 공연이 있다. 2019년부터는 야외에서 설맞이 축하공연을 개최하고 있다. 이 공연은 평양시 김일성광장에 만들어진 특설 무대에서 12월 31일 밤부터 1월 1일 새벽까지 약 2시간에 걸쳐 열린다. 새해를 위한 카운트다운(count down)도 한다. 관객들은 형형색색의 옷차림으로 형광봉을 흔들고 있다.

2020년 설맞이공연은 노래 연곡으로 시작했다. 그 내용은 〈내나라 제일로 좋아〉, 〈전진하는 사회주의〉(남성6중창), 〈사회주의 너를 사랑해〉(여성독창 엄송애), 〈하나의 대가정〉(혼성중창 김일화 외 13명)이었고, 역대의 유명한 노래를 묶어서, 특히 전반 부분은 사화주의 체제를 찬양하는 내용이었다.

그 다음에는 김정은 시대의 노래 련곡이 계속되었다. 〈인민의 환희〉(혼성중창 리학범 외 13명), 〈아 자애로운 어버이〉(여성독창 한혜옥), 〈친근한 우리 원수님〉(녀성중창 김옥주 외 7명), 〈그리움〉(남성독창 장성혁), 〈그 품이 제일 좋아〉(녀성 4중창 리은하 외 3명), 〈인정의 세계〉(남성독창 김웅삼), 〈자나깨나 원수님 생각〉(혼성2중창 오은정, 김웅삼), 〈그이 없인 못살아〉(혼성중창 리향미 외 26명)이다. 그 후 〈정말 좋은 세상이야〉(남성독창 공훈배우 문명삼), 〈양산도〉(녀성독창 리은경), 〈모란봉〉(녀성독창 오향미) 등 북한을 대표하는 민요도 불려졌다.

이런 의미에서 김정은 시대의 북한사회를 알기 위해서 음악 문화에서 접근하는 것은 도움이 되는 방법의 하나다. 한편 새로운 현상에만 얽매이면 본질을 간과할 가능성이 있다. 그것을 막기 위한 방법은 '역사적으로 보는 것' 그리고 '비교의 시각'이다. 역사적으로 보는 것은 과거로부터의 연속성을 생각하는 것이며, 비교는 한국과의 비교, 외국과의 비교를 의미한다. 역사적으로 보는 것은 북한 문화의 형상과정이나 인과 관계, 고유성을 이해하기를 가능하게 하며, 비교의 시각은 북한 문화와 한국 문화, 그리고 외국 문화와의 공통점, 차이점을 파악하기를 가능하게 한다. 이런 식으로 접근할 때 균형 있는 북한 이미지가 제대로 그려질 것이다.

대중음악이라고 하면 민요도 매우 중요한 장르이지만 이것에 대해서는 지면 관계상 다룰 수가 없었다. 또한 북한에서 인기가 높은 영화나 애니메이션의 주제가와 북한판 '노래자랑'인 '노래경연대회'에 대해서도 소개를 못하였다는 아쉬움이 남는다.

북한무용

북한의 춤은
우리와 다르다?

김채원·춤문화비교연구소 소장

오늘날 다양한 매체를 통해 북한 관련 정보를 접하기 쉬워졌으나 그럼에도 불구하고 우리는 북한에 대해 아는 것이 너무 없다. 무용에서만도 '체조 같다', '인간적이지 않다', '원시적이다' 등등 서구 취향에 길들여진 우리의 척도로 북한춤을 재단하고 폄하하는 게 일반적이다. 사실 각각의 문화는 그 나라의 풍습과 삶의 가치 및 지향이 반영되어있는 그 자체로 보고 이해해야 한다. 상호 간의 문화적 이해는 옳고 그름이 없다. 그저 어디에 가치를 두고 어떻게 표현하는가가 차이로 드러날 뿐이며, 인간에 의한 문화라는 점에서, 그리고 한민족의 역사문화를 공유한다는 점에서 우리는 이미 동질성을 확보하고 있다.

1946년 3월, 북한은 북조선예술총연맹을 결성하고 그해 8월 중요 문화예술기관의 국유화를 진행, 모든 문화예술은 국가정책을 반영하는 수단으로 활용해 왔다. 북한의 국가정책, 즉 김일성의 지도사상과 당의 주요방침을 기조로 문화예술작품을 창작하도록 기획했으며, 작품평가는 당성, 인민성, 노동계급성에 두고 평가하였다.

북한예술의 기능 및 역할은 "정치가 뚫고 들어가기 힘든 곳도 문화예술은 뚫고 들어갈 수 있으며 총포가 가지고 쟁취할 수 없는 것도 문학예술은 가지고 쟁취할 수 있다"(조선예술 2001, 11월호, 7쪽)라는 김정일의 말에서 능히 짐작해 볼 수 있다.

해방 이후 민족문화건설을 주창하며 문학예술에서 '새로운 것'을 통한 사회건설에 박차를 가하던 북한은, 항일혁명 문화유산의 계승을 통한 유일사상체계에 돌입하면서 '혁명'과 '현대성'을 강조한 예술창조에 힘을 쏟는다. 소위 '김일성사상', '김일성주의'로 일컬어지는 '주체사상'을 본 궤도에 올리기 위한 작업이었다. 이어 김일성 사망 이후, '조선민족제일주의'를 내세우며 민족문화예술의 창조에 주력한다. 그리하여 1990년대 이후에는 민족적 색채를 살린 문화예술 창조와 활동으로 민족적 전통성을 확립하기 위한 작업과 이를 바탕으로 한 국위선양에 힘써왔다.

그러면 과연 북한춤은 우리와 많이 달라졌을까? 북한춤은 김일성 가계의 우상화와 찬양만 표현하고 있는가? 라는 의문에 답을 찾기 위해 먼저 북한춤의 사상적, 기법적, 체계적 기본 등을 정리할 필요가 있다.

어느 사회의 예술이든 그 사회체제의 규범과 질서를 벗어나서는 존재할 수 없으며, 또한 예술 안에는 그 사회의 규범과 체제가 반영될 수밖에 없다. 한국사회의 규범과 체제가 예술 안에 반영되듯 북한 역시 마찬가지이다. 다만 그것이 의도적이냐 아니냐는 차이가 있을 뿐이다. 모든 사회체제는 예술 안에 반영됨을 인식하면서 우리와 같은 뿌리에서 시작된 북한춤에 대해 다각적으로 접근한다면 북한예술에 대한 시각을 넓히는 것은 물론, 민족대화합의 통일국가를 다지는데 초석이 될 예술적 성과물들도 내놓을 수 있을 것으로 믿는다.

1. 북한춤은 우리와 다르게 장르가 구분되요

한국춤은 한국무용, 현대무용, 발레, 커뮤니티댄스, 사회무용 등 다양한 장르가 혼재하고 있다. 이와 달리 북한춤은 크게 예술무용과 오락무용으로 분류된다. 즉 전문가에 의한 무용과 비전문가에 의한 무용으로 나뉜다. 더욱이 북한의 모든 춤의 기본은 전통적인 민속을 토대로 하므로 기법이나 표상형태는 모두 민속적인 것에 근거하여 확립된 것이라 해도 과언이 아니다.

일반적으로 모든 문화예술이 자국의 지배사상을 토대로 발전하였듯 '주체무용'으로도 명명되는 북한춤은 주체사상에 의거하고 있음은 주지의 사실이다. 때문에 "민족적 형식과 사회주의적 내용"을 지향하는 북한의 춤은 '주체무용'이자 동시에 '민족춤'이라는 논리로 접근할 필요가 있다.

여기서 주체사상이란 김일성의 이름하에 주창된 조선민주주의인민공화국의 사상원리로서, 자력갱생을 한층 포괄적인 철학체계로 발전시켜 1960년대 후반 이후부터 주체사상으로 부르게 되었다. 처음에는 국제공산주의운동의 다극화 현상에 대한 독자적인 시점을 강조하였고, 막스레닌주의의 일반적 진리를 자국의 역사적 조건에 맞춰 창조적, 자주적으로 적용하는 입장으로 설명되기도 했으나, 1970년대에 들어 주체사상은 "인간은 모든 것의 주인이며 모든 것을 결정한다는 철학적 원리"와 "근로인민대중의 자주성 실현을 위한 혁명학설"로서 인간의 능동성을 강조하기에 이른다. 고전적 막스주의 관점으로부터의 비판이나 개인숭배의 현실과 사상과의 관계에 대한 의문도 제기되고 있으나 인

간중심의 세계관은 특히 제3세계에서 적극적으로 선전되어지고 있다

북한은 고대로부터 전승된 민족무용유산 가운데 특히 민속춤을 기반으로 다양한 춤문화를 발전시켜 왔다. 북한의 민족무용유산은 '고전적 무용유산'과 '혁명적 무용유산'으로 분류된다. 전자는 20세기 초기까지의 춤을 말하며, 후자는 항일투쟁시기 유격대원들에 의해 추어진 춤을 말한다. 한국에서 '전통춤' 또는 '전승무'는 고전적 무용유산에 속하는 것으로, 본래 고전적 무용유산에는 민속춤을 비롯해 궁중무와 종교무가 포함되지만 북한에서는 궁중무와 종교무를 봉건사회의 잔재로 취급하여 그 형식의 일부분만을 필요에 따라 수용하고 있을 뿐, 장르로서 존재하지는 않는다.

통상 포크댄스Folk Dance로 지칭되는 민속춤은 북한에서 "민족무용을 발전시키는 원천"으로 중요한 자리를 차지하고 있다. 민속춤은 각각의 지역사회 안에서 오랜 옛날부터 지역사회 전체의 춤으로 전승되었으나, 각 시대를 반영하는 산물로서 전시대의 것을 계승하되 새로운 시대에 맞게 변용되며 차세대로 이어진다. 하지만 해방 이후 지금까지 북한에서 전통사회의 민속춤이 지역사회의 춤으로 전승되고 있다는 기록이나 흔적은 공식적으로는 알려진 바가 없다.

남북 모두 민속춤은 지방의 민속춤과 무대예술화 된 민속춤을 포함하고 있다. 그러나 한국은 해당 춤의 보존회 중심으로 민속춤이 전승되고 있는데 반해 북한은 어떤 식으로 전승, 혹은 연행되고 있는지 분명치가 않다. 다만 문헌상으로 기록되어 있는 민속춤이 북한춤 발전의 소재로 중요하게 활용되고 있다는 것만 알 수 있을 뿐이다.

한편 북한춤은 소련이나 중국으로부터 들어온 외래무용의 기법과 체계를 받아들여 확립되었다. 하지만 발레나 현대무용은 전면적인 수용이 아니라 북한의 민족무용을 발전시키는데 필요한 "기교체계와 특성"만을 수용한 것이다. 현재 발레나 현대무용의 기법은 평양무용대학의 기초훈련과정에 포함되어 있으며, 현재는 고전발레부의 개설로 발레무용극도 공연되고 있다고 전해진다.

전문가에 의한 예술무용은 예술적 현상과 감상을 목적으로 창작된 무용으로, 사상성과 예술성을 담보하고 있다. 주로 인민의 미학정서적 요구를 채워주고 사상정서적으로 교육하는 기능을 한다. 전문가에 의해 창작되고 표현되는 예술무용은 기능상으로는 현대(물)무용, 민속무용, 발레, 아동무용으로 분류된다.

먼저 예술무용에 속하는 현대(물)무용은 북한 인민의 현대 생활과 사상, 감정 등을 형상하는 창작무용을 말하며, 형식에 따라 혁명무용극·혁명가극·음악무용서사시·무용조곡· 무용소품 등으로 나뉜다. 이 가운데 무용소품은 가장 기본이 되는 형식으로 소재별로는 현대무용, 민속무용, 전설무용, 동화무용 등으로 세분화되기도 한다. 〈눈이 내린다〉, 〈조국의 진달래〉, 〈사과풍년〉, 〈키춤〉과 같은 4대 명작무용이 예술무용에 속하는 무용소품으로, 1970년대 초에 창작된 이후 지금까지 계승되고 있다. 무용조곡은 음악작품과 무용작품이 독자성을 지니면서 하나의 사상주제를 표현하는 작품형식이다. 음악무용서사시는 혁명실천의 각 단계에서 제기되는 과제를 대상으로 합창과 군무를 기본으로 하여 관현악, 시, 무대미술 등의 다양한 표현수단을 연쇄적으로 등장시켜 하나의 사상주제를 형상화하는 형식이다. 현대(물)무용은 수령과 당에 충성

<그림1> 북한춤의 장르 구분

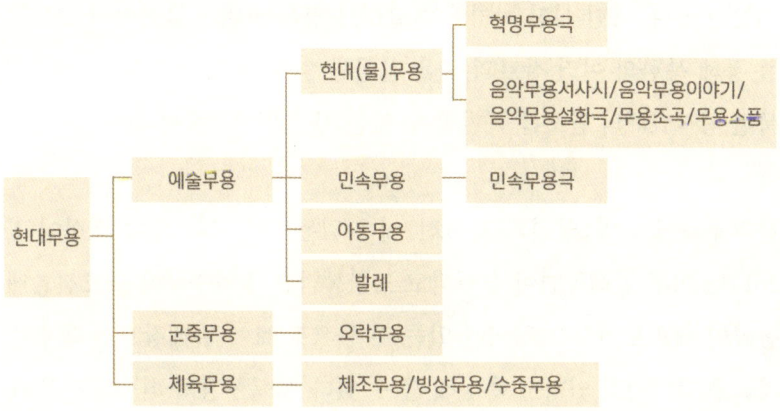

을 맹세하는 내용이 대부분이며, 역사의 주체인 인민의 자주성 실현을 위한 투쟁과 지향, 인민의 건강한 생활상 등을 표현하는 선전선동성 강한 무용들로 이루어진다.

민속무용은 조선인민의 전통적 생활과 노동에서 발생한 무용을 원형 그대로 계승하지 않고 현대화하여 재창조 또는 재구성하여 공연하기 때문에 창작민속무용으로서의 성격이 강하다. 현대(물)무용과 마찬가지로 형상기법에 따라 무용조곡, 무용소품 등으로 나뉜다.

북한에서 발레는 공화국창건 직후인 1950년대에는 월북 예술인들에 의한 공연이 있었으나 이후 그 발레의 독자적인 맥은 끊겼었다. 그러나 "예술의 발전을 위해서는 다른 나라의 예술형식도 참고해야 한다"는 취지 하에 1987년부터 평양음악무용대학에 9년 과정의 발레강좌를 개설하여 전문 발레무용가를 배출하기 시작한 이후, '우리식'의 새로운 동작을 창작, 형상화하는 데 힘쓰고 있다. 하지만 실질적으로는 발레무용가들이 설 무대가 많지는 않기 때문에 이렇다 할 활동 성과를 내놓고 있지는 못하다. 다만 이전 시기와는 달리 김정은 시대에 들어와서 유튜브를 통해 북한의 여러 장르의 춤을 감상할 수 있게 되었는데, 이 가운데 북한 창작발레의 단초를 확인할 수 있는 최근의 영상물이 하나 있다.

음악무용이야기〈청년의 자서전〉에 삽입된〈백두의 넋〉이 그것이다. 2012년 이후 발레공연이 실현되고 모란봉악단의 연주곡에도 고전발레 음악이 레퍼토리로 지정되어 있는 것 등으로 보아 발레장르가 독립된 자리를 찾아가고 있다고 추정해 볼 수 있다. 월북무용가 최승희가 발레 시스템을 도입하여 조선무용을 정리했으며, 오늘날에 와서는 발레가 본격적으로 훈련과정에 도입되면서 조선춤의 발전은 물론 발레의 독자적인 발전을 도모하고 있는 것이 북한춤의 현황이다.

한국의 춤장르에는 없는 아동무용은 아동의 다양한 심리를 묘사대상으로 하여 그들이 진취적으로 무럭무럭 자라나는 모습을 밝게 표현한 무용을 말한다. 주로 혁명, 전설, 동화를 소재로 한 작품이 많으며,『소년호 탱크』,『통일연』,『거울춤』 등이 대표작으로 꼽히고 있다.

한편 무용의 비전문가들에 의한 군중무용(포크 댄스)은 대중이 노동과 일상생활, 축제나 집회 등 언제 어디서든지 즐길 수 있게끔 '통속적'으로 창조한 무용을 말한다. 군중무용은 창작자나 대중에 의해 만들어지지만 춤추는 주체는 어디까지나 인민 내지는 노동자이다. 예술무용이 교양적 기능을 지닌다면 군중무용은 노동하는 인민의 문화생활에 활력을 불어넣는 기능을 한다. 즉 노동으로 축적된 정신적, 육체적인 피로를 풀어주고 사회적 존재로서의 상호 이해를 도우며, 문화생활을 풍요롭게 만들기 위해 기능하는 것이다. 군중무용은 계층별 특성에 맞춰 형식은 다양하지만 동작과 구성은 즐겁고 단순하게 창작되는 것으로,『노들강변』,『옹헤야』 등이 전국적으로 추어진다. 특히 군중무용은 김정은 시대에 들어와 대대적으로 창작, 보급되고 있어 눈여겨봐야 할 새로운 무용 추세로 부상하고 있다.

마지막으로 무용과 스포츠가 결합된 장르로, 전문체육인에 의한 체육무용이 북한춤의 한 자리를 차지한다. 한국에서는 스포츠 분야에서 다뤄지는 반면 북한에서는 무용에서 다뤄지고 있다.

체육무용은 체육동작을 예술적인 율동에 실어 표현하는 무용으로, 무용예술에 대한 인민의 요구가 높아짐에 따라 발전해 온 것으로 규정하고 있다. 체육무용에는 체조무용, 빙상무용, 수중무용이 포함된다.

체조무용은 유치원 아동과 소년을 대상으로 보급되며, 아이들을 〈지, 덕, 체〉를 갖춘 혁명 인재로 키워내는 데 목적이 있다. 체조의 회전동작과 도약하는 움직임을 예술적으로 리드미컬하게 만들어낸 무용으로, 리듬체조를 가리킨다.

빙상무용은 빙상에서 예술적인 움직임과 기교를 다양하게 표현하는 피겨스케이팅(figure skating)을 말한다. 빠른 속도의 회전과 속도감을 통해 다양한 조형미를 그려내는 독특한 장르로 취급되고 있다.
수중무용은 수영동작을 예술적으로 창조하여 아름다운 조형적 구도로써 펼쳐내는 싱크로나이즈(synchronized swimming)를 말한다.

2. 무용작품은 당의 방침에 의거하여 창작되는 게 기본이지요

해방이후 1960년까지 북한은 민주주의적 민족문학 예술을 건설하기 위해 문화예술 관련 기관설치와 무용가 육성에 힘을 쏟는다. 1950년부터 일어난 한국전쟁 땐 전투성과 선동성을 강조하는 예술작품 창작과 기동성 있는 공연체계를 통해 인민군과 인민을 격려했으며, 전쟁 후에는 본격적으로 사회주의 체제를 지향하면서 예술기관의 재정비와 예술가 육성 및 예술가의 사상성 등을 재고하는 방침을 펼쳤다.

이 시기에 창작된 무용작품은 사회의 민주주의적 변혁을 반영하고 인민을 새 생활 창조 투쟁에 동원하는 작품과 민족무용유산을 발굴하여 재구성한 작품, 전쟁의 승리와 인민을 고무하는 투쟁적이며 전투적인 소품형식의 작품을 창작해서 전선과 후방에서 공연을 펼쳤다. 전쟁 후 1960년대 이전까지 인민을 공산주의화하기 위해 천리마처럼 힘차게 내달리는 노동자의 생활상을 형상한 작품창작에 주력하는 한편, 조선민족무용기법과 체계를 완성하고 〈부채춤〉, 〈목동과 처녀〉, 〈샘물터에서〉 등의 새로운 민속무용 작품들을 내놓았다. 무용가 최승희가 왕성한 활동을 펼쳤던 60년대 이전에는 사람들이 어떻게 생활하고 어떻게 일하며, 어떻게 투쟁해 나가야 하는지를 교육하려는 의도로 작품이 창작되었는바, 민족적 특성이 짙은 무용극 〈반야월성곡〉, 〈사도성의 이야기〉 이외에도 음악무용서사시 〈영광스러운 우리 조국〉, 무용조곡 〈평화의 노래〉 등이 창작되었다.

유일사상의 확립기인 1960년대는 문학예술에서 혁명성과 전투성이 강조되고 '천리마 정신'을 반영한 작품창작과 항일혁명 전통의 구축에 힘을 쏟는 시기로, 무용 분야에서는 사회주의 예술로서의 전형이 되는 작

금강산가극단 무용부의 〈키춤〉 공연 장면

품이 창조된다. 노래와 무용을 결합한 〈고난의 행군〉 같은 무용서사시가 새롭게 창작되는 등 작품의 주제와 형식에서 다양성이 추구되었고, 〈사과풍년〉이나 〈눈이 내린다〉 같은 혁명무용의 모범적 전형이 이 시기 말에서 1970년대 초반에 걸쳐 완성된다.

1970년대는 주체사상의 완성기로 1980년대 초반까지 이어진다. 북한은 1970년 사상·기술·문화의 3대 혁명을 제창한 후, 사회주의적 사실주의의 창작방법에 근거한 혁명적 작품을 통해 주체문학과 예술을 확립하는데 주력한다. 특히 주체성과 민족적 특성이 강조되면서 '전 사회의 주체사상화'에 공헌하는 작품들이 창작된다. 즉 민족적 형식에 사회주의적 내용을 강화하면서 주체이론에 입각한 가극무용을 비롯해 서정적·서사시적·극적 성격을 지니는 다양한 주제와 독특한 형식의 작품이 대거 창작되어 '주체예술로서의 무용'을 확립해 나간다. 〈조국의 진달래〉나 〈키춤〉과 같은 혁명무용이 이 시기에 창작되어 명작으로 전형화되었고, 〈피바다〉식 가극무용 형식이 확립된다.

1980년대 중반 이후 소련과 동구권 사회주의 국가의 붕괴로 북한은 대내외적 고립과 경제난 등 사회주의 체제의 위기에 봉착한다. 이를 해결하기 위해 김정일은 1986년에 '조선민족제일주의'를 제창했고, 이후 북한은 다른 사회주의 국가와 차별성을 두기 위한 '우리식 사회주의'를 전면에 내세우며 민족적 우월성과 정통성을 강조해 나갔다. 이는 인민들의 사상성과 혁명성의 동요를 제어하면서 북한체제를 지키려는 필사적인 방어책이었다. 문학예술에서는 지도체제의 구축과 각 장르별 이론체계가 완성되는 한편 주체사상과 유일체계를 반영한 작품을 통해 인민의 사상을 공고히 하는 데 주력했다. 이러한 이념적 공고화와 문예방침은 조선민족제일주의가 전면에 부상하는 1990년대에까지 이어졌다.

김일성의 사후에는 '붉은기 사상'이 대두되면서 추모문학예술이 등장하고 사상성과 영웅적 혁명성이 다시 강조되는 복고적인 경향으로 돌아서는 한편, 좀 더 다양한 표현방법과 소재를 융통성 있게 활용하는 변화가 나타나기 시작한다. 1980년대 중반이후 1990년대 초반까지 주체예술의 꽃을 피우면서 사회주의적 민족무용을 추구해 온 북한은, 특히 이 시기에 민족적 색채가 짙은 현실적 소재의 무용작품을 창작하는 데 주력함으로써 70년대의 속도전에 이은 '실력전'까지 등장하여 짧은 작품 시간 안에서 높은 기량을 보여주는 방법 모색에 힘을 쏟는다.

'사회주의 현실생활을 반영한 낙천적인 무용작품을 창작할 것'과 '민속무용을 현대적 미감에 맞게 형상하는 사업'을 심화시키면서 민속무용의 발굴과 재조명에도 박차를 가한다. 각 지방의 향토색 짙은 민속춤

2007년 '조선무용 50년-북녘의 명무' 공연(국립국악원 예악당)에서 선보인 〈쟁강춤〉 장면

을 찾아내어 '우리식의 새로운 무용극'인 민속무용조곡 〈평양성 사람들〉이나 〈계절의 노래〉, 전설무용극 〈봉선화〉, 무용소품 〈내 나라 제일로 좋아〉, 〈시냇가에서〉와 같은 작품들을 발표하였다. 민족가극이 만개하면서 〈춘향전〉과 음악무용서사시 〈영광의 노래〉를 비롯해 〈쟁강춤〉도 이 시기에 새롭게 재구성되었으며, 수령의 혁명적 위대함과 군민일치의 투쟁기풍, 사회주의 국가 북한의 승리에 대한 확신을 담은 무용조곡 〈장군님 받들어 군민은 한마음〉 등 민족적인 요소를 도입한 현대적인 작품창작도 있었다. 또한 이 시기의 특기할 사항으로 체계적인 무용이론인 『무용예술론』이 김정일에 의해 집대성되었고, '자모식무용표기법'이 완성됨으로써 무용보급과 발전에 획기적인 전환을 가져왔을 뿐 아니라, 명작무용들을 기록하여 남기는 작업을 가능케 했다.

이어 김정일 체제가 안정적으로 자리를 굳히는 2000년대에 오면 '선군사상'을 지도이념으로 부각하면서 선군혁명위업에 충실한 문학예술작품 창작을 독려해 나갔다. '선군혁명문학'이라는 용어의 등장으로 선군의 시대적 사명감과 현실발전의 요구에 맞는 사상성과 예술성 높은 문학예술을 개척해 나가야 할 과제가 제시된다. 반면 국제사회의 문화가 조금씩 유입되면서 문화예술의 소재도 과거보다는 다양해지는 양상을 보인다. 〈준마처녀〉, 〈승전의 북소리〉, 〈장군님 주신 총〉 등 선군시대의 정치적 기풍을 반영하는 작품 창작에 주력하는가 하면, 국제사회로의 단편적인 개방으로 이전부터 강조해 온 집체예술을 극대화시킨 〈백전백승 조선노동당〉(2000)과 〈아리랑〉(2002) 같은 '대집단체조와 예술공연'이라는 대규모 형식의 대공연 예술양식을 발전시켜 나갔다.

김정은 시대에 들어서 무용분야의 획기적인 변화는 발레의 공식적인 공연과 군중무용의 활성화로 압축할 수 있다. 1987년부터 평양음악무용대학에 9년제의 발레강좌가 개설되었고 2003년에 평양대극장에서 피바다가극단에 의한 첫 발레공연이 있었다. 그리고 발레의 발전을 위해 2010년에는 평양무용대학의 건물 가운데 음악당을 현대화된 발레 전용극장으로 새롭게 건설하면서 이후 북한식 발레를 창안해내기 위한 노력을 기울여나간다. 군중무용은 2012년 김정은 체제에 들어 행사 때만이 아니라 일상에서도 즐길 수 있도록 창작, 보급하라는 시책에 따라 영상으로 제작되어 발표되기도 했다. 군중무용의 보급, 확대는 김정은이 강조하는 '애민정신'을 반영한 사업 중의 하나로, 선전가요와 전통민요에 맞춰 남녀가 쌍이 되거나 여럿이 하나가 되어 단순한 동작을 반복적으로 추는 춤이다.

결론적으로 북한은 "당성·계급성·인민성의 원칙"을 고수하면서 사상과 문화혁명을 수행하고 공산주의 인간을 양성하는데 목표를 둔 무용정책을 일관되게 고수해 왔다. 각 시기별로 정리하면, 1945년부터 무용인재와 무용기구를 조직하면서 예술가의 사상적 재고와 함께 사회주의적 무용예술의 기초를 다지는 데 힘썼고, 1960년대에 와서는 항일혁명전통을 계승한 무용예술 구축에 힘쓰면서 주체무용을 준비한다. 1970년대부터 시작된 주체예술로서의 무용 확립 구축에의 노력은 1990년대 초까지 이어졌으며, 이후 1990년대는 북한식 사회주의를 표방하면서 민족적 요소를 강조한 민족무용예술을 계승·발전시켜 나갔다. 이어 2000년대에는 선군정치의 기치아래 사상성 짙은 선군혁명무용예술을 대공연 양식으로 발전시켜왔으며, 2010년대에 들어서는 군중이 함께 즐길 수 있는 무용형식을 강조하고 외래의 예술을 도입하여 북한의 예술을 발전시키는데 주저함이 없는 과감한 모습을 보여주고 있다.

한마디로 북한은 혁명성을 강조하는 정치성이 높은 무용과 민족의 특성이 진하게 배어있는 민속무용의 발굴 및 창작에 힘을 실으면서 북한의 독자적인 '우리식 사회주의 민족무용'을 발전시켜 왔다고 하겠다.

3. 북한춤은 〈최승희류 조선무용〉을 기본으로 발전했어요

최승희는 김정일이 정치를 본격적으로 행사한 1970년대 이전에 북한 무용계를 이끌어온 월북무용가이자 여성 정치가로서, 조선무용기본을 정리하여 보급한 공적 말고도 북한의 무용방침과 시책에도 부응하는 작품들을 창작해 남겼다. 김정일이 "모든 무용은 소품화해야 한다"고 하기 이전부터 최승희는 "조선의 고전을 현대화"하여 소품화 하는 작업을 펼쳤다. 여러 무용형식에서 보면, 무용극, 음악무용서사시, 무용조곡 등을 처음으로 시도했으며, 무용을 소품화 하는 것은 물론, 아동무용에까지 관심을 갖고 그 교육적 지도서인『조선아동무용기본』(1963) 등을 출간했다.

한설야는 해방이후의 최승희 무용예술의 특징은 '민족적 정서'와 '공민적 파토스(pathos)'에 있으며, 이는 애국주의 사상의 깊은 예술적 발현이라고 언급하였다. 최승희의 애국주의 사상은 1930년대의 무용에서 보였던 프롤레타리아 계급운동에 바탕한 저항정신이 사회주의체제 하에서 정치성 높은 형태로 발전한 것이다. 북한에서의 최승희는 그녀의 창작집단과 함께 조선노동당의 문예정책에 의거하여 사회주의 사실주의 창작방법을 견지하면서 많은 작품을 창작하여 인민을 사회주의적 사상으로 교양하는 역할을 수행하였다. 조선 전래의 전통적 무용예술이 시적 정서와 음악성, 선의 우아함과 생활의 낙천적 묘사를 특징으로 한다면, 최승희의 무용은 바로 이러한 민족적 특성을 바탕으로 체계화하고 현대적인 율동과 박력 있는 동작을 유기적으로 결합하여 북한의 민족무용으로서의 전형을 창출하였다고 할 수 있다.

최승희는 조선무용을 민속 생활뿐 아니라 체질과 기질, 자연환경, 기후, 주택, 민족의상 등에 따라 각기 다른 양상을 띠기 때문에 조선무용의 창작에서도 전통적인 감정 표현법을 연구해서 희노애락을 비롯한 인간의 다양한 사상, 감정, 정서를 완벽하게 표현할 줄 알아야 하며, 춤동작에 영향을 주는 민족의상과 도구를 능숙하게 다루고 취급할 줄 아는 훈련이 필요하다고 하였다. 또한 가지각색의 무기를 응용한 무술적 춤동작을 활용하는 등 조선사람의 생활양식에서 나온 춤동작을 체계적으로 연구하여 구사할 줄 알아야 한다고 하였다. 그녀에 의하면 조선무용은 서정적이고 부드러우면서 기백이 있으며, 동작의 연결은 자연스럽고 순간적인 정지동작에서도 율동적 호흡의 지속성과 끈기가 있어 동작의 진행에 어운이 담겨져 있는 것이 특색이며, 이것이 조선무용의 기본조건이 된다. 다시 말해 조선무용은 인민의 혁명적이며 생기발랄한 생활정서에서 우러나오는 동작에 기초하고 있기 때문에 결코 단순하지 않다는 것이다. 더욱이 조선무용은 그 연기

조선민족무용기본을 시연하는 황유순 재일조선인 무용가

술에 있어서 우아하며 섬세하고 온화하며 자연스러움도 넘치고 경쾌하면서 무게도 있고 날카로우며 강한 전통적인 특질을 지니고 있다. 때문에 그녀는 보다 풍부하고 표현적이며 조형적인 그리고 율동적인 묘사를 통해서 생활과 인간성격, 그 사상과 감정, 정서의 모든 내적, 외적인 미를 생생하게 그려낼 수 있다고 확신하였다.

『조선민족무용기본』(1958)은 "조선의 무용에서 잃었던 것을 찾아내고 약한 것을 강화하며 없던 것을 창조"하여 민족무용의 체계화를 꾀한 성과물이다. 그녀가 정리한 조선무용동작은 "조선적인 맛과 멋을 그대로 보여주어" "조선 인민의 고상한 정신적, 도덕적 품위와 예술적 향취가 체현되어 있다"고 높이 평가되었다. 또한 1957년 9월 3일자 〈노동신

문〉의 기사를 보면, 최승희는 사회주의 건설에 떨쳐 일어선 인민의 생활정서를 담아내기 위해서는 조선무용은 규모가 크고 개방적인 무용으로 발전시켜야 하며, 무용기본을 더욱 확대하고 기술적인 수준을 높이며 다양하고 심오한 표현기교를 도입하고 창조하여야 한다고 하였다. 그러기 위해선 선진적인 무용기법에 익숙해지도록 훈련해야 하며, 이렇게 될 때 조선무용은 사회주의 사실주의 창작방법에 입각하여 발전하는 현대생활에 부합되게 급속한 전진을 이룰 수 있을 것이라고 하였다. 또한 무용은 군중적 토대 위에서만이 훌륭하게 발전할 수 있으므로 무용을 군중화 시키고, 인민대중의 문화적 수준을 향상시키기 위한 무용기법의 전수와 무용예술간부 대열의 확대에 노력하며, 무용인의 현지 파견을 통해 인재를 발굴하고 체계적인 교육을 통해 무용가를 양성해야 한다고도 했다. 이처럼 최승희의 조선무용 발전을 위한 기본체계 확립과 주의 주장은 북한 무용예술의 이론체계와 실천체계를 확립하고 형성하여 보급, 발전시키는 기초가 되었으며, 그녀가 정리한 조선무용 동작들은 북한무용의 기본틀을 이루며 계승 발전해 왔다.

북한무용의 기본기법은 조선무용의 기초적이며 전형적인 동작형태들로 구성된 동작체계를 이르는 말이다. 조선무용의 기본은 우리나라 민족무용의 고유한 동작들을 살리면서 사회주의적 사실주의 기법에 바탕하여 무용언어를 새롭게 정리하고 과학적으로 체계화시킨 것이다. 여기에는 조선무용을 대표하는 고유한 동작들이 있으며, 각각의 춤동작들의 형태와 성격, 그에 대한 체계적인 훈련법 등이 정리되어 있다. 조선무용기본은 무용훈련의 기초로서 무용 전문가, 예술 소조(동아리)원, 학생들이 무용을 습득함에 있어 필수적인 교재가 되고 있다. 기본동작 훈련체계로서의 조선무용 기본은 무용가들로 하여금 인체의 부위별 운동기능을 높여 모든 춤동작을 원만히 수행할 수 있는 육체를 준비할 수 있게 한다. 또한 민족음악의 장단은 조선무용의 율동과 그 표현능력을 풍부하게 만들어내는 데 일조한다. 기본동작에는 팔놀림을 위주로 하는 다양한 형태의 팔 동작들과 걷는 동작, 뛰는 동작, 도는 동작 등 낮고 쉬운 단계의 동작에서 높은 기술을 요하는 단계의 동작으로 순서가 진행된다. 기본체계의 중심 동작은 휘감기, 뿌리치기, 굽이치기, 밀기, 물결치기 등의 팔 동작과 보통걷기, 곱디뎌 걷기, 잔발걷기, 무릎 들기, 내차기 등의 다리동작, 그리고 맴돌기, 엇걸어 돌기, 돌아나가기와 다양한 뛰기 동작들이 있다. 모든 기본동작은 조선무용의 독특한 율동적 성격과 기법을 정확히 체득하는데 중점을 두고 있으며, 대상의 특성과 수준에 맞게 응용할 수 있도록 구성되어 있다. 특히 기본에서 민족음악의 장단은 춤의 기본적인 형상을 옳게 구현할 수 있는 능력을 배양한다. 무용의 훈련체계와 율동의 특징을 집약한 무용기본은 해당 무용예술의 발전 정도와 과학적 수준을 가늠해볼 수 있는 중요한 징표의 하나이다.

최승희류 조선무용의 특징을 『조선민족무용기본』을 비롯하여 『조선아동무용기본』, 그리고 1966년 3월 〈문학신문〉에 발표된 "조선무용 동작과 그 기법의 우수성 및 민족적 특성"과 1958년에 제작된 『최승희류 조선무용』과 1962년 촬영한 무용영화 『사도성의 이야기』를 바탕으로 살펴보기로 하자.

우선 최승희 무용은 관객을 겨냥한 무용으로서 그 운동구조는 외적으로 표출된 것, 즉 운동의 폭이 크고 형태가 과장된 움직임을 최대한으로 발산하는 구조를 지니고 있다는 것이다. 그녀의 무용은 그녀만의 자유로운 기법위에 민족적 정서를 덧입힌 창작무용이었다. "선조가 남겨

놓은 무용예술을 계승하면서 세계의 무용예술 중에 가치있는 것을 수용하여 새로운 것을 창조한다"는 글은 바로 그녀의 무용이 조선무용기법을 기본으로 하면서 외래무용기법을 수용하여 자기류의 창작을 실천해 왔음을 반영하고 있다. 이는 〈부채춤〉에서 조선여성의 아름다운 심정을 우아하며 맑게 그려내고, 〈거친파도를 헤치고(풍랑을 뚫고)〉에서는 힘과 투쟁과 불굴의 의지를 상징적으로 연출하며, 〈목동과 처녀〉나 〈탈춤〉 등에서는 동적이며 유머러스한 기법으로 낙천성을 부각하고 있고, 〈조선의 어머니〉에서는 분노와 눈물의 극적 표현을 강조하는 등, 조선무용기법을 바탕으로 다양한 형상방법을 구사하고 있는 데서도 잘 나타난다.

최승희는 조선의 민족무용유산 가운데서 우수한 전형을 찾아내어 전통의 독특한 표현기법과 민족적 특색을 살리는데 힘을 쏟았다. 조선의 전통적 표현기법으로서 〈정중동〉과 〈동중정〉을 강조하고, 간결하며 선명한 동작으로 인간 내면의 깊은 감정과 정서를 표현해야 한다고 피력하였다. 간결함과 선명함은 그녀의 무용 특징의 하나로, 작품에서 보이는 대형의 경우 원형과 1열형 또는 2열형의 매우 단순한 공간구도가 주류를 이루며, 곡선적이며 원초적(primitive)인 동작들로 구성된다. 그녀는 또한 민족적 표현기법이 명확하고 우수할수록 진정한 무용적 형상을 창조할 수 있으며, 보다 풍부한 민족적 독창성과 현대성을 구현할 수 있다고 생각했다. 그녀의 무용에서 볼 수 있는 민족적 기법으로는 한자의 팔(八)과 정(丁)자에 유사한 동작의 〈비팔비정체〉를 기본으로 하는 팔과 발의 움직임에 있으며, 나선형의 운동패턴과 회전동작 등이 있다. 팔의 움직임은 〈메고 감기〉와 〈감음체〉 위주로 둥글고 완만하며 자연스럽게 전개되며, 발의 디딤도 전통적인 삼단보법의 〈보통걸음〉을 중

2006년 한국에서 초연한 〈풍랑을 뚫고〉 장면

심으로 전개된다. 또한 현대무용 수법을 통해 무용의 기초를 다진 경험으로 인해 무용 움직임의 운동범위는 어깨높이거나 그보다 더 위에서 진행되며, 특히 남자동작의 경우 도약과 같이 높은 위치에서 전개되는 움직임들도 활용되고 있다.

덧붙여 최승희류 조선무용에서는 음악 및 의상 등에 있어서도 민족적 요소를 중시하면서 현대적 감각을 살려내고자 했다. 그녀는 조선 전통 음악의 특색을 무용에도 적용시켜 '무용형상과 음악형상의 사상, 정서적 통일' 및 조화를 이루어내려 하였다. 따라서 가장 즐겨 쓰던 음악 유형으로는 남도민요와 가사, 민속악곡을 들 수 있으며, 특히 남도민요를 기본으로 편곡, 창작한 음악반주곡은 최옥삼과 안기옥과 같은 음악가와 작품활동을 함께 해 왔기 때문일 것이다. 민요의 리듬과 밀접한 무용동작에 현대적 율동성과 박력을 집어넣으려 했던 최승희는 '무용과 음악의 완전한 일치'를 지향하였다. 즉 아다지오 음악에서는 정적인 움직임을, 알레그로 음악에서는 동적인 움직임을 전개하여 음악과 무용의 흐름을 일치시켜내고자 했다. 또한 가야금이나 피리 같은 선율악기를 수반하는 무용에서는 나선형의 지속되는 동작이 연출되면서 강함과 유연함을 지닌 유동성으로 넘쳐나며, 리듬악기를 수반하는 무용에서는 힘과 절도가 있고 격렬한 동작들이 펼쳐져 무용동작이 음악의 성격에 영향을 받고 있음을 짐작할 수 있다. 조선무용기본의 반주음악으로 민요 〈성주풀이〉를 쓰고 있는데, 이는 3분박 4분절의 굿거리장단으로 이루어진 곡으로 장고를 반주악기로 사용하여 민족 고유의 형식과 독창성을 계승하고 있다.

최승희류 조선무용의 형성은 1930년대에 현대무용수법을 바탕으로 저항정신이 반영된 작품을 창작하고, 이어 같은 수법으로 조선의 고전을 소재로 한 작품을 창작하였으며, 40년대에 들어서는 중국이나 남방무용 수법과 소재를 섭취한 작품으로의 변화를 보여왔다. 그러나 1946년 이후 평양의 무용연구소를 근거지로 활동하기 시작하면서부터는 "가장 민족적인 것은 또한 가장 국제적인 것이라는 신념을 간직하고 오직 이 길을 따라 나갈 때 우리나라의 무용은 고전적인 가치를 지니게 될 것이다"라고 해서 그때까지의 기법을 살리되 조선의 전통적 기법계승과 그 현대적 계승에 더 큰 관심을 갖고 이를 정리해 나가기 시작하였다. 그 위에 발레 체계를 수용함으로서 조선무용의 기호화, 체계화와 함께 다양한 표현력을 지닌 작품을 창작하여, 조선무용과 외래무용이 융합된 자기류의 무용을 확립한 것이다. 결국 최승희류 조선무용이란, 조선무용을 축으로 현대무용, 발레, 중국무용 등의 여러 기법요소를 수용하여 형성된 무용이라 할 것이다.

한편 최승희에 의해 정리된 조선무용기본동작은 60년대 말 이후로 오늘에 이르기까지 3차에 걸쳐 개정되었다. 무용 움직임의 다양화 추구에 의한 방침이었던 것이다. 제1차 개정은 '주체예술'을 정치적 슬로건으로 내세우기 시작한 1969년에서 1970년 사이에 행해진 것으로, 사회주의적 무용으로서의 인식, 교양의 기능을 한층 높이기 위한 혁명무용의 전형이 창작되면서 현대적인 동작으로서 발레기법과 중국무용 수법과 같은 외래무용이 수용되었는데 이는 다시 무용기본동작에 삽입(feedback) 되어짐으로써 조선무용은 곡예적이며 동선이 큰 움직임으로 변화하게 되었다. 제2차 개정은 1985년에 치루어진 남북예술단 교류공연을 계기로 고도의 테크닉과 현대성만을 추구한 무용동작에 대한 비판에서 시작되었다. 그 후로 민속무용의 적극적인 복원사업이 추진되는 한편, 무용동작에서 종래의 기법을 다양하게 발전시키되 곡예적인 동작은 감소시켜 나갔다. 제3차 개정은 민족무용유산을 중시하는 방침에 따라 최승희 무용에 대한 재평가가 이루어지면서 시작되었다(2004, 김은한, 한국체육학회국제학술대회집).

4. 외래무용의 기법을 도입하여 현대적 기법을 만들어내요

북한은 60년대 말 이후 "우리는 독특한 기교체계를 지닌 발레를 수용하여 우리나라의 예술무용을 보다 다양하게 발전시켜야 한다"는 김정일의 지시가 있었다. 이에 따라 발레기법을 위시한 외래무용 수법과 체계를 적극적으로 수용하여 조선무용의 급격한 발전을 꾀했다. 최승희무용연구소에서 창작한 무용극 〈사도성의 이야기〉에서 민족무용을 토대로 발레무용극 기법을 수용하여 민족무용극을 개척한 것이나, 국립예술극장에서 조선무용에 기초하여 클래식 발레기법을 도입하는 시도로서 무용극 〈심청전〉을 창작하였던 것 등이 그러한 정책을 반영한 결과물이다.

창작된 작품이나 개정된 기본동작에서 찾아볼 수 있는 발레기법의 구체적인 예로는 동체를 극도로 틀거나 젖히거나 굽히는 동작이나 크로아제 드방(Croisé devant), 카트리에 데리엘(Quatriéme derriére), 바트망(Battement), 파 뒤 브레(Pas de bourrée)와 유사한 잔발동작이나 발차기 동작과 점프 등이 있다. 이는 당시의 정치적 배경이나 슬로건으로 내걸었던 '속도전'과도 관련이 깊은 것으로, 작품에서 흐름은 빠르고 신속하게 이루어지며 회전동작도 배로 빨라졌다. 또한 다이내믹하고 절도 있으며 보다 박력 있게 전개되는 무용구성은 획일적이며 스펙터클하게 변화하였다.

그러나 이러한 변화는 이미 1930년대 최승희의 활동에서부터 시작된 것이다. 그녀는 조선무용을 새롭게 창조해내기 위해 현대무용, 발레, 중국무용과 같은 외래무용 기법을 수용하였고, 민족무용유산 가운데 이미 없어진 것을 찾아내거나 취약한 부분을 보완하고자 하였다. 제6차 세계청년학생축전에 참가한 최승희는 조선 무용예술의 특성과 과제에 대해 "조선무용은 풍부한 시적 정서와 음악성, 선의 우아함과 내용에서의 낙천성이 뛰어나며, 민족무용유산을 주체성 있게 계승 발전시키고 있는 인민적 정서를 담고 있는 춤으로 세계적으로 인정"받았음을 평가하면서, "인민의 현대적 감정과 이해에 부합되도록 외국의 우수한 기법을 조화롭게 받아들이고자 노력하였다"고 밝힌 바 있다. 특히 그녀는 조선무용의 새로운 형식을 개척하기 위한 중요한 모범으로 클래식 발레를 주 연구대상으로 삼았다. 1951년과 1956년 2회에 걸친 구소련 방문에서 클래식 발레 오페라를 관심있게 감상한 그녀는 자신의 여러 작품에서 발레기법이나 형식을 도입하였다. "선진외국무용예술 특히 소련의 무용예술을 구체적으로 섭취 연구하며 무용가들은 무용에 있어서의 과학적인 이론체계를 확립하며 무용의 군중적 성격을 일층 제고시킴으로써 무용이 조선인민의 생활 깊숙이 침투되도록 노력해야 한다"고 강조하고 있는 점 등은 외래무용에 대한 그녀의 태도를 보여준다.

외래무용을 수용하여 민족적이면서 현대적인 조선무용을 창출하기 위한 그녀의 노력으로, "남성의 무용동작은 기개있고 박력있으며 장열하고 유창하며 즐겁지만 무게가 있다. 이에 반해 여성의 무용동작은 우아하며 힘이 있고 부드러우며 날카롭고 명랑하며 섬세한 민족적 특성을 보이면서, 시대에 맞춰 다양하게 발전해 왔다". 고도의 사상성과 긴박한 극적 갈등을 내포한 극작술(dramaturgy)을 구사하여 대규모 무대예술 작품으로 창작한 무용극 〈사도성의 이야기〉에서는, 발레나 코작크 댄스 기법을 차용한 카브리올(Cabriole), 빠드샤(Pas de chat), 그랑제떼(Grand Jete), 롱드쟘(Rond de jambe)과 같은 움직임이 전개되며, 중국의 경구을 연상시키는 검술과 대무(對舞)장면이 펼쳐진다. 볼쇼이 극장의 무용안무가 메세레르는 이와 같은 남자들의 군무에 클래식 발레기법을 도입하여 민족적인 형식에 적절하게 융합하고 있는 사실을 높이 평가하였다.

작품에서 뿐만 아니라 무용훈련 교수체계에서도 보면, 1957년 국립무용학교 졸업공연에서 〈월남무용〉과 〈신강무용〉, 그리고 발레 〈소백조〉 등이 추어졌다는 것으로 보아 중국과 남방계열 및 발레 등의 외국무용이 교수되고 있었음을 알 수 있다. 최승희무용연구소에서는 모던댄스나 신무용, 남방무용, 발레 기법 등의 훈련이 있었고, 이는 조선무용기법과 결합되어 〈최승희류 조선무용〉체계를 이룬다. 신무용은 이시이 바쿠(石井漠)에게서 배운 신무용 훈련법과 독일의 표현주의 현대무용의 훈련방법을 바탕으로 한 것으로, 주로 기본훈련에 있어 기초운동으로 실행되었다. 발레기본은 조선무용이 신체능력 개발에 있어 과학적이며 해부학적이지 못한 제한성을 극복하기 위한 방편으로 클래식 발레 기본을 받아들여 훈련한 것이다. 남방무용은 인도, 타이, 미얀마, 중국 등 동남아 무용을 기초로 새롭게 만들어낸 동양적인 무용기본으로, 1944년 북경에 개설한 〈동방무용연구소〉와, 1946년 평양에 개설한 〈최승희무용연구소〉, 그리고 1951년 중국에 개설한 〈최승희무용연구반〉의 무용교수과정에서 줄곧 실천되었다.

이처럼 외래무용을 수용하여 조선무용을 현대화시켜 내는 창작체계는 이후 북한에서 전통으로 이어져 본격적인 양식화를 이루면서 여러 새로운 형태의 대공연 양식의 발전을 이끌어냈다. 조선무용 기본체계의 확립과 발전은 북한무용의 과학적 논리체계를 유도해내었고, 최승희의 조선무용에 관한 이론적 규명은 북한 무용예술의 이론체계 형성으로 이어졌다. 결국 북한무용예술의 기반은 최승희에 의해 형성되어 발전의 토대를 마련하였다고 할 수 있으며, 북한의 정치적, 사회적 영향아래 주체예술로서의 무용문화를 창조, 발전시켜 왔다고 할 수 있다.

5. 지금의 북한춤은 분단 이후 어떤 변화과정을 거쳤나요?

북한의 무용작품은 민족적 형식에 사회주의적 내용을 원칙으로 하여 작품의 주제와 소재 및 형식에 있어서 다양한 성과물들을 내놓았다. 무용작품의 다양한 형상화 요구는 조선무용기본기법의 변화를 가져왔고, 현재까지 4차에 걸친 기본기법의 개정이 진행되었다.

1958년 최승희에 의해 〈조선민족무용기본〉이 발행되고, 1962년에는 춤의 저변확대를 위해 춤영화 〈최승희류조선무용〉이 제작되었다. 이 성과물은 "이미 1957년에 〈조선민족무용기본연구위원회〉의 도움으로 마무리"된 것으로, 춤 전문가와 신세대 그리고 춤 발전을 위한 연구에도 구체적인 토대와 계기를 제공한 무용교과서이며, 무용예술을 근로대중의 것이 되게 하는 실질적인 무기 역할을 하였다. 그녀의 기본서는 북한 춤 기본훈련의 교본이자 북한 춤예술 발전의 지도서로서 그 역할을 톡톡히 해낸다. 그럼에도 1960년대에 들어 〈조선민족무용기본〉에 대한 비판적인 평가가 정지수, 박종성, 배동익, 강옥채 등에 의해 제기되었다. 이들은 민족무용기본체계가 과학적이지 못하고 전국적으로 통일되지도 못하고 있으며, 최승희 한 사람에 의해 완성되었다는 점 등을 집중적으로 비판했다. 이후 구소련의 무용기본체계 방법론을 도입하여 새롭게 개편하게 되는 계기가 마련된다.

"기본 중에서도 가장 중요한 것이며, 가장 뚜렷한 본질"로 평가되었던 최승희의 무용기본은 이후 몇 차례에 걸쳐 새롭게 개정된다. 물론 정확한 개정 시기에 대한 자료는 찾아볼 수 없다. 그러나 국가적인 차원에서 새로운 기본체계를 전파하고 홍보해 온 시기와 보급용 영상기록물, 재일조선무용가들의 증언 등을 토대로 분석해 볼 때 대략적으로나마 개정 시기를 추정해 볼 수 있다. 사회 정치적 변화에 따른 새로운 무용예술 경향과 무용계의 필요와 요구가 제시되면 새로운 무용기본체계가 만들어지게 된다. 북측의 경우 정치적 변화에 따라 네 차례에 걸친 개정을 생각해 볼 수 있다.

1958년 이후 약 10여년을 넘게 최승희 기본체계를 유지해 왔던 북한은 김정일이 정치무대에 본격적으로 등장하는 1970년을 전후로 무용기본의 첫 개정작업을 시작한다. 이 시기는 '주체예술'이 전면적으로 확립되어가면서 "예술가와 예술작품에 대한 검열 및 사상비판이 강화"되었던 시기이다. 무용에서는 최승희의 무용작품을 폄하하는 비판이 가해지고, 무용가로서 독보적이었던 그녀의 존재성을 부정하였다.

1차 개정을 전후해 창작된 무용작품은 사회주의무용으로서의 기능을 높인 혁명무용의 전형들이 창작되었다. 〈사과풍년〉,〈눈이 내린다〉 등이 그 대표작으로 이 작품들에서는 발레적인 움직임이 많이 활용되었다. 당시 북한이 구소련과 중국을 중심으로 하는 동구권과 우호적인 관계로 예술적인 상호교류가 원활했는데, 이때 소련에서는 모이세예프(Moиeeв 1906~)가 민속무용과 클래식 발레를 융합시킨 성과와 경험을 바탕으로 무용기본체계의 개정작업을 진행했다고 한다. 주체예술의 확립과정에서 〈피바다〉식 혁명가극의 등장에 발맞춰 모든 예술창조에서는 혁명성과 전투성을 강화하여 예술의 교양자적 역할을 충실히 수행할 것이 요구되자, 무용작품에서도 기본체계의 기능적인 개정이 필요했다. 혁명적 무용작품에서 구사되었던 현대적 동작들이 다시 기본동작에 피드백 되는데, 1차로 개정된 무용기본은 발레기법에서 볼 수 있는 곡예적인 움직임을 추가하고 동작의 폭과 내용이 더욱 확대되면서 속도감이 있는 훈련을 강화했으며, 이러한 무용기본 훈련은 남북회담이 재개되는 시기까지 체계적으로 정리·보완되는 과정을 거친다.

주체예술의 꽃이 만개한 1984년 남북회담이 성사되면서 남북예술단교류공연(1985)이 성공적으로 치러졌다. 1979년 『조선예술』(4월호)에는 기교동작의 지나친 남용은 무용과 체조를 구분할 수 없게 하며, 원래의 조선무용의 품격을 훼손하거나 하나의 틀에 메이게 한다는 비판의 글이 실렸다. 한국과의 무용교류를 준비하면서 이미 북한 무용계 내부에서는 고도의 테크닉과 현대성만을 추구해온 무용동작을 비판하는 목소리가 높아지고 있었으며, 더욱이 남북교류를 위한 민속무용의 발굴에 힘을 기울이면서 1985년을 전후로 2차 개정에 돌입하게 된다.

그 동안 등한시했던 민속무용의 재조명 사업을 추진하는 가운데 민속과 현실 주제를 배합한 소품경향의 창작이 적극적으로 이루어졌지만, 무용기본에서의 변화는 1차 개정에서처럼 전면적인 개혁은 아니었다. 70년대에 비해 곡예적인 동작이 다소 감소했으나 소품 중심의 무용작품은 수준 높은 기교를 필요로 했기 때문에 발레동작은 그대로 두면서 조선무용기법의 내용적 다양성을 추구하는 방향으로 변화된 것이다. 그 후 90년대 초반까지 민족무용유산을 중시히는 방침이 심회되면서 향토적인 민속춤들이 대대적으로 발굴되었고, 이런 과정 속에서 최승희 무용에 대한 재평가와 함께 그녀의 작품들이 새롭게 재구성되거나 기본과정에 속해 있던 '소도구춤 기본' 등을 복원하는 사업이 추진된다.

80년대 중반의 2차 개정을 전후로 재조명 된 민속춤에 대한 관심은 1990년대에 들어 민속춤의 체계화를 완성하는 성과로 이어졌다. 이 시기 무용예술이론과 자모식무용표기법 등이 확립되면서 무용기본에서도 민속춤가락을 살리면서 좀 더 기능적이며 합리적인 체계화를 구축해나간다. '조선민족제일주의'의 지도이념에 맞춰 무용기본에서는 이

전 시기의 특징이었던 '속도화'가 완화되고, 기계적인 빠른 동작도 절제되면서 민족적 형식을 더욱 살리는 경향으로 기본체계가 바뀌었다. 재일조선인 무용가들의 증언이나 영상자료 등을 토대로 보면, 1996년을 전후 한 시점에서 3차 개정작업이 진행된 것으로 추정된다. 3차로 개정된 무용기본은 최승희 무용기본의 일부를 복원하면서, 다양한 움직임을 엮어 체계적으로 정리, 이후 2002년의 4차 개정을 통해 3차에서 개정된 무용기본의 구성을 더욱 다채롭게 엮어내었다.

정리하면 조선민족무용기본의 구성체계는 우선, 최승희가 완성한 〈조선민족무용기본〉은 크게 입춤예비동작, 입춤기본동작, 소도구춤기본으로 구성되었는데, 1차 개정 시에는 발레적 기법을 도입하면서 복잡하고 속도감을 높인 조선무용기본으로 통합되고, 후반기의 조선무용기본 훈련동작은 80년대에 이루어지는 2차 개정의 밑바탕이 되었다. 2차 개정에서는 조선무용기초훈련동작, 조선무용기본동작, 소도구춤기본으로 구성되어 최승희의 기본이 복원된 듯한 경향을 보여주고 있다. 이어 3차 개정에서는 조선무용기초동작과 조선무용기본동작, 조선민속무용기본으로 구성되지만, 전체구성을 보면 2차, 3차 개정 모두 명칭만 바뀌었을 뿐 최승희의 기본구성과 크게 다르지 않음을 알 수 있다. 70년대에 보였던 기본동작의 획기적인 변화는 1996년을 전후로 하여 최승희의 기본에서 볼 수 있는 원래의 동작으로 복원된 경향을 보여준다.

북한춤의 기본은 걷는 동작으로 시작하여 팔동작과 상체훈련 동작을 거쳐 하체훈련 동작과 온몸동작으로 전개된다. 입춤예비동작이나 기초동작은 기초훈련을 위한 단일동작으로 구성되지만 입춤기본과 개정된 조선무용기본은 여러 개의 단일 동작소가 복합적으로 결합된 것으로,

상체동작은 하체동작을 수반하며 하체동작은 상체동작을 수반하는 원리에 입각해 반복이나 대조적인 수법으로 진행된다. 또한 1958년 이후 2차 개정 전까지는 남녀 공통의 훈련동작 이외에 남자동작과 여자동작이 구분된 훈련동작이 있었으나, 2차와 3차 개정에서는 남녀의 구분이 없는 공통된 훈련동작으로 구성되어 있다. 1958년의 입춤기본과 2차, 3차 개정 시의 동작은 유사한 구성 체계를 이루고 있지만, 70년대는 클래식 방법의 수용으로 기교적인 동작이 늘고 육체 훈련의 강도도 높아졌다. 그러나 80년대 이후 다시 1958년의 복고적 양상으로 돌아가는 기후를 보이면서 현재에 이르고 있다.

1958년 완성된 조선무용의 기본기법과 체계는 유일사상의 확립에 힘썼던 1970년경에 진행된 1차 개정을 시작으로 주체사상이 확립되는 1980년대 중반의 2차 개정을 거쳐 조선민족제일주의가 확산되는 1990년대 중반에 3차 개정이, 그리고 2002년 녹화된 〈얼씨구〉를 통해 4차개정이 진행되었음을 확인하였다. 1차 개정에서는 발레기법을 도입하여 혁명성을 강조하는 작품을 수행하기 위한 기교적인 동작들로 기본기법이 구성되었고, 2차에서는 기교적이고 속도가 급격해진 무용작품에 대한 비판으로부터 조선적 기법을 회복하면서 발레기법을 발전시키는 유형으로 개정되었으며, 3차, 4차에서는 원래의 조선춤기본이 지닌 기법과 구성체계를 가능한 충실히 복원하면서 보다 섬세하고 다양한 움직임을 구사하여 표현성을 확대한 형식으로 개정되었다. 이를 통해 정책을 구현하기 위한 수단으로서 창작된 무용작품의 발전과 맞물려 무용기법의 변화가 의도적으로 진행되었음을 살필 수 있었다. 즉 조선노동당에서 규정하여 시행된 무용정책은 무용작품을 통해 구현되었고, 무용작품을 수준 높고 풍부한 예술작품으로 창작해내기 위한 동작훈련체계로서의 기본기법이 요구되면서 북한 무용문화 창조의 패러다임이 구축되어 온 것이다.

6. 고전적 명작인 4대 혁명무용은 북한춤의 대표작이예요

북한은 1970년을 전후하여 사회주의체제를 확립하면서 주체사상을 본격화시켜 나갔다. 바로 이러한 시기에 정치적 성향을 명확히 하고 사회주의 예술로서의 춤 전형을 확립한다. 노래와 춤을 결합한 새로운 형상기법을 창출하면서 혁명무용의 모범적 전형이 되는 작품을 창조하여 춤 분야의 획기적인 전환을 맞게 된 것이다.

그 대표적인 작품이 정치성과 예술적 형상수준이 높은 것으로 평가된 4대 명작무용이다. 이 작품들은 노동생활의 사실적 묘사와 상징적 표현기법을 특징으로 한다. 사과를 따는 동작이나 키를 켜는 구체적인 생활동작을 율동화해 냈으며, 붉은 수건이나 붉은 태양, 백두산과 진달래꽃 등을 통해 수령에 대한 충성심과 조국에 대한 사랑을 표현하거나 눈송이 정령들을 통해 인민의 고통과 혁명의지의 강고함을 상징적으로 표현하고 있다.

〈조국의 진달래〉와 〈눈이 내린다〉는 현대무용이며 〈키춤〉과 〈사과풍년〉은 민속춤으로 분류할 수 있으나 그 동작은 조선춤기법을 토대로 하면서 현대적 표현을 위해 발레기법을 차용하고 있다. 춤의 대형은 대체로 앙상블을 기본으로 하고 있으며 음악은 대중가요나 혁명가요를 삽입하거나 반복기법을 사용하여 대중성을 확보하고 있다. 북한은 관객

금강산가극단 무용단원이 열연한 〈사과풍년〉 장면

이 이해하기 쉽고 친근함을 느끼는 작품을 창작함으로써 '전 인민의 주체사상화'란 목적을 이루고자 했고, 이렇게 창작된 예술작품을 통해 사회주의조국과 민족에 대한 사랑과 자긍심, 수령에 대한 충성심을 고취시키려고 했다. 때문에 무용작품의 구조와 형식 등을 의도적으로 규제하면서 선승시켜왔다.

북한이 고전적 명작무용으로 내세우는 4대 혁명무용 〈눈이 내린다〉, 〈조국의 진달래〉, 〈키춤〉, 〈사과풍년〉은 무용소품화 방침에 따라 창작된 작품이다. 김정일은 이 작품들이 명작무용이 되는 이유를 "항일유격대원들과 인민들의 숭고한 사상 감정과 혁명적인 생활을 진실하게 형상하였기 때문"이라고 했으며, "인민의 백절불굴의 혁명정신, 사회주의적 애국주의, 노동의 영예감 등 투쟁과 창조로 일관된 혁명적 생활이 아름답고 격조 높게 반영"되어 있기 때문이라고 했다. 즉 노동계급을 비롯한 인민대중의 사상감정과 생활을 진실하게 반영하면서 사상성,

음악성, 조형성을 갖추고 민족적 특성과 현대성을 구현한 사회주의적 전형으로 꼽히고 있는 것이다. 일반적인 춤의 개념에서 보면 오랜 시간을 나라와 민족을 대표하는 춤으로 레퍼토리화되어 전승되는 전통무용이나 클래식발레처럼 북한의 명작무용은 북한의 고전무용 또는 전통으로 자리잡고 있다 하겠다.

7. 북한에도 오페라가 있대요

일반적으로 '오페라'하면 음악을 중심으로 전개되는 종합무대예술 형식의 하나로 '가극'으로 번역된다. 한국에서는 1902년 협률사에서 이루어진 창극 〈춘향전〉 이래 수많은 가극형식의 작품들이 발표되었고 오늘날에도 〈오페라의 유령〉, 〈명성왕후〉 등의 현대적인 작품들이 장기간에 걸쳐 관객의 사랑을 받았으며, 2005년 평양공연을 가진 민족가극 〈금강〉이나 〈청동단검〉과 같이 민족의 역사적 설화나 사건 등을 소재로 민족의 자존과 사명을 담아낸 작품들이 있다.

북한에서는 '오페라'란 용어보다는 '가극'이란 용어를 선호하여 사용한다. 물론 외래어를 가능한 사용하지 않는다는 주체의식 때문이기도 하겠지만 서구의 오페라와 구별되는 독창적인 장르로서의 가치와 국가의 방침을 적극적으로 반영하는 목적성을 강조하는 의미에서 오페라 보다는 '가극'이라는 북한식 표현을 중시하고 있는 것이다.

노래·음악·연극을 기본 형상수단으로 하는 종래의 가극에서 무용이 극의 흐름을 파악하는데 큰 역할을 하지 못하는 삽입물에 지나지 않았다면, 북한에서 내세우는 가극무용이란 가극에서 인물의 내면세계를 그리며 주체사상을 명확히 보여주는 무대형상에서 반드시 필요한 구성부분을 이루는 무용을 말한다. 이러한 가극무용의 출현은 기존의 음악극 중심으로 흘러오던 틀을 깨고 가극과 무용 분야의 새 지평을 열었다고 한다. 가극무용은 극과 밀접히 결합되어 노래나 대사, 연극적 행동으로 형상하기 힘들거나 형상적 효과성이 부족한 장면에 필수적으로 삽입되어져야 할 무용이다. 혁명가극 〈피바다〉에 나오는 〈백두산 춤〉, 〈어머니의 꿈장면〉, 〈총동원가춤〉 등이 그 본보기이다.

우리에겐 좀 부담스러울 정도로 무거운 단어인 '혁명'은, 북한에서는 가장 영예롭고 가치 있는 위대한 단어로 쓰이며, 특히 김일성 부자의 일대기를 다루거나 수령에 대한 충성심과 공산주의자의 영웅성을 부각시킨 문학예술작품에 덧붙여지기도 한다. 북한에서 '가극'이라는 용어는 단독으로 사용되기 보다는 '혁명가극'이나 '민족가극'처럼 작품의 소재와 기법을 파악할 수 있는 용어와 결합되어 사용하고 있다.

1947년 민족가극이 처음 창작된 이래 북한은 독창적인 가극예술을 발전시키기 위한 방법모색에 힘썼고 그 노력의 결실을 70년대에 보게 된다. 북한의 문화예술정책에 따라 창작된 혁명가극 〈피바다〉가 1971년 7월에 첫 공연을 가졌고, 이어 〈꽃파는 처녀〉가 바로 무대에 오른 이후 〈밀림아 이야기하라〉, 〈당의 참된 딸〉, 〈금강산의 노래〉가 연이어 창작됨으로써 70년대 전반기에 가극예술의 전성기를 이끌어내었다. 그 이전에도 이후에도 없던 가극예술의 왕성한 창작활동이 이 시기에 집중적으로 이루어졌다.

혁명가극이란 1930년대 항일투쟁시기에 김일성이 직접 각본을 썼다는 연극을 1960년대 말부터 김정일의 지도하에 다시 가극으로 각색한 작품을 일컫는다. 모든 대사를 '절가화'된 노래와 '방창'과 관현악으로 구성하고, 아름다운 민족무용과 '흐름식 입체무대'를 엮어 혁명가극이 창조되었다면, 가극무용은 가극에 무용을 배합하여 볼거리를 제공하고 주인공의 주체이념을 부각시키는 효과를 높이는데 기여함으로써 〈피바다〉식 가극무용의 장르가 탄생한 것이다. 결국 혁명가극이나 가극무용의 창조는 문학예술을 주체의 요구에 맞게 철저히 혁명화 하고자했던 북한 조선노동당의 문예방침에 따른 결과물이다.

〈피바다〉식 가극무용의 미학적 특징은 주인공의 운명과 밀착되어 전개되면서 투쟁 속에서 성장하는 인간의 정신적 풍모와 참다운 생활을 힘있게 그려 보인다는 것과 가극에서 무용이 극에 종사하면서 하나의 독자적인 작품으로 그 자체가 높은 사상예술성을 지닌 훌륭한 무용작품으로 형상화 되고 있다는데 있다.

한편 민족가극이란 광의의 개념에서 보면 모든 민족국가를 단위로 하여 창작되는 가극을 말하지만, 북한에서는 보다 좁은 의미에서 사용되고 있다. 흔히 판소리음조로 구성된 창극 또는 레치타티브(recitative) 라는 가창법을 이용하는 종래의 오페라와 구별되는, 서도민요를 바탕으로 하는 가극을 민족가극이라고 부른다. 오늘에 있어서의 북한의 '민족가극'은 김정일이 '조선민족제일주의'를 주창하면서 "민족적 형식을 바탕으로 현대적 미감에 맞는 작품을 창작할 것"을 지시하면서 붙여진 것이다.

북한의 민족가극으로는 항일유격투쟁을 주제로 한 〈햇빛을 안고〉, 〈여성 혁명가〉, 〈무궁화꽃 수건〉, 천리마시대의 현실을 약동적으로 그려낸 〈붉게 피는 꽃〉, 그 밖에 오늘날에도 공연되고 있는 〈금강산 팔선녀〉나 〈춘향전〉 등을 대표작으로 꼽을 수 있다. 이러한 민족가극의 양식적 특성과 창작과정에서 이룬 성과와 경험들은 오늘날의 〈피바다〉식 가극을 발전시키는 토대가 되었다는데 그 의의를 두고 있다.

8. 무용조곡은 무엇인가요?

무용조곡(舞踊組曲)이란 여러 개의 무용소품을 묶어서 하나의 일관된 주제를 표현하는 형식을 말하며, 무용소품은 5분 내외의 짧은 작품으로 무용형식에서 가장 기본단위를 이룬다. 조곡형식의 작품은 개별적인 작품들로만 엮은 것과 주인공을 설정하여 그의 생활을 따라가며 개별적인 작품들을 엮은 것이 있다.

전자의 대표적인 작품으로 조선의 풍습을 사계절에 맞추어 엮어낸 〈세절의 노래〉와 역사적인 사건을 민속무용으로 엮어낸 〈평양성 사람들〉이 있으며, 후자는 천리마시대에 진취적으로 근로하는 인민의 생활상을 담아낸 〈천리마〉 등이 있다. 짧은 시간 내에 생활의 한 측면을 표현하는 무용소품과는 달리 무용조곡은 생활의 이모저모를 독무, 쌍무, 3인무, 중무, 군무 등 여러 형태의 작품으로 다양하게 표현하지만 작품에서 보여주고자 하는 일정한 주제를 따르면서 그 하나하나가 소품의 형태로 형상되는 독자성을 지닌다. 즉 독자적인 개별 작품들을 엮어 하나의 주제를 보여주는 무용형식인 것이다.

무용조곡의 시원은 1960년에 국립무용극장에서 창작한 〈시절의 노래〉에 있는데 이 작품은 민속놀이를 엮어 만든 것으로 고석상 대본에 리석 작곡, 안성희 안무로 창작되었다. 이후 30년이 지난 1992년 말, 피바다가극단의 작품 〈계절의 노래〉를 비롯해 〈군민의 노래〉와 〈장군님 받들어 군민은 한마음〉 등이 창작되었고, 1996년에는 국립민족예술단이 〈평양성 사람들〉을 창작·발표하였다.

9. 북한춤에서 작품의 기본단위는 무용소품이랍니다

무용소품이란, 5~7분 정도의 짧은 시간 내에 함축된 춤언어로 주제를 표현하는 하나의 완결된 형식을 갖춘 무용을 말한다. 북한은 무용예술이 소품을 기본으로 할 때 무용으로서의 고유한 특성을 살려 인민의 다양한 생활을 형상할 수 있으며, 조선노동당의 정책적 요구를 기동적으로 반영하고 무용조곡과 같이 규모가 큰 형식의 무용작품을 만들어내는데도 유리하다고 했다. 무용소품은 묘사대상의 특성과 주제에 따라 독무와 쌍무, 3인무, 4인무, 5인무, 군무 등으로 이루어지며, 내용과 구성은 간단하고 간결하고, 춤동작은 음악에 철저히 의거하여 특색 있게 창작하는 것을 원칙으로 한다.

북한의 대표적인 명작무용들은 모두 무용소품 형식으로 이루어진 것으로 최종 목표는 사람들을 혁명화시키는 데 있다. 김일성과 김정일에 대한 충성심과 노동계급의 생활상을 반영한다든가, 사회주의적 성격을 담고 있는 민속무용을 소품화시켜 대거 창작함으로써 북한은 다양한 형식의 무용예술을 발전시키는 기초를 다져왔다.

대표적인 무용소품으로는 4대 명작무용을 비롯하여 노동계급의 생활을 반영한 〈강선의 노을〉, 〈비단실 뽑는 처녀〉, 〈쇳물은 흐른다〉, 〈천리마 단조공〉, 〈건설자의 영예〉 등은 사회주의적 생활상을 잘 보여주는 소품작품들이며, 현대적으로 재창조된 민속무용으로는 〈3인무〉, 〈부채춤〉, 〈달맞이〉, 〈쟁강춤〉, 〈북춤〉, 〈칼춤〉, 〈돈돌라리〉 등이 있다.

10. 맺으며

오늘날 한국에서 추어지는 다종다양한 유형의 무용작품들을 보면, 전통부터 추상적인 창작춤까지 누구나 쉽게 이해할 수 있는 춤이 있는가 하면 전문가조차도 이해하기 어려운 춤들이 무대를 장식하고 있다. 그러나 그 많은 춤들 가운데 민속에 바탕한 춤을 본다면 얼마든지 북한과의 교류가 가능하며, 그 외의 다른 형식과 내용을 담은 춤들도 충분히 만남을 시도해 볼 수 있다고 본다. 그것은 바로 북한을 로컬의 입장에서 바라본다는 전제하에서이다. 북한의 혁명무용은 영웅적 이야기를 담은 한국의 무용극들과 매치될 수 있으며, 민속춤은 한국의 무대화 된 전통춤들과 매치된다는 입장에서 로컬적 만남이 가능할 것이다.

한국에는 현재 조선춤을 전문으로 하는 소규모 단체들이 늘고 있다. 탈북자 단체도 있고 재일조선인유학생 단체도 있고, 또 한국의 공인기관에서도 조선춤을 배워 무대에 올리는 경우가 종종 있다. 그만큼 우리는 서로가 만나고 싶어 하지만, 그 방법과 수용에서는 매우 서툴다. 한국에서 추어지는 조선춤을 인정하고 수용하지 않을 수 없듯이 이제는 북한 본토에서 추어지는 춤을 로컬리티를 담보한 춤으로 보고 한반도의 민족춤의 한 부분으로 수용하고 인정해야 할 시점에 와있다.

'로컬리티(locality)'의 진정한 개념은 '각자가 로컬이면서 주인공이 되는 것이되, 상호 관계나 지배나 착취적인 관계가 아니라 대등하고 우호적이고 서로 우애로 연결된, 그래서 모두 풍성하고 풍요롭게 되는 그런 관계'라고 고려대의 강수돌 교수는 주장한다. 그는 이를 토대로 로컬 고유의 특성들이나 동태적인 과정들을 창의적으로 잘 살려내는 것, 바로 그것이 '로컬공동체'라고 주장한다. 우리는 지금껏 세계화라는 이름으로 소위 미국과 유럽을 선진국으로 삼아 그들과의 동일시를 통해 문화예술을 선진적으로 발전시켜왔다고 자부하고 있다. 안과 밖, 내부와 외부, 강자와 약자, 도시와 시골, 중심과 주변이라는 이분법적 사고로 상대를 재단하고 평가하는데 길들여지는 메커니즘 속에서 살아왔다.

우리는 '지금-여기서' 남북 호상 간에 이루어온 문화예술을 인정하고 외부의 기준이 아니라 내부의 기준으로 파악함으로써 통일을 지향하는 새로운 공동체 의식을 생산해야 한다. 사실 각각의 문화예술을 그 사회와의 관련 속에서 파악한다면 인정하지 못할 것은 없으며, 또한 어느 나라의 문화예술이든 옳고 그름으로 판단할 수 있는 것도 없고, 내 것이 최고라고 생각해서도 안되는 것이다. 각각 그 나름의 이유를 근거로 확립하고 발전시켜온 문화예술인 것이다. 남북의 춤 역시 다를 바 없다. 혁명이나 민족이나 애국, 이런 단어가 북한에만 있는 것은 아니다. 한국의 춤에서도 얼마든지 찾아볼 수 있다. 다만 어떤 용어를 사용했는지, 그 춤의 기능이 어디에 있는지에 차이가 있을 뿐이다. 북한은 예술이 인민을 교양하고 혁명관을 갖게 함으로써 공산사상으로 무장시키는 공적 목적을 위해 기능하고 있다는 것이 우리와는 조금은 다른 것 뿐이다.

'가리라 백두산으로' 노래에 맞추어 춤(군중무용)을 추는 북한의 청춘남녀

그동안 닫힌 시야와 편협하고 경직된 사고에서 조금만 시각을 바꾸면 남북의 예술은 결국 민족이라는 울타리 안에서 만날 수 있는 '지역과 지역'의 만남일 수 있다. 한국에 영남춤, 호남춤, 경기춤이 있듯이 북한 춤도 우리춤의 일부일 뿐이라고 본다면 마음 속 경계는 달라질 것이다.

남북 상호의 만남이나 교류는 국가 간의 의도와 목적에 의한 것이 아니라 민족 간의 교류를 의미한다. 때문에 북한의 주체적 무용예술도 더 이상 북한만의 무용문화가 아니라 "우리 민족의 무용유산"이 될 수 있는 것이다. 이는 정치적 이데올로기의 차원을 넘어 북한의 무용문화도 광의의 의미에서 현대 한민족의 무용문화에 포함시켜야 하는 시대적 흐름을 반영하는 것이다.

무용문화와 무용예술인의 상호교류와 이해는 서로의 사회문화를 지배하는 정치적 이데올로기를 포함하여 다양한 문화예술에서 대화 창구의

한 대안이 될 것이다. 또한 북한무용에 대한 이해는 주체사상과 사회주의 예술의 창조원칙에 대한 깊은 이해를 기초로 해나가야 하며, 외래 무용문화의 일방적 유입을 통제하면서 독자적으로 해석하여 발전시켜 나가는 인민 중심의 민족적 조선무용을 민족의 주체성 고수라는 측면에서 외압으로부터 유지, 발전할 수 있도록 협력해 나가야 할 필요가 있다. 이런 관점에서 이 글이 북한무용의 실체를 이해할 수 있는 기초자료가 되었으면 하는 바람이다.

남북 문화예술 교류

만남이 통일이다

이철주 · 문화기획자

1. 들어가는 글

남북은 분단 72년이 되었지만 사회문화 교류의 역사는 1985년에 비로소 시작이 되었다. 그나마 그것이 제도적으로 정비가 된 것은 2005년이다. 정부는 2005년 제정한 '남북관계발전에관한법률'에 따라 5년마다 남북관계발전기본계획을 수립하고 있다. 이 법의 제8조에서는 "민족 동질성 회복을 위해 정부는 사회문화 분야의 교류협력 활성화"를 명문화하고 있으며, 동법 제13조에서는 "남북관계발전기본계획의 수립"을 규정하고 있다. 1차 기본계획은 노무현 정부 시절인 지난 2007년 11월 처음으로 만들어졌다.

남북정상회담에서도 사회문화 교류가 의제에서 빠진 적이 없다. 남북 분단 이후 최초의 남북정상회담이었던 6.15 남북공동선언은 2000년에 있었다. 여기서 남북 정상은 제1조에서 "남과 북은 나라의 통일문제를 그 주인인 우리민족끼리 서로 힘을 합쳐 자주적으로 해결해나가기로 하였다"고 방향성을 규정하고, 제4조에서 "남과 북은 경제협력을 통하여 민족경제를 균형적으로 발전시키고 사회, 문화, 체육, 보건, 환경 등 제반 분야의 협력과 교류를 활성화하여 서로의 신뢰를 다져 나가기로 하였다."고 교류의 원칙을 선언했다.

2차 정상회담은 2007년 10월에 있었다. 10.4 남북공동선언에서 남북 정상은 "쌍방은 우리민족끼리 뜻과 힘을 합치면 민족번영의 시대, 자주통

북한 국가우표발행국에서 발행한 9월 평양 정상회담 기념 우표. (조선의오늘)

일의 새시대를 열어나갈 수 있다는 확신을 표명하면서 6.15공동선언에 기초하여 남북관계를 확대·발전시켜 나가기"로 하였으며, 제6조에서 "남과 북은 민족의 유구한 역사와 우수한 문화를 빛내기 위해 역사, 언어, 교육, 과학기술, 문화예술, 체육 등 사회문화 분야의 교류와 협력을 발전시켜 나가기로 하였다."고 밝혔다.

제3차 정상회담은 2018년 4월 27일 판문점 평화의 집에서 열렸다. "양 정상은 냉전의 산물인 오랜 분단과 대결을 하루 빨리 종식시키고 민족적 화해와 평화번영의 새로운 시대를 과감하게 열어나가며 남북관계를 보다 적극적으로 개선하고 발전시켜 나가야 한다'는 확고한 의지를 밝히며, 제1조에서 "남과 북은 남북 관계의 전면적이며 획기적인 개선과 발전을 이룩함으로써 끊어진 민족의 혈맥을 잇고 공동번영과 자주통일의 미래를 앞당겨 나갈 것이다."라고 천명하였다. 그리고 제1조 4항에서 "남과 북은 민족적 화해와 단합의 분위기를 고조시켜 나가기 위하여 각계각층의 다방면적인 협력과 교류 왕래와 접촉을 활성화하기로 하였다. 안으로는 6.15를 비롯하여 남과 북에 다같이 의의가 있는 날들을 계기로 당국과 국회, 정당, 지방자치단체, 민간단체 등 각계각층이 참가하는 민족공동 행사를 적극 추진하여 화해와 협력의 분위기를 고조시키며, 밖으로는 2018년 아시아경기대회를 비롯한 국제경기들에 공동으로 진출하여 민족의 슬기와 재능, 단합된 모습을 전 세계에 과시하기로 하였다."고 선언하였다.

정부는 2020년 4월 제3차 남북관계발전기본계획 중 2020년도 시행계획을 발표하였다. 이중 남북 교류협력과 관련해 1) 다양한 분야에서 남북간 교류협력 지속 추진 2) 분권·협치 기반 지자체와 민간 교류협력 지원 3) 남북 공동행사, 스포츠 교류 등 사회문화 분야 협력사업 재개 4) 지자체·민간과 함께 현장 중심의 분권·협치형 교류협력 기반 구축 5) 남북 협력사업의 제도적 기반 조성을 밝히고 있다.

가장 효율적인 남북관계 개선의 지름길이라고 할 수 있는 남북의 문화예술 교류는, 남북 화해와 협력 분위기 조성 등 한반도 긴장 완화와 민족문화의 이질성 완화 및 민족문화의 동질성 확인에 기여한다. 또한 상호 신뢰 기반을 구축하는 데 큰 역할을 한다. 더 나아가 민족의 문화 정체성을 확보할 수 있어 통일 전후에 사회 공동체를 안정화시키는 데 대단히 유효하다.

따라서 본 글에서는 남북 문화예술의 교류사를 통사적으로 살펴보고자 한다.

2. 이승만/박정희/전두환 정부 시기 (1945년~1988년)

이승만 정권은 권력을 잡고 유지하기 위해, 박정희 정권은 정권을 장기화하고 독재를 강화하기 위해 안보와 반공을 집권 이데올로기로 활용하면서 남북은 적대적 관계로서만 존재하였다. 정권을 찬탈한 정두환 정권 역시 그 기조를 유지하였다. 다만 예외적으로 남북적십자간 합의에 따라 예술공연단 교환 공연이 성사가 되었는데, 이것은 1984년 9월 한국의 중부지방에서 발생한 수해에 대해 북한에서 한국에 수재민 구호품을 보내주겠다는 제의를 정부가 수용한 결과였다.

이 기간에는 북한이 '대남호소문' 형식을 빌려 교류를 제안했다. 1)1957년 남북 언론인 교류 2) 1958년 제17차 올림픽 대회를 위한 단일팀 구성 3) 1965년 인민배우 박영신의 남북공동 영화 제작 및 연극 경연대회 개최 4) 1966년 북한 언어학자 홍기문의 기자 교류 및 조류학자 원홍구의 과학자 교류가 대표적인데, 정부는 정치 선전적 목적이라고 판단해 제안을 거절했다.

그래도 인도적 교류는 명맥은 유지하고 있었는데, 남북적십자간 대화가 그것이다. 자유 왕래와 상호 방문 등을 목표로 한 남북적십자 회담은 1971년 9월에 시작이 되었다. 실질적인 진전은 없다가, 1984년 9월 수해로 한강이 범람하자 북한은 수재민 구호품 지원을 제안했고, 한국이 수용함으로써 재개가 되었다. 실제 북은 쌀 5만 석과 천 50만 미터, 시멘트 10만 톤, 기타 의약품을 지원했다. 이에 힘입어 1985년 9월 〈남북 이산가족 고향방문 및 예술공연단 교환 방문〉이 최초로 실현이 되었다. 이때 공연 내용과 관련해서 "공연은 민족 전통 가무를 중심으로 하되 공연 시 사회자는 정치성을 배제하고 상대방을 비방 중상 자극하지 않는 원칙 하에 공연 종목만을 소개한다"고 상호 합의를 하였다.

1985년 9월 21일과 22일에 국립극장 대극장에서 열린 평양예술단의 공연 연목(repertory)은 아래와 같다. 무용 〈금강선녀〉, 여성 이중창 〈노들강변〉 〈조선팔경가〉 〈도라지타령〉, 손북춤 〈풍년 든 벌판에서〉, 가야금 독주 〈봄〉, 무용 〈달맞이〉, 남성 사중창 〈양상도〉 〈까투리타령〉 〈웃음꽃이 만발했네〉, 무용 〈칼춤〉, 장새납 독주 〈그네뛰는 처녀〉 〈풍년든 금강마을〉, 무용 〈삼인무〉, 무용 〈샘물터에서〉, 여성 사중창 〈모란봉〉 〈새봄을 노래하네〉 〈뻐꾹새〉, 무용 〈쟁강춤〉.

이 공연에 대해서는 부정적인 의견이 대부분이었다. 핵심적인 내용은 전통을 훼손하고 서양화를 추종했으며, 전체주의에 매몰되어 예술을 왜곡했다는 것이다. "장단조의 가락을 하프처럼 연주하니 가야금의 진면목은 사라졌다"(한만영). "전통무용에서 기본적으로 당연히 발의 뒤꿈치부터 닫는 것이 전통법인데도 불구하고 그들에겐 어느 한구석도 그런 바탕을 찾아볼 수가 없었다"(문일지). "이것은 전통의 현대화라기 보다는 주체성 이념의 경직화된 기계적 운영에서 결과된 전통의 비하, 전통의 기형화, 전통의 말살 이외에 아무것도 아니다"(김려수). "북한 공연을 본 대부분의 관객들은 북한의 공연예술이 생각보다 더 유치하고 신파조의 통속성에 머물러 있다고 입을 모았다"(정중헌).

다만 높은 기량과 숙련도를 지니고 있으며 앙상블이 좋다는 것 정도가 인정이 되었을 뿐이었으며, 공연 프로그램에서 정치색이 배제되었다는 것에 호응을 받았다. 그나마 회자만 되던 북한의 흐름식 무대와 그들만

1985년 9월 국립극장에서 공연하는 북한 예술단 (e영상역사관)

의 독특한 창법인 민성(民聲), 서양식 음계를 도입해 배합관현악을 안착시키는 데 결정적인 기여를 한 전통 개량악기의 연주를 직접 확인할 수 있었던 것이 의의로 남았다.

같은 기간에 평양대극장에서는 한국 예술단의 공연이 개최가 되었다. 동년 5월에 급조한 서울예술단의 공연은 오프닝, 1부 '겨레의 맥박', 2부 '2천년대를 향하여'로 구성이 되었으며, 그 프로그램은 다음과 같다. 개막무용 〈북소리〉, 민속무용 〈태평성대〉〈승무〉, 민요합창 〈울산 아가씨〉〈잦은 산타령〉, 창작무용 〈꽃보라〉, 가곡 〈사공의 노래〉, 창과 민속무용 〈강강술래〉, 민속무용 〈봉산탈춤〉〈부채춤〉, 재담 〈고향가는 길〉, 현대무용 〈겨레의 갈망〉, 가요 〈눈물 젖은 두만강〉〈불효자는 웁니다〉, 가요 합창 〈아리랑 목동〉〈신고산 타령〉〈고향만리〉〈서울의 찬가〉, 가요 〈찔레꽃〉〈꿈에 본 내 고향〉〈삼다도 소식〉, 현대무용 〈2천년대를 향하여〉, 가곡 〈그리운 금강산〉, 민속무용 〈농악〉, 전원 합창 〈아리랑〉. 분단과 실향의 아픔을 딛고 미래로 나아가는 주제 의식은 1부와 2부 사이에 위치한 재담에서부터 본격화하였으며, 이 과정에서 한국의 발전상을 보여주겠다는 의도는 체제 선전이라는 거친 항의를 불러왔다.

이 공연에 대해서 북한의 평은 극단적인 불신과 통렬한 비판이 주를 이루었다. 전통예술의 봉건성에 대해서는 정봉섭이 "복고주의적이며 퇴폐적인 음악이라며, 우리 시대 인민들의 미감에 맞지 않는 옛날 봉건시대의 음악을 그대로 들고 나왔다"고 지적했다. 로동신문에서는 "그들의 몸에 밴 것은 조선민족무용의 춤체가 아니다… 마치 외국인이 조선춤을 추는 것 같은 인상을 자아내여 불쾌감을 금할 수 없게 하였다"고 혹평을 하였다. 여성 노출과 성적 묘사 등에 대해서는 서양문물의 무분별한 수용과 이에 기인한 퇴폐성에 대해서는 특히 격렬한 비판이 있었다. 남보원과 백남봉의 재담의 경우에는 모멸감과 극도의 불쾌감을 드러내기까지 했다. 이에 대해 김기욱은 "재담에서 우리 인민의 조국통일에 대한 열망을 비속한 웃음으로 희화했는가 하면 저속한 언어와 기형적인 동작만을 골라가면서 작품을 형상하였기 때문에 보는 사람들에게 미적 감흥은 고사하고 오히려 불쾌감과 모멸감만을 주었다"고 적었다.

북한을 가장 자극한 것은 체제 선전의 의도가 엿보였다는 점이다. 박우영은 로동신문 기사에 '민족음악을 모독하는 혼혈음악'이란 글에서 "아리랑을 불렀는데 무대배경에는 난데없는 자동차 전시장이 비쳐졌다"며 선전적인 목적이 너무나도 노골적임을 지적했고, 송석환은 전문지인 〈조선예술〉에 '북남문화교류의 속심'이란 글에서 "대형 환등으로 비친 그림은 공연과 아무런 관계가 없는 선전용 화면이었다. 타령에 고속도로가 무슨 관계가 있으며 아리랑 합창에 고층 건물과 승용차 대열이 무슨 관계가 있는가"라며 정치적 의도를 경계했다. 레퍼토리에서도 〈서울 찬가〉나 반공 노래로 만들어진 〈그리운 금강산〉을 선정한 것부터가 문제였던 것이다.

결론적으로 이 교환 공연은 화합보다는 체제 경쟁의 연장선 상에 있었다. 이는 관이 주도하는 공연일수록 그 경향이 뚜렷할 수밖에 없다는 한계가 있었겠지만, 특히 처음 갖는 교환 공연에서는 그 적대성이 두드러지게 나타났다. 그럼에도 불구하고 실연을 통해 상대방의 예술을 접한 경험은 이후에 서로의 예술을 연구 및 학습하는 계기가 되었으며, 이질성을 극복하고 동질성을 찾아가야 한다는 화두를 남기는 유의미한 장이 되었다.

3. 노태우 정부 시기(1988년~1993년)

1987년 6월 시민항쟁을 겪으면서 출범한 노태우 정권은 1988년 7월 7일 '민족 자존과 통일 번영을 위한 대통령 특별선언'을 대통령 담화로 발표한다. 6개 항으로 된 이 선언의 내용을 보면, 남북 동포의 상호교류 및 해외동포의 남북 자유왕래 개방, 이산가족 생사 확인 적극 추진, 남북교역 문호개방, 비군사 물자에 대한 우방국의 북한 무역 용인, 남북 간의 대결외교 종결, 북한의 대미·일 관계 개선 협조 등이다.

'7.7선언'을 계기로 1990년 남북고위급회담 개최, '남북교류협력에관한 법률' 제정 등이 이루어졌다. 90년 8월에 남북교류를 실질적으로 지원하기 위한 남북협력기금이 조성이 되었으며, 1991년 12월 남북기본합의서가 채택되어 사회문화 교류협력이 제도화된 틀 내에서 추진되는 새로운 전기가 마련이 되었다.

특히 올림픽이 열린 1988년 10월27일에는 "월북 음악인들의 분단 이전 행보와 작품에 대한 해금 조치"가 있었다. 이에 북한의 문화예술 연구가 제한적이나마 시작이 되었고, 1990년 2월 정부는 '남북문화 교류의 5가지 원칙'을 마련하고, 통일부에 '남북교류협력 추진위원회'를 설치해 교류 문제를 심의 조정할 수 있게 되었다. 5가지 원칙은 다음과 같다. 1) 분단 이전의 우리 전통문화를 우선한다. 2) 승부 및 경쟁적 분야는 배제한다 3) 전통문화의 원형을 변형 및 훼손하는 표현 방식은 지양한다 4) 쉽고 작은 일부터 시작한다 5) 공동 실행을 위한 지속적인 노력을 경주한다.

본격적 교류는 냉전 해체의 훈풍이 불던 1990년대 초반 시작됐다. 1990년 9월 열린 제1차 남북고위급회담 이후 10월 서울전통음악연주단이 평양에서 '범민족통일음악회'(준비위원장 윤이상)를 열었고, 답례 형식으로 12월에 북한 평양민족음악단이 서울에서 '송년통일전통음악회'를 열었다. 이 공연은 85년 공연과 달리 민간 주도로 이루어졌다는 점이 달랐다.

범민족통일음악회는 "남과 북, 해외의 동포 예술가들이 함께 출연하는 음악회를 열자"라는 취지로 윤이상 작곡가가 준비위원장을 맡아 추진이 되었다. 그렇지만 방북 초청은 결국 북한 정부가 초청을 하는 것과 다름이 없어서 처음에 한국 정부는 불허의 입장을 밝히기도 했다. 이후 적십자사를 통해 김원균 조선음악가동맹 중앙위원회 위원장 명의의 초

1990년 12월 예술의전당에서 열린 '송년통일전통음악회' 모습(e영상역사관)

청장이 접수가 되면서 승인으로 방침이 바뀌었다.

당시 음악회 안내문에는 프로그램 구성 원칙을, 1) 북과 남, 해외에서 창작된 자주 평화 민족 대단결의 원칙에 기초한 조국통일을 주제로 한 작품과 민족애를 담은 작품 2) 우리나라 민요 3) 해방전 우리나라 대중가요로 밝히고 있다. 이에 한국 연주자들은 85년 공연과 달리 그 원칙에 부합하는 프로그램을 가지고 방북하였다.

1990년 10월19일 2.8문화회관에서 열린 서울전통음악연주단(단장 황병기)의 음악회 연목은 다음과 같다. 평시조 〈마음이 지척이면〉, 휘모리 시조 〈창 내고자〉, 가야금 연주 〈비단길〉, 창 〈엄마야 누나야〉〈고향의 달〉〈우리는 하나〉, 단소 연주 〈청성곡〉, 창 〈수심가〉〈엮음 수심가〉〈자진 난봉가〉〈사설 난봉가〉〈개타령〉, 대금연주 〈대금산조〉, 창 〈육자배기〉〈자진 육자배기〉, 판소리 〈심청가〉, 사물놀이 〈삼도농악가락〉.

85년 정부 주도의 공연 때와는 달리 북한의 공연 평은 우호적이었다. 주요 내빈 중에 한 명으로 추후 부총리 겸 문화예술부장에 오른 장철 문화예술부부장은 "남북의 음악에는 약간의 차이와 공통점이 모두 있지만, 음악의 흐름은 역시 같다"며, "민족적 넋과 우리 음악의 전통을 지키는 것은 간단한 일이 아니다. 깊은 관심을 가지고 보았다"고 총평을 내놓았다. 김원균은 "범민족통일음악회를 성과적으로 치르고 나서", 준박사 한영애는 "온 민족이 함께 부른 통일의 노래", 인민예술가 성동춘은 "하나의 민족음악으로 조국통일 성업에 이바지하자"며 호의적인 관람평을 〈조선예술〉에 기고하였다.

답방으로 내한한 북한의 평양민족음악단(단장 성동춘)의 공연은 12월 9일과 10일 이틀간 예술의전당과 국립극장에서 합동공연 형식으로 개최가 되었다. 프로그램은, 여성 5중창 〈민요연곡〉, 단소독주 〈중모리〉 〈안땅〉, 여성민요독창 〈능수버들〉 〈양산도〉, 여성민요 3중창 〈신고산타령〉, 남성민요독창 〈산청가〉, 혼성민요 5중창 〈희양닐리리〉, 여성독창 〈평북녕변가〉, 〈바다의 노래〉, 여성독창 〈해당화〉, 옥류금독주 〈도라지〉, 여성저음독창 〈통일의 길〉, 가야금독주와 병창 〈옹헤야〉, 민요독창 〈배따라기〉, 혼성민요제창 〈정방산성가〉 〈자진난봉가〉, 합창 〈우리의 소원은 통일〉이었다.

이 공연에 대해 국내 언론은 일제히 호평을 쏟아내었다. '목메인 합창'(매일경제), '통일의 화음'(동아일보), '흥겨운 국악한마당'(경향신문) 등의 제목으로 기사를 다루었고, "북남의 통일 열기가 조금도 다르지 않다는 것을 확인했다"는 성동춘 위원장의 소회를 기사화했다. 전문가의 평도 맥락이 다르지가 않았으며, 85년 공연 결과와는 완전히 다른 평가를 내리고 있다. 1) 북한의 전통음악 계승은 한편으로 서양음악 지향적이면서도 그 속에서 우리나라의 고유한 시김새와 정서, 질감 등 우리 음악의 맛을 드러내고 있음으로서 이질성만큼이나 동질성도 크다 2) 전통의 현대화의 측면에서 높이 평가할 만하다 3) 북한의 예술에 보이는 체제적응적인 경향성과 단정한 형식미를 지니고 있다. 4) 북한의 맑고 투명한 발성법은 북한 체제 자체가 맑은 소리를 선호할 뿐만 아니라, 맑은 소리로 이루어진 서도 전통음악의 특성에서 비롯한 것으로 보아야 한다 5) 가사 전달이 분명하였다.

반목과 적대적 평가가 주를 이루었던 85년 공연과 극명하게 달라진 공연의 위상과 평가는 무엇에 기인하는 것일까? 이는 정부 주도의 행사가 아니라 민간 주도로 이루어지면서, 통일지향적이자 민족적 연대에 방점이 찍혔기 때문이었다. 해서 상호 합의한 원칙을 준수했고, 따라서 연목들에 대해서 호응이 높았으며, 상대방을 먼저 배려하고 이해하자는 의지가 전제가 되었기 때문에 가능했던 것이다. 따라서 90년의 공연이 남북 문화예술 공연의 단초로 보아도 무방할 것이다.

그것을 상징적으로 드러낸 것이 바로 〈통일의 길〉이다. 현재까지 남북이 문화예술에서 합작으로 만든 유일한 창작곡이 바로 〈통일의 길〉이다. 남북 예술단의 단장을 맡았던 황병기와 성동춘이 공동 작곡하고 리성철이 작사한 노래 '통일의 길'을 북한의 승영희가 처음 불러 뜨거운 박수를 받았다. 마지막 공연에서 남북 출연진 2백47명은 손을 잡고 무대에 나와 '우리의 소원'을 불렀고, 이어지는 앵콜로 7번이나 연창을 해야 했다. 예술로 통일을 이루었다.

4. 김대중 정부 시기(1998~2003년)

남북의 사회문화교류가 본격적으로 시작이 된 것은 국민의 정부라 칭해지는 김대중 정부가 들어서고부터다. '햇볕정책'과 '평화공존'을 주창한 김대중 정부의 적극적인 관계개선 의지도 있었지만, 북한 역시 '고난의 행군'을 마치고 사회적 분위기를 일신해야 한다는 명분이 필요했다. 그 결과가 남북정상회담과 6.15공동선언으로 나타났다. 그 결과 다양한 분야에서 많은 교류가 이루어졌고, 북의 노래가 남에서 유행을 하고 심지어는 노래방에 북한의 가요가 등장하기까지 하였다. 문체부 통계에 따르면 1998년부터 2007년 11월 안성남사당 풍물단 평양 공연까지 공연예술 분야에서만 총 34건의 교류가 있었다. 1998년 11월 18에는 금강산 관광과 2000년 8월 9일 현대 아산과 북한의 아태위원회 및 민경련 간 '개성공업지구건설운영에 관한 합의서'를 체결하였다.

1998년 5월 리틀엔젤스 평양 공연(봉화예술극장, 만경대학생소년궁전)이 7년 동안 멈춰섰던 공연 교류의 물꼬를 튼 뒤 2000년 남북정상회담을 전후해 수차례 서울과 평양에서 교환 공연이 열렸다. 1999년 12월 평양 봉화예술극장 평화친선음악회에는 패티킴, 설운도, 최진희, 핑클, 젝스키스 등 세대를 아우르는 한국의 대중가수들이 최초로 대거 방북해 북한 가수들과 한 무대에 서기도 했다. 조용필은 평양에서 단독 공연을 가지기도 했다. 2000년 6.15정상회담은 정치·경제·사회·문화 전반에 걸쳐 남북교류의 본격적인 시작을 알렸다. 간헐적으로 있던 남북 예술 교류가 폭발적으로 늘어난 계기가 됐다.

1998년 11월3일에는 남북한 음악인들이 한자리에 모여 공연하는 "제1

회 윤이상 통일음악회"가 평양 모란봉극장에서 개막됐다. "각각의 연주로 서로의 기량을 뽐내기도 하고, 협연하거나 서로의 곡을 바꿔 연주해 화합의 기운을 북돋는 것"을 취지로 하였다. 인민예술가 김병화가 지휘하는 조선국립교향악단의 〈하프와 관현악을 위한 서주와 추상〉을 시작으로 서울연주단(최학래 단장) 박범훈 지휘로 최성환 작곡의 북한의 〈아리랑〉이 연주됐다. 이어 한국의 김덕수 사물놀이패의 〈풍물가락〉과 북한의 인민배우 조정미가 부르는 윤이상의 가곡 〈달무리〉, 〈통일아 통일아〉, 한국의 김현미와 안동혁의 〈바이올린과 콘트라베이스를 위한 현악2중주 '투게더'〉, 조선국립교향악단의 〈광주여 영원히〉가 차례로 공연됐다. 마지막으로 출연진과 관객들의 합창 〈우리의 소원〉을 끝으로 막을 내렸다.

이 연주회의 반응도 긍정적으로 나왔다. 김성률은 〈조선예술〉에 기고한 관람평에서 "음악회의 종목은 윤이상 음악, 조국통일 주제음악, 민족전통음악, 구라파 고전음악으로서 민족음악만을 하던 지난 시기의 통일음악회와는 다르게 구성되었다"며 " 민족의 조국통일 열망이 높아가고 있는 속에 북과 남의 예술인들이 한자리에 모여 조국도 하나, 민족도 하나, 음악도 하나라는 것을 굳게 확신하였다"고 밝혔다.

1999년에는 SBS와 MBC가 대중음악을 주로 하는 음악회를 평양에서 개최했다. 남북의 합동공연이라는 점에서, 특히 낯선 한국의 대중음악을 소개하였다는 것이 의의가 있었다. 다만 SBS의 경우는 대중가요에 무게를 두어서 북한 인민의 호응을 이끌어내는 데 실패한 반면, MBC의 경우에는 민중가요와 서정가요를 주로 해서 특히 남북의 가수가 앙상블을 이루게 하여 공감을 얻을 수 있었다. 당시의 출연진은 아래와 같다. SBS '2000년 평화친선음악회 로저 클린턴 평양공연'은 컨츄리뮤직을 하는 로저 클린턴 밴드와 핑클, 설운도, 최진희, 젝스키스, 태진아, 패티김이 참여했고, 북한에서는 김명순(부채춤), 석란희, 리순녀 외 중창단이 무대에 올랐다. MBC '민족통일음악회'는 신형원, 안치환, 김종환, 오정해, 현철, 코리아나가 출연했고, 북에서는 리경숙, 김광숙, 리분희, 렴청, 최광호, 전혜영이 나왔는데, 이때의 북한의 출연진은 최고의 인기 가수들이었다.

6.15정상회담 직전, 2000년 5월 24일부터 30일까지 평양학생소년예술단이 방남했다. 1998년 리틀엔젤스 평양공연 답방 형식이었다. 최휘 김일성사회주의청년동맹 비서를 단장으로 1백여 명이 방남, 예술의 전당에서 5회 공연을 열었고, 매회 2천여 명이 관람했다. 이어 5월 29일부터 6월 11일까지 평양교예단이 서울에서 공연했다. 'NS21'(회장 김보애)과 북한 조선아시아태평양평화위원회 합의에 따라, 김유식 평양교예단 예술부단장을 단장으로 1백여 명이 방남했다. 잠실체육관에서 11회 공연을 펼쳤고, 평균 1천 2백여 명이 관람했다.

6.15선언 발표 이후 8월 18일부터 24일까지 서울에서 남북교향악단 합동연주회가 열렸다. KBS교향악단과 조선국립교향악단은 KBS홀과 예술의 전당에서 4회를 공연했는데, 이 중 북한 단독 공연 2회, 남북 합동공연 2회로 진행됐다. 총 7천 4백여 명이 관람했다. 한국문화재단 초청으로 12월 11일부터 21일까지 재일 총련 소속이자 북한의 유일한 국립해외예술단인 '금강산가극단'이 서울과 부산에서 초청공연을 펼치기도 했다.

2001년 2월 1일 '춘양문화선양회'가 추진한 '춘향전'이 평양 봉화예술극장 무대에 올랐다. 남원시립창극단 창무극 〈춘향전〉을 선보였고, 그해 3월에는 서라벌국악예술단이 방북해 금강산 문예회관에서 창극 〈황진이〉를 선보였다. 4월에는 가수 김연자가 7일 평양 공연, 11일 함흥 공연을 가졌는데, 당시 김정일 국방위원장이 공연을 관람해 화제가 됐다.

2002년 8.15민족통일대회를 계기로 북한의 만수대예술단, 피바다가극단 등으로 구성된 예술단원이 방남해 코엑스 오디토리움에서 공연을 선보였다. 그리고 9월 20일에는 추석맞이란 명분으로 KBS교향악단의 평양공연이, 9월 27일에는 가수 이미자, 최진희와 윤도현밴드 등이 출연한 MBC특별공연이 동평양대극장에서 있었다. 2003년 8월 〈KBS 전국노래자랑〉이 평양 모란봉공원에서 열렸고, 10월에는 〈류경정주영체육관 개관기념 통일음악회〉가 개최가 되었다.

1998년	5월	리틀엔젤스예술단 방북공연, 평양봉화예술극장, 만경대학생소년궁전
1998년	11월	윤이상 통일음악회
1999년	12월	2000년 평화친선음악회, SBS
1999년	12월	민족통일음악회, MBC
2000년	5월	평양학생소년예술단 서울 공연, 예술의전당 오페라극장
2000년	8월	남북교향악단 합동연주회, KBS홀, 예술의전당 콘서트홀
2001년	2월	창극 춘향전 평양 공연, 평양봉화예술극장
2001년	3월	창극 황진이 공연, 금강산 문예회관
2002년	8월	8.15민족통일대회 북한 예술단 초청공연, 코엑스 오디토리움
2002년	9월	추석맞이 남북교향악단 합동연주회, 평양 봉화극장
2002년	9월	MBC 평양특별공연, 동평양대극장
2003년	8월	KBS 전국노래자랑, 모란봉공원
2003년	10월	류경정주영체육관 개관기념 통일음악회, 류경정주영체육관

5. 노무현 정부 시기(2003년~2007년)

노무현 참여 정부 시기도 남북 문화예술 교류는 일부 우여곡절이 있었지만 여전히 유지가 되었다. 2005년 6월 가극 〈금강〉 평양 공연, 8월 〈가수 조용필 평양 공연〉, 9월 뉴서울오페라단 창작오페라 〈아, 고구려-광개토대왕〉 평양 공연과 〈금강산 민속문화축전〉, 10월 제24회 〈윤이상음악제〉 평양 공연, 2006년 4월 금강산 〈윤이상음악회〉, 2006년 6월 〈금강산가극단 내한공연〉과 광주에서 열린 〈6.15통일대축전〉에 피바다가극단 내한, 2007년 〈금강산가극단 무용부 내한공연〉 등으로 이어졌다.

1994년 초연된 이래 꾸준히 방북 공연을 추진했던 가극 〈금강〉이 마침내 2005년 6월 16일 평양봉화예술극장에서 실현되었다. 신동엽 시인의 서사시를 문호근이 음악극으로 만든 〈금강〉은 2004년 '늦봄문익환목사 기념사업 통일맞이'에서 기획 추진되었으나, '조문 파동'으로 1차 좌절을 겪은 후에 2005년에 비로소 열리게 되었다. 동학혁명을 다룬 주제와 연기자들의 열정들에 호응한 북한 관객들의 기립 박수 속에 막을 내렸다. 현재 성남시의 주도로 평양 재공연을 추진 중이다.

이 기간 주목할 교류는 북한의 유일한 해외 국립예술단인 금강산가극단 내한공연이다. 이전 몇 차례 한국을 다녀갔지만, 한국의 초청자와 프로그램을 협의해 무대에 올린 최초의 공연이자, 지속적인 교류 사업의 전형을 보여준 사업이기 때문이다.

2006년 6월4일부터 8일까지 수원 경기도문화의전당 대극장과 올림픽

공원 올림픽홀에서 금강산가극단 창립 50주년을 기념한 내한공연이 열렸다. 무용가 최승희가 제주 4·3항쟁을 소재로 창작한 독무 〈풍랑을 뚫고〉를 국내 초연했다. 독무 〈평고춤〉, 독창 〈심장에 남는 사람〉, 장새납 독주 〈열풍〉, 북쪽의 4대 명작 무용 중 하나인 군무 〈키춤〉 등이 선을 보였다.

공연 외에도 교류를 위해 두 가지 부대사업이 있었다. 기념 음반 〈비약〉을 제작해서 합법적으로 북한 예술가들이 참여한 최초의 북한음반 출시가 성사되었으며, 한국예술종합학교 전통예술원을 방문해 학생 130여 명을 대상으로 북한의 민족예술에 대해 특강을 가졌다. 가극단 작곡가이자 인민예술가인 정상진이 조선민족음악에 대해, 안무가이자 인민예술가인 강수내가 조선민족무용에 대해 강연과 최승희가 만든 조선민족무용기본 동작을 시연 및 전습했다. 그리고 북측의 유명한 중편소설인 〈설죽화〉를 스토리로 한 댄스 뮤지컬 설죽화의 합작 사업에 대한 의향서를 체결하기도 하였다.

2007년에는 한국 초청자의 제안으로 기존 공연 방식과 다르게 조선춤을 특화한 무용공연 시리즈 공연을 개최하기로 합의하고, 금강산가극단 무용부가 10월에 국립중앙박물관 극장 용에서 내한공연 〈조선무용 50년-북녘의 명무〉 공연을 갖기로 하였다. 그러나 외교부가 내규를 들어 일반여권 발급신청 절차에 따른 여권발급 신청서 작성을 요구하면서 공연이 무산 되었다. 북한공민으로 의제된 총련계 동포들은 2000년부터 남북 문화교류 시 주재 공관에 '여행증명서발급신청서'를 작성, 제출하고 여행증명서를 발급받아 국내 방문을 지속해오고 있었으나, 외교통상부가 남북이 합의한 이러한 절차를 무시하고 추가적으로 진술서와 각서 등을 요구했기 때문이다. 이는 총련계 인사의 한국 방문을 통제하려는 정부의 일반적인 수단으로 주로 활용이 된 것으로, 서류 미제출이나 서류 심사 지연 등으로 입국을 막아왔던 것이다.

주최 측의 탄원과 청원 그리고 이를 수용한 통일부의 정책적 결정으로 해당 공연은, 〈조선무용 50년-북녘의 명무〉란 타이틀로 12월 22일과 23일 국립국악원 예악당에서 순연 개최가 되었다.

북한의 현대무용을 개척한 김락영(평양무용대학)의 〈도라지〉, 혁명가극 무용의 전형을 완성한 백환영(만수대예술단)의 〈꽃등놀이〉, 재일조선인의 가슴 아픈 역사를 담은 〈사랑의 치마저고리〉, 혁명무용을 이끈 홍정화(조선무용가동맹)의 〈북춤〉, 독특한 민족적 성격을 잘 반영하는 김해춘(왕재산경음악단)의 〈쟁강춤〉 등 북한의 대표적 안무가들의 작품들이 선보였다. 전설무용의 대표작 〈금강선녀〉, 북한의 4대 명작 중 하나인 〈사과풍년〉, 전설의 무용가 최승희의 작품을 재형상한 〈부채춤〉 등 민속무용과 지난 4월 평양에서 열린 봄친선예술축전 금상작인 〈설죽화〉 등 국내 초연작을 포함해 총 14작품이 무대에 올랐다.

북한 예술인 전문경연대회인 '2·16 예술상' 수상자인 공훈배우 최영덕이 특별출연해 장새납을 연주했는데, 이는 북한 공민으로서는 최초로 공식 독주음반인 〈열풍〉의 국내 출시를 기념한 것이기도 했다. 남북 문화예술 교류사에서 조선무용 최초의 단독 무대였던 이 공연은, 3회 전 회를 매진시킬 정도로 뜨거운 호응을 받았다.

2005년	6월	6.15통일대축전 가극 〈금강〉 평양 공연
2005년	8월	조용필 평양 공연, 평양 류경정주영체육관
2005년	9월	금강산 민속문화축전, 금강산
2006년	4월	금강산 윤이상음악회, 금강산문화회관
2006년	6월	금강산가극단 내한공연
2006년	12월	금강산가극단 무용부 내한공연, 국립국악원 예악당

6. 이명박/박근혜 정부 시기(2007년~2017년)

2007년 이명박 정부가 들어서고 남북 예술교류는 중단됐다. 바로 직전에 '10.4선언'이 발표됐지만, 이어 이명박. 박근혜 정부가 이전 정부의 인도주의적 대북정책을 비판하면서 남북관계는 얼어붙었고, 예술인들의 만남도 없었다. 2011년 9월 서울시향 음악감독인 정명훈 지휘자가 방북, 남북합동공연은 협의했지만, 2012년 3월 북한의 '은하수관현악단'이 파리에서 '라디오프랑스필하모닉'과 합동 연주하는 데 그쳤다.

2008년 7월11일 총기 사건으로 금강산관광이 중단이 되었다. 2009년 11월 대청해전과 2010년 3월 천안함 사건으로 남북 관계는 극도로 경색이 되었다. 2016년 북한의 4차 핵실험과 대륙간탄도미사일 발사 강행을 이유로 박근혜 정부는, 2003년 시작되어 남북경협의 교두보로 여겼던 개성공단을 일방적으로 폐쇄했다. 남북 교류의 암흑기였다.

다만 앞선 교류의 영향으로 북한 예술에 대한 연구가 심화가 되었으며, 교류의 결과로 획득한 많은 자료들이 성과물로 축적이 되면서 관련 논문과 도서들이 다수 발표가 되었다. 그리고 금강산가극단과의 합작 방식으로 북한의 음악을 다양하게 소개하는 음반이 통일부 허가를 받아 다수 출시가 되었다.

금강산가극단 음반 시리즈 사업의 첫 음반으로 공훈배우 최영덕이 북한 개량악기 장새납으로 연주한 독주음반 〈열풍〉을 시작으로, 소해금 등 민족기악곡집 〈소통〉, 리숙임이 연주한 고음저대 독주곡집 〈금강선녀〉, 목관악기 선곡집 〈들판에서〉, 평양 봄 예

술축전에서 금상을 수상한 가수 전명화의 북한서정가요 독창곡집 〈춘(봄)〉, 남성 성악곡집 〈기쁨의 노래안고 함께 가리라〉가 그것이다. 그리고 6.15 선언 10주년을 기념해 남과 북, 재일동포 음악인들이 통일에 대한 소망을 담아 만든 동요음반 〈길동무〉를 총련계 겨레동요애오회(김아필 회장)와 출시했다. 금강산가극단 내한공연의 제작자였던 문화기획자 이철주가 프로듀싱을 하고, 북한음악 연구자인 김지은이 기획을 했다.

직접적인 교류가 불가능하던 시절이었지만 간접적으로 혹은 우회하여 교류는 지속이 되었다. 이때 가장 두드러진 사건이 바로 유튜브를 통해 북한의 예술을 접할 수 있었던 것이다. 2005년에 창립된 유튜브 사이트는 2008년 1월부터 한국어 서비스를 시작했다. 여기에 북한은 공연 영

상과 조선중앙TV 뉴스와 다큐멘터리 영상 등을 올리기 시작했다.

북한에서 새 지도자의 시대가 열리면서 영부인 리설주에 대한 관심과 국보급 여성 밴드인 모란봉악단이 화제가 되면서 북한 콘텐츠를 접하는 이들이 급증했고, 이것은 북한 예술에 대한 편견과 선입관을 일정 부분 해소케 하는 데 일조를 하였다. 비록 초기에는 조롱과 부정적인 댓글이 난무하였지만, 노출된 컨텐츠의 양과 빈도가 늘어가면서 한국의 수용자 층의 인식 변화도 있었으며, 이는 삼지연악단과 은하수관현악단 그리고 모란봉악단과 청봉악단 등이 주도한 새로운 공연예술에 대한 이해를 가져오는 계기가 되었다. 가상의 사이버 속에서나마 작은 통일이 이루어지고 있다고 해도 과언은 아니다.

7. 문재인 정부 시기(2017년~현재)

박근혜 탄핵과 촛불의 힘으로 탄생한 문재인 정부에 거는 기대는 상당했다. 초기에는 특별한 반전의 조짐은 없었다. 그러나 2017년 핵무력 완성을 선언하며 남북 관계 개선 의지를 천명한 북한 지도자의 신년사가 발표되고 분위기는 급반전이 되었다, 평창동계올림픽이 계기가 되었다.

2018년 2월 현송월을 단장으로 한 삼지연관현악단이 강릉과 서울에서 방남 공연을 하였고, 4월에는 삼지연관현악단 방한 답례로 남북평화협력기원 평양공연 〈봄이 온다〉가 열렸다.
2018년에는 남북 정상이 3차례나 만났는데, 제1차 남북정상회담은 4월 27일 판문점 남측 평화의 집에서 공개적으로 열렸다. 제2차 남북정상회담은 5월 26일 판문점 북측 통일각에서 비공개로 진행이 되었다. 제3차 남북정상회담은 9월 18일 문재인 대통령의 평양 방문으로 이루어졌다. 문재인 대통령이 19일 평양 '능라도 5.1경기장'에 모인 15만 명의 평양 시민들을 상대로 한국 대통령으로는 사상 첫 연설을 하기도 했다. 아래는 그 연설문의 일부이다.

"평양시민 여러분, 북녘의 동포 형제 여러분, 평양에서 여러분을 이렇게 만나게 되어 참으로 반갑습니다. 남쪽 대통령으로서 김정은 국무위원장의 소개로 여러분에게 인사말을 하게 되니 더 감격을 말로 표현할 수 없습니다. 여러분 우리는 이렇게 함께 새로운 시대를 만들고 있습니다.

동포 여러분, 김정은 위원장과 나는 지난 4월27일 판문점에서 만나 뜨겁게 포옹했습니다. 우리 두 정상은 한반도에서 더 이상 전쟁은 없을 것이며 새로운 평화의 시대가 열렸음을 8000만 우리 겨레와 전 세계에 엄숙히 천명했습니다.

또한 우리 민족의 운명은 우리 스스로 결정한다는 민족 자주의 원칙을 확인했습니다. 남북관계를 전면적이고 획기적으로 발전시켜 끊어진 민족의 혈맥을 잇고 공동번영과 자주통일의 미래를 앞당기자고 굳게 약속했습니다... (중략)

평양 시민 여러분, 동포 여러분, 이번 방문에서 나는 평양의 놀라운 발전상을 보았습니다. 김정은 위원장과 북녘 동포들이 어떤 나라를 만들어나가고자 하는지 가슴 뜨겁게 보았습니다. 얼마나 민족의 화해와 평화를 갈망하고 있는지 절실하게 확인했습니다. 어려운 시절에도 민족의 자존심을 지키며 끝끝내 스스로 일어서고자 하는 불굴의 용기를 보았습니다.

평양 시민 여러분, 동포 여러 분, 우리민족은 우수합니다. 우리민족은 강인합니다. 우리민족은 평화를 사랑합니다. 그리고 우리민족은 함께 살아야 합니다.

우리는 5000년을 함께 살고 70년을 헤어져 살았습니다. 나는 오늘 이 자리에서 지난 70년 적대를 완전히 청산하고 다시 하나가 되기 위한 평화의 큰 걸음을 내딛자고 제안합니다.

김정은 위원장과 나는, 북과 남 8000만 겨레의 손을 굳게 잡고 새로운 조국을 만들어나갈 것입니다. 우리 함께 새로운 미래로 나아갑시다."

16년 만에 방남하는 삼지연관현악단의 공연은 최고의 화제였다. 북경에서 국가급 공연 몇 시간을 앞두고 철수를 결정한 모란봉악단의 단장인 현송월이 단장으로 내려온다는 것도 화제였지만, 처음 접하는 삼지연관현악단의 실체가 모호해서 더욱 큰 관심을 끌었다. 공연은 올림픽 개막 하루 전인 2월8일 강릉아트센터와 2월11일 국립극장 해오름극장에서 가졌다.

북한 지도자의 의중이 반영된 듯 이례적으로 삼지연관현악단의 내한 공연은 '만리마 속도'로 추진이 되었다. 남북 정상의 의지가 반영된 이번 공연은 북한 공연예술의 현재를 확인하는 자리가 되었을 뿐만 아니라, 진부한 무대이거나 체제 선동적인 공연으로만 치부되었던 북한 공연예술을 다시 보는 계기가 되었다. 또한 향후 남북 문화교류의 바로미터가 될 수 있는 뜻 깊은 자리였다.

북한에서도 그 반향은 대단히 커 보였다. 2월13일 이례적으로 김정은 위원장이 삼지연관현악단을 환영했고, 특히 16일 만수대예술극장에서 "귀환공연"도 초룡해 당 부위원장을 내빈으로 개최되었다. 북한 예술단의 시스템상 연간 순회공연을 시작하기 전에 준비된 공연을 최고 결정권자 앞에서 시연회를 열어 총화(평가)하는 데 삼지연관현악단은 김 위원장 앞에서 시연회를 개최했고, 예술단 외부 공연 최고의 평가라고 알려진 "귀환공연"을 가진 것을 보면 북한의 반응이 미루어 짐작이 된다.

"당중앙위원회는 삼지연관현악단이 민족의 통일 열망과 의지를 담아 남녘동포들도 뜨겁게 환영한 공연을 선사한데 대하여 높이 평가하였으며 관현악단의 창작가, 예술인들이 앞으로도 진취적이며 혁명적인 예술창조 활동을 힘 있게 벌여나가리라는 기대를 표명하였다"는 노동신문의 기사로도 그 정도를 확인할 수 있다.

그 성공의 중심에 북한 음악계의 막후 실세인 장룡식이 있었다. 공훈국가합창단의 단장이자 수석 지휘를 맡고 있는 인민예술가 장룡식은 1953년 신의주에서 출생했다. 피아노 연주를 익힌 어린 시절 평양음악무용대학(현 김원균명칭 평양음악대학)을 조기 입학해 처음에는 타악기를 전공하고 3학년 시기에 작곡학부로 전과한다. 여기서 레닌그라드음악대학을 나온 조길석 교수와 소해금 협주곡 〈피바다〉를 창작한 김덕모 교수, 재일(在日) 출신의 부호준 교수를 사사한다. 이때 동문 수학한 이들이 재일 출신의 국립교향악단 작곡실장 강수기와 작곡가 고수영, 작고한 국립교향악단 단장 장조일 등이다. 대학 과정을 마친 장룡식 지휘자는 1977년부터 6년간 러시아 차이콥스키 명칭 모스크바 국립음악대학 지휘과에서 유학했다. 장 단장은 녹음을 하면 NG가 없는 지휘자로 일찍부터 음악인들 사이에서 유명세를 탔다. 만수대예술단에 배치되어서 많은 곡을 창작하는 등 뛰어난 재능을 보였다. 그 결과 북한에서는 장 지휘자에게 중요한 과업을 맡기는데, 바로 보천보전자악단의 출범이었다. 김정일 음악정치의 결정판이라도 평가받고 있는 '혁신음악'의 성과인 신디사이저를 기반으로 한 신음악의 시대를 이끈 것이다.

1985년 하반기에 장룡식 지휘자는 기타, 베이스, 드럼 등 일단의 연주자들과 일본 나가노를 비밀리에 방문한다. 총련의 '방조'로 이루어진 도일의 목적은 바로 전자악단의 수준을 향상시키기 위한 연수 과정이었다. 이때 연수단으로 동행한 피아니스트가 바로 인민배우 김광숙의 남편인 전권이었다. 일본에서의 전수와 합숙연습을 통해 전자밴드와 자본주의 음악의 실상을 접하고 배운 장룡식 단장은, 귀국해 2년 여가 지난 1988년 9월9일 김정일 국방위원장의 초대 공연 형식으로 목란관에서 공연을 하게 되고, 여기서 큰 호평을 받은 이 연주단체가 바로 90년대 북한 음악의 최고봉에 섰던 보천보전자악단이다.

장룡식 단장이 일반에게 알려진 것은 2010년 조선국립교향악단 시절이었다. 당시 성과작은 대부분 장 단장의 작편곡으로, 당시 교향악단의 수준도 일취월장했다고 알려졌다. 곡뿐만 아니라 지금 인기 절정의 젊은 지휘자인 채주혁과 방철진도 직접 지도했으며, 이번에 동행한 윤범주 역시 은하수관현악단 해체 후 직접 공훈국가합창단에 캐스팅할 만큼 지휘자 육성에도 크게 기여하였다. 그래서 장 단장이 교향악단을 떠난 뒤에도 오랜 기간 장 단장의 집무실을 비워놓고 있었다는 일화가 한때 회자되기도 하였다.

뉴욕필 공연의 답방으로 추진된 조선국립교향악단 미국 공연의 책임자였고, 김정철의 에릭 클랩톤 영국 공연의 수행자로 활동할 만큼 지도자에게 신뢰를 받고 있는 장룡식 단장은 다시금 과업을 받는데 그것이 바로 공훈국가합창단의 재건이었다. 북한 음악의 새로운 패러다임을 연 전자악단의 약진 과정에 깊숙이 개입해 음악 전반적인 부분을 통솔 관리하던 장 단장의 공훈국가합창단의 단장 겸 수석 지휘자 발령은 "깜짝" 사건이었다. 당시 반주단 수준에 머물러 있던 국가공훈합창단의 관현악단 수준은 결국 정상급으로 올라 다시금 명성을 쌓았다. 물론 자매 예술단인 모란봉악단에 대한 지휘와 작곡에 대한 영향력도 여전하다.

노래 작곡을 하지 않는 작곡자로도 알려졌지만, 전체를 관장하고 조율하는 위치에서 탁월한 편곡 실력을 보여주고 있는 장룡식 단장의 대표적인 작품은 합창이 포함된 피아노와 관현악을 위한 대규모 편성의 〈사향가〉이다. 1986년 제4차 4월의봄 국제친선예술축전 개막식에서 김일진 지휘로 초연한 이 곡은 200여 명의 합창과 100여 명의 관현악단, 그리고 기타와 베이스, 드럼 등 전자밴드까지 포함된 편성에 현대적인 8비트 리듬을 도입해 당시 북한 음악계에 큰 반향을 불러일으켰다. 삼지연관현악단 내한 공연에서 선보인 금관악기에 재즈 화성을 도입한 이도 바로 장 단장이었다. 관현악곡인 〈발걸음〉, 〈더 높이 더 빨리〉, 〈매혹〉, 〈장군님 백마타고 달리신다〉 등과 피아노협주곡 〈김정일동지께 드리는 노래〉 등이 유명하다.

생전에 그를 매우 아꼈던 김정일 국방위원장은 2007년 3월 진행된 〈장룡식 창작음악회〉를 참관한 후, "지휘자의 자질과 능력에 따라 연주집단의 수준이 평가되며 음악 형상창조의 성과가 좌우"되며, "모든 창작가, 예술인들이 그의 진지하고 열정적인 창작기풍과 태도를 따라 배워야 한다"고 평가기도 했다. 이 창작음악회는 지휘자로서는 북한에서 최초로 열린 음악회이며, 김정일 국방위원장은 장룡식 지휘자를 위해 3번의 음악회를 마련해 주었다. 인민예술가인 장룡식 단장은 2017년에 육군 중장의 군사칭호를 수여 받았고, 당 중앙위원회 제7기 2차 회의에서는 현송월 단장과 나란히 중앙위원회 후보위원에 명단을 올리며 김정은 시대에도 최고의 위치와 권위에서 "음악가의 음악가"이자 "북한 음악가들의 종점"이라 불리고 있다.

이 장룡식 단장이 바로 김정은 위원장의 교시를 실무에서 지도한 결과가 이번 삼지연관현악단의 내한 공연이었고, 대외적으로 이 행사를 빛낸 이가 현송월 단장인 것이다. 여기에 무대감독 직함의 민요에 능한 작곡가인 인민예술가 안정호와 한국 노래에 해박한 윤범주 지휘자가 실무를 담당했다. 공훈예술가이자 모란봉악단의 부단장을 역임하고 2015년 모스크바 공연 때 청봉악단 가수들과 동행한 장정애가 성악과장으로, 공훈배우이자 만수대예술단 여성 중창조 출신으로 은하수관현악단을 운영 관리했던 김학순이 힘을 보탰다.

북한 음악의 명곡 대부분이 체제 선전과 지도자에 대한 송가의 범주에 있는 것은 북한 체제와 정치 시스템상 당연하다. 그리고 김정은 시대의 '열린' 음악정치는 여전히 그 힘을 발휘하고 있다. 특히나 정부 간 교류 행사는 과거에도 보듯 당연히 체제 선전의 역할을 수행해야 한다. 그러면서도 남북관계 개선의 상징적인 무대가 되어야 하고, 동시에 남남갈등도 고려해야 하는 현실을 반영한 구성과 연목(레퍼토리)이 이번 내한 공연이었다.

시작은 장룡식 지휘로 서곡 〈반갑습니다〉, 〈흰눈아 내려라〉, 여성 8중창 〈평화의 노래-비둘기야 높이 날아라〉, 경음악 〈내 나라 제일로 좋아〉가 연주가 되었다. 이어 윤범주 지휘로 여성2중창 〈J에게〉, 여성독창 〈여정〉과 지휘없이 가무 〈달려가자 미래로〉가 선을 보였다. 다시 장룡식 지휘로 현악합주와 여성독창 〈새별〉, 25곡의 국내외 유명한 곡을 메들리로 연주한 관현악 〈친근한 선율〉이, 윤범주 지휘로 10곡의 남측의 대중가요 메들리인 〈노래련곡〉이 뒤를 이었다. 끝으로 장룡식이 다시 나와 여성3중창 〈백두와 한나는 내 조국〉이 연주가 되었고 마지막으로 〈우리의 소원은 통일〉과 〈다시 만납시다〉로 마무리가 되었다.

국립극장에서 열린 공연의 마지막은 현송월이 대미를 장식했다. "평양에서 다 들리게 큰 박수를 부탁드린다"며 서울 공연 말미에 깜짝 등장해 확실한 팬 서비스를 한 현송월 단장이 불끈 쥔 주먹으로 통일을 외치며 부른 〈백두와 한나는 내 조국〉에 앞서 한 소회가 삼지연관현악단의 남측 공연의 의의를 갈음한다.

> "통일을 바라는 절절한 마음들이 이렇게 하나로 흐르고, 또 화해를 바라는 뜨거운 심장들이 이렇게 하나로 높뛰는 뜻 깊은 공연장의 무대막이 오래오래 닫겨지지 말고 이 밤이 새도록 통일의 노래가 울렸으면 하는 그런 마음입니다. 저는 이번에 2번에 걸쳐서 분단의 선을 넘어서 여기 남측으로 왔습니다. 오가면서 보니까 너무도 지척인 평양과 서울인데 너무도 먼 곳에 온 것처럼 이렇게 느껴지는 현실이 정말 안타깝습니다. 앞으로 통일의 그날이 우리 북과 남의 거리만큼이나 아주 가까운 시일 내에 우리 민족의 염원처럼 하루 빨리 이루어지기를 기대하면서 그런 꿈을 소중히 안아봅니다."

장룡식 지휘자의 기획력이 돋보인 부문은 역시 연목의 선정과 배치였다. 결론적으로 말하면 "새 시대의 빛나는 조국과 통일"을 노래한 것이다. 〈흰눈아 내려야〉로 지도자의 축복이 어린 새해를 인사하고는 〈비둘기야 높이 날아라〉에서 새 시대의 미래를 희망차게 노래했으며, 그 미래는 〈달려가자 미래로〉에서 밝힌 듯이 부강조국의 낙원이었다. 〈새별〉에서는 이 미래를 가능케 하는 지도자에 대한 흠모의 정을 보여주었다. 〈친근한 선율〉 연곡을 통해 한국을 시작으로 러시아, 미국, 유럽과 남미 등 전 세계를 돌고 돌아 〈빛나는 조국〉으로 마무리할 때는 소름이 돋을 정도였다. 그리고 〈백두와 한라는 나의 조국〉에서 통일을 노래함으로 해서 이번 공연의 테마가 무엇인지를 선명하게 드러냈다.

삼지연관현악단의 공연이 가지는 가장 의미 있는 부문은 관계개선과 교류 정상화를 위한 북한의 결단과 우호적인 태도였다. 이 부분을 극명하게 보여주는 것이 원곡이 가지고 있는 가사의 변경이나 가사를 제외한 연주였다. 예술을 통한 체제 선전이라는 '사회적 공익'인 북한 음악의 특성상 가사는 사상교양을 위해서 가장 중요한 위치를 점하고 있다. 그럼에도 불구하고 이번 실연에서 북한은 과감히 양보한 것인데, 이것은 최고 지도자의 결단이 없으면 불가능한 사안이라 더욱 그러하다. 대표적으로 〈백두와 한나는 내조국〉의 경우 '한나산'을 '독도'로, 국내에서는 금기시되는 지도자를 뜻하는 '태양 조선'을 '우리 민족'으로 바꾸어 부른 것이다.

84명의 연주단 구성은 일단 팝스 오케스트라인 삼지연악단을 기본으로 하여, 모란봉악단, 청봉악단, 공훈국가합창단, 만수대예술단 등이 참여했으며, 개량악기 일부를 포함한 부분 배합관현악 편성이었다. 특이

한 것은 새 시대를 이끌고 나갈 젊은 연주자를 대거 기용했다는 점이다. 그리고 당시 최고의 실력을 자랑했으나 불미스런 사건에 휘말려 해체된 은하수관현악단 출신의 아티스트가 다수 참가해 그 건재함을 보여주었다.

이 중 가장 주목을 끈 것은 단연 메인 보컬로 나선 김주향이다. 우리에게는 2000년 5월 남북정상회담 개최 축하무대로 열린 "평양학생소년예술단" 서울 공연에 7살의 최연소 단원으로 내려와 〈김치 깍두기〉를 능청스럽게 불러 일찍 알려졌고, 유튜브에서는 2010년 은하수관현악단의 신년경축음악회 동영상에서 〈까투리타령〉을 부르는 모습을 볼 수가 있다. 김주향은 유치원 1학년이었던 4살 때 이미 유치원축전 경연대회에서 독창 부문 1등을 차지해 천재성을 보여주었다. 이어 만경대학생소년궁전 성악소조에서 집중 교육을 받아 6살 때 소년궁전의 무대에 섰고, 이후 문화예술 영재교육기관인 '금성학원'에 진학했다.

금성학원 전문부(대학반) 시절에는 학교 무대에서 〈백두와 한나는 내 조국〉을 주로 불렀고, 선배인 리설주가 출연하지 않을 때는 대신해 〈청춘〉을 부르기도 했다. 2009년 3월 금성학원을 졸업하고, "NK POP"(북한가요)의 선두주자로서 보천보전자악단과 왕재산경음악단을 통합한 왕재산예술단 중창조에 입단, 특유의 발랄함과 매력적인 보이스와 탁월한 기량으로 스타의 반열에 오르게 된다. 이후 북한의 라이징 스타들이 모인 은하수관현악단의 게스트로도 활동한다. 이후 잠시의 휴식기를 거쳐 김주향은 청봉악단 중창조의 일원으로 화려하게 복귀하고 이번 내한 공연의 메인 보컬로 나서서 큰 주목을 받았다.

돌이켜보면 삼지연관현악단의 방남 공연은 '전투'를 방불케 했다. 김정은 위원장이 신년사에 평창동계올림픽 참가를 언급하고, 1월15일 판문점 남북 국장급 실무협의, 1월21일 사전 점검단 입국, 2월5일 김순호가 이끄는 23명의 예술단 선발대 육로 입국, 2월6일 만경봉호 입항, 그리고 2월8일과 11일 강릉과 서울 공연의 과정은 특수작전처럼 신속하게 이루어졌다. 이는 북측에서 교류와 소통에 대한 의지를 실천적으로 보여준 것에 다름 아니다.

그렇다면 '최고의 존엄'에 관해 '통 큰 양보'까지 불사한 북한의 이번 방한에 대한 화답은 남측의 몫이 될 것이다. 그렇지만 K-POP이 북한 사회를 바꾸고 심지어 체제 붕괴를 가속화시킬 것이라 믿는 논리에 근거해 북의 현실을 무시한 채 리허설도 없이 소녀시대 서현을 무대에 세워야만 했던 현 정부의 비문화적이고 형식적인 판단도 우려가 된다.

"노동자들이 쉽게 감상할 수 있도록 내용과 표현, 형태가 쉬워야 하며, 우리 인민의 사상 감정과 우리나라의 구체적 실정에 맞는 주체적 입장에서 창조 발전된 음악이어야 하며, 특히 가사가 잘 전달이 되어야 하며 선율이 고와야 한다"는 김정일 국방위원장의 〈음악예술론(1991년)〉에서 지적한 것처럼 '좋은 음악'에 부합하지 않아 배제되거나 비주류인 '연변가요'의 하나로 치부되는 K-POP을 여전히 남측을 대표하는 음악으로 간주하는 한 남북 문화예술 교류의 한계가 분명하기 때문이다. 역시나 답방 공연으로 열린 〈봄이 왔다〉 평양공연은 그다지 성과를 내지 못하고, 서로 간의 간극만을 확인시켜준 결과가 되었다. 북한 예술 시스템과 예술 미학 그리고 북한 인민의 감성 등을 이해하지 못해서 생긴 당연한 결과였다.

8. 미술 및 전시 교류

남북 최초의 미술 교류전은 1993년 동경에서 개최가 되었다. 이 해는 수십 년간의 군부독재가 끝나고 문민정부로 전환이 이루어진 첫해라는 점에서 정치적 변곡점이 되는 해이기도 했다. 동시에 문화적으로 가히 격변기가 되는 해이기도 했다. 임권택 감독의 〈서편제〉가 한국 영화 100만 관객 시대를 최초로 열었고, 유홍준 교수의 〈문화유산답사기〉가 100만부 이상의 판매고를 기록했다. 92년 등장한 '서태지와 아이들'은 새로운 세대의 신문화를 열었다. 이러한 시대적 흐름 속에서 분단 이후 처음으로 남북한 정부의 공식 승인을 얻어 이뤄진 남북미술교류전인 〈코리아통일미술전〉이 93년 10월 일본 도쿄에서 열렸다.

한국민족예술단체총연합(민예총)에서는 93년 8월 사단법인으로 전환한 이후 처음으로 여는 큰 사업이었기에, 단체 내 민족미술인협회(민미협) 주도로 통일미술전에 모든 역량을 동원했다. 한완상 통일부 장관의 금일봉과 김정남 청와대 수석의 주선으로 이루어진 기업체 협찬으로 재정은 해결했다. 북한의 최계근 만수대창작사 조선화창작단장, 한국의 김용태 민예총 사무처장, 홍영우 총련 문예동 위원장의 합작으로 이루어진 행사로서, 남과 북 그리고 총련의 문예동 소속 작가들이 참여했다. 남 34점, 북 29점, 재일에서 30여 점 등 총 94점이 출품된 미술전은 12일부터 17일까지 도쿄센트럴 미술관 아넥스에서 열렸고, 오사카에서는 18일부터 23일까지 순회전이 개최되었다. 동경 전시에서는 임진택의 〈오적〉 판소리 공연과 강혜숙의 〈살풀이춤〉, 안치환의 노래 공연과 재일 문예동의 연주회가 열리기도 했다.

〈코리아통일미술전〉을 계기로 남북을 오가며 통일미술전을 포함한 〈코리아통일예술제〉를 개최하기로 합의하고, 94년 베이징에서 3자간 회합까지 있었으나 그해 여름 김일성 주석의 갑작스러운 타계 등 정세 문제로 성사되지 못하였다. 2019년 행사의 부활을 위해 필자의 알선으로 민예총에서 문예동으로 개최 의향서를 전달하고 이것을 문예동을 통해 북측에 전달했지만 아직 회신이 없는 상황이다.

최초의 사진 교류전은 1998년 5월에 있었다. 1997년 7월 연변에서 열린 한민족 사진세미나와 작품 전시회가 그 발단이 되었다. 여기서 남과 북이 각각 500장의 사진을 모아 공동 작품집을 내기로 합의한 것이다. 1997년 11월 중국 선양에 모인 관계자들은 열띤 토론 끝에 230여 점의 사진 선정을 마쳤고, 해방 이후 처음으로 남북한이 공동으로 기획, 편집한 사진작품집 〈백두에서 한라까지-렌즈로 본 조국〉이 출간하게 됐다. 작품집 발간과 함께 5월 29일부터 6월 11일까지 예술의전당 미술관에서 전시회가 열렸다. 이 교류사업은 한국사진학회(회장 유경선)와 북한의 조선사진가동맹(위원장 허병석)의 합작으로 이루어졌다. 남측에서 김근원 문순화 송기엽 안승일 등 20명이 117점을, 북측은 김용남 리성일 신성휘 선우금철 등 47명이 126점을 출품했다. 출품작의 경우 북한 작가들은 주로 스트레이트한 기록성 사진을, 한국 작가들은 예술 사진이 주류를 이루었다.

북한의 사진은 조선사진가동맹이 보도사진 분과, 예술사진 분과, 평론 분과를 두고 있는 것에서 알 수 있는 것처럼 보도사진과 예술사진으로 구별한다. 조선사진가동맹 중앙위원회에서 밝히고 있는 기록사진을 포함한 예술사진의 범주는 다음과 같다. 1) 위대한 수령님과 영광스러운

당 중앙의 현명한 영도를 반영한 작품 2) 혁명 전적지와 혁명 사적지를 반영한 작품 3) 당과 혁명에 대한 충성심을 주제로 한 작품 4) 우리나라 사회주의 제도의 우월성을 반영한 작품 5) 당 정책 관철을 주제로 한 작품 6) 사회주의 조국을 튼튼히 보위하고 있는 인민군대, 인민경비대, 노동적위대, 붉은청년근위대원들의 생활을 반영한 작품 7) 우리나라의 풍경을 묘사한 작품 8) 조국통일을 주제로 한 작품 9) 과학, 교육, 문학예술, 출판 보도, 보건, 체육 분야의 성과를 보여주는 작품이 그것이다. 순수사진을 지향하는 한국의 예술사진과는 확연히 구분되는 부분이다. 이는 이후 6.15 남북공동 행사에서 수차례 공동 사진전이 있었지만 대규모 사진교류전으로 발전할 수 없었던 이유이기도 하다.

국내에서 열린 최초의 조선미술전시회는 2002년 〈6·15 공동선언 실현을 위한 민족공동 미술전시회〉란 명칭으로 8월15일 서울 워커힐호텔 1층 무궁화 볼룸에서 열렸다. 2002년 남북 민간대표단이 개최하는 8.15 민족통일대회의 부속 행사였다. 조선미술가동맹이 협력한 미술전에는 인민예술가인 김성민 작 〈칼춤〉과 정영만 작 〈강선의 저녁노을〉, 공훈예술가 정종여의 조선화 〈아침〉, 인민예술가 우치선의 도자기 〈소나무와 학, 오리투각 청자 꽃병〉 등의 국보급 작품 20점을 포함한 총 107점의 작품이 전시가 되었다. 한국에서는 민족미술인협회, 한국미술협회, 한국종교인 서예협회 소속 작가의 서예와 그림 작품 30점이 출품이 되었다. 참여 작가는 손장섭, 이종구, 홍선웅 등이다. 다만 완전한 교류전이 못된 것은 작품 보호를 이유로 비표를 받은 사람만 관람한 제한 전시였기 때문이다.

2005년 7월25일에는 덕수궁 석조전에서 '남북전통공예교류전'이 시작

북한 조선중앙역사박물관 전경

되어 9월 20일까지 열렸다. 이 행사는 남북전통공예교류전운영위원회(운영위원장 정양모)와 북한의 대외전람총국이 조직한 전시였다. 국가 지정 중요무형문화재 기능보유자 72명이 출품한 한국 작품 302점과 인민예술가, 공훈예술가를 비롯한 북한 최고 작가 76명의 311점을 합친 600여 점이 선보였다.

출품작에는 북한 공예분야 '계관인'인 우치선이 제작한 〈꽃과 새무늬청자화병(花鳥紋靑磁花甁. 높이 117cm)〉과 리원인 작 〈백두산호랑이〉, 김청희 작 〈십장생도〉 등이 포함돼 있다.

남북 최고의 시각예술 교류는 단연 조선중앙력사박물관(관장 김송현)과 국립중앙박물관(관장 이건무)의 합작이자 상호 합의된 1차 교류사업으로 성사된 2006년 〈평양에서 온 보물전〉이다. 남북역사학자협의회와 공동주최로 6월 12일부터 8월 16일까지 국립중앙박물관에서 열렸다. 이후 국립대구박물관에서 8월29일부터 10월 26일까지 순회전을 가졌다.

조선중앙력사박물관이 소장하고 있는 국보 50점과 준국보 11점 등 문화재 90점이 금강산을 거쳐 육로로 도착을 했다. 최고의 작품은 고려 태조 왕건릉에서 나온 청동좌상 〈고려 태조상〉으로, 이는 북한에서도 일반에는 공개되지 않은 귀중한 문화재이다. 지난 60년 개성 불일사 절터 5층 석탑에서 발견된 〈금동탑〉 3점과, 고려시대의 대표적인 보살상으로 온몸을 장신구로 화려하게 장식한 개성 〈관음사 관음보살상〉, 한반도에서 가장 오래된 악기인 기원전 2000년 전에 새뼈로 만든 것으로 추정되는 〈뼈피리〉와 평남 맹산 출토 청동기시대 〈거울 거푸집〉, 발해시대 〈치미〉(용마루 장식기와) 등 건축과 불교 공예품도 눈길을 끌었다. 그리고 조선중앙력사박물관 건너편에 위치한 평양조선미술관에 소장되어 있는 다수의 그림 작품도 같이 전시가 되었다. 매, 기러기 장식화로 유명했던 구한말 작가 양기훈의 대작 〈홍매도〉, 김홍도의 〈선녀도〉, 신윤복의 〈소나무와 매〉, 정선의 〈옹천의 파도〉, 남계우의 〈호랑나비〉, 안중식의 〈수선과 모란〉, 김진우의 〈참대〉, 이상범의 〈봄〉 등 조선시대 회화 명화들을 친견할 수 있었다.

이 전시가 열린 한해 전에는 서울역사박물관에서 자체 기획전으로 〈'대륙의 꿈, 고구려'-서울과 평양이 함께하는 고구려전〉을 2005년 7월 19일부터 8월21일까지 개최하기도 하였다. 6.15 공동 선언발표 5주년을 맞아 남북화합의 장을 연다는 취지로, 북측 '민족화해협의회'와 남측 '남북역사학자협의회'의 협력으로 조선중앙력사박물관에서 소장하고 있는 국보급 고구려 유물 40종 54점이 남측으로 내려오면서 마련된 전시다. 고구려 사람들의 삶과 특히 사후세계를 실물크기로 복원한 무덤과 모형을 통해 그대로 재현함으로써 고구려 문화를 좀 더 쉽게 이해할 수 있는 전시였다. 북한의 역사학자와 인민예술가들이 실물 크기로 복원한 진파리 1호무덤과 벽화 모사도 30여 점, 그리고 평양 안학궁, 대성산성의 동영상과 모형 등이 전시가 되었다.

1993년	10월	코리아통일미술전
1998년	5월	사진전 〈백두에서 한라까지 – 렌즈로 본 조국〉
2002년	8월	6·15 공동선언 실현을 위한 민족공동 미술전시회
2005년	7월	남북전통공예교류전
2005년	7월	'대륙의 꿈, 고구려' 전시회
2006년	6월	평양에서 온 보물전

9. 제3국가에서의 교류

초기 교류는 남북회담 등 큰 정치적 이벤트를 전후해 열린 것 외에는 주로 한반도가 아닌 제3국에서 해외동포들의 지원을 빌어 성사됐다는 특징이 있다. 한반도 내부의 민감한 정치적 상황을 피하기 위해서다. 1991년 일본 후쿠이(福井)에서 열린 환동해국제예술제, 러시아 사할린에서 열린 통일예술축제 등이 제3국에서 잇따라 남북 합동 문화 행사로 개최가 되었다.

남북과 일본 소련 중국 등 동북아시아 다섯 개 나라 민속 예술단이 참가하는 〈제1회 환동해 국제예술제〉가 1991년 5월2일 일본 쓰투가항 야외무대에서 개막됐다. 한국의 중앙국악관현악단(단장 박범훈), 북한의 평양음악무용단(단장 정봉석)이 함께 한 이 행사는 최초의 국제무대 합동

공연이었다. 한국의 피아니스트인 이혜경이 북한의 김일진의 지휘로 모차르트 피아노협주곡 다단조 KV 491을 협연한 것이다. 연주는 오사카 필하모니였다. 전야제에서는 평양음악무용단이 도라지 연주와 춤을, 그리고 중앙관현악단이 사물놀이를 위한 관현악, 신모듬을 공연했다.

1991년 8월17일과 18일에는 사할린에서 〈전통문화풍속민속제〉가 열려 평양음악무용단(단장 박진후) 80명이, 한국에서는 신성현 한국미용문화협회 회장을 단장으로 120명이 참가했다. 사할린 측에서는 김민웅 주고려인협회 회장과 권천식 고려평화통일지지위원회 위원장 등의 관계자가 참여했다. 프로그램 협의는 북측에서 김억만 문화예술부 부국장과 량정학 평양음악무용미술단 단장이, 남측에서는 변웅전 MBC예술단 사장과 홍성학 한국민속촌 민속과장이 참석을 했다.

코르호츠경기장 특설무대에서 열린 이 행사에는 사할린 동포 등 1만 여명의 관객이 모였다. 아리랑 음악에 맞춰 통일기 게양으로 공연은 시작이 되었다. 객석에서는 감동한 관객들의 〈우리의 소원은 통일〉 노래가 합창으로 나왔다. 변웅전 아나운서와 북측의 정정애 가수가 사회자로 나와 큰 절을 올리는 것으로 본 무대가 열렸다. 한복 패션쇼가 있고 나서 북측에서는 〈아박춤〉과 〈쟁강춤〉을 추었다. 남측의 〈사물놀이〉가 뒤를 이었고, 북측의 전순옥 가수가 〈평북연변가〉와 〈신고산 타령〉을, 남측의 전영희와 김은희가 〈경기민요〉를 불렀다. 이 날 무대에 걸린 구호는 "우리는 형제다, 만나서 통일하자"였다. "북남 예술인들이 자주 만나 목소리를 합치며 리해를 두터이하고 화합하여 예술에서 통일을 앞당겨오는 것은 과연 얼마나 의의 깊은 것인가"며 박진후 단장이 소회를 밝히기도 했다.

다음 해인 1992년 8월 16일 사할린 코스모스경기장에서 〈통일예술축제〉가 개최가 되었다. 2만여 명이 모인 행사장에서 〈우리의 소원은 통일〉 음악이 나오면서 개회식이 시작이 되었다. 통일기 게양식이 있고 나서, 조직위 관계자들의 인사말이 이어졌다. 북한 예술단의 최창일 단장, 한국 예술단의 변웅전 단장, 사할린주고려인단체연합회 성점모 회장과 고려평화통일지지위원회 권천식 위원장이 무대에 올랐다. 남측의 김희애와 북측의 오경철의 사회로 시작된 공연은 1부 북한 예술단 공연, 2부 한국 예술단 공연, 3부 합동공연으로 구성이 되었다.

림화영의 노래 〈기러기떼〉, 러시아 노래 〈말리높까〉가 불려지고, 장선영의 가야금 독창, 가수 고명희의 〈약산동대〉, 가수 리성훈의 〈구운 밤이요〉가 이어졌다. 공훈 배우 김은하가 춘 〈삼인무〉도 큰 인기를 끌었다. 특히 동행한 평양민속예술단의 안무가 김해춘 인민예술가가 사할린에 도착해 밤새 만든 새로운 안무로 큰 주목을 받았다.

남측 공연에서는 주헌미 〈비 내리는 영동교〉, 설운도 〈잃어버린 30년〉, 현철 〈서울아 평양아〉가 이어졌고, 최진희가 큰 인기를 끌었으며, 젊은 층에게는 이선희와 심신이 환호를 받았다. 합동 공연에서는 남북의 여가수들이 나와 〈아리랑〉을 시작으로 〈고향의 봄〉과 〈봉선화〉를 불렀다. 이 날의 구호는 "오늘 부르는 통일의 노래, 내일 다가오는 조국의 통일"이었다.

1993년 4월 26일 일본 동경예술극장 대극장에서 북한의 작곡가 리면상과 리건우, 한국의 황병기와 김동진이 윤이상의 작품을 합동 공연한 제10회 동경시티 필하모닉 특별연주회에서 김홍재 지휘로 열린 해외 동포음악가 초빙 〈남북 가곡 특별 음악회〉가 있었다.

2012년 3월 14일 파리 개선문 인근 플레이엘 음악당(Salle Pleyel)에서 라디오프랑스필하모닉오케스트라와 북측의 은하수관현악단(단장 권혁봉 조선민족음악연구회 고문)의 합동 연주회가 있었다. 자크 랑 프랑스 전 문화장관의 주선으로 성사가 됐다. 공연을 알리는 벨이 울리고 75명으로 구성된 은하수관현악단이 관중의 박수를 받으며 자리를 잡았다. 장-뤽 에스 라디오프랑스 대표와 프레데릭 미테랑 문화부 장관의 개회사를 마치고 공연이 시작이 되었다.

공연의 1부는 은하수관현악단의 단독 무대였다. 관현악 〈그네뛰는 처녀〉와 민족기악 2중주 〈비날론삼천리〉, 관현악 〈매혹〉에 이어서 생상의 〈서주와 론도 카프리씨오조〉를, 그리고 악장 문경진이 무반주 바이올린 독주곡 〈닐리리야〉를 연주하고, 관현악 〈신아우〉를 선보였다. 이때 바이올린을 연주한 문경진 수석의 악기가 스트라디바리우스 1686년산으로 알려져 화제가 되기도 했다. 2부에서는 은하수관현악단이 정명훈 서울시향 예술감독의 지휘 아래 라디오프랑스 필하모닉오케스트라와 함께 브람스협주곡 9번 전곡을 연주했다. 앵콜곡으로는 합동공연의 의미를 담은 관현악 〈아리랑〉과 프랑스 관객을 위해 비제의 〈카르멘조곡〉을 들려주었다. 정 감독은 마지막 연주곡인 아리랑이 끝난 뒤 수차례의 커튼콜을 받자 1부에서 은하수관현악단을 이끈 윤범주·리명렬 지휘자와 같이 나와 인사한 후 앵콜곡으로 이날 공연을 마무리 했다. 이 공연은 '프랑스 엥테르'와 '프랑스 음악' 두 라디오 방송에서 생중계 했다.

2018년 8월 18일 지난 4월 판문점 선언 이후 첫 남북합동공연이 열렸

사할린 '안톤체홉미술박물관'에서 2014년5월13일 "남북해외 청소년 평화미술전" 개막식이 열렸다. 에트노스예술학교 학생들이 개막식 축하공연으로 부채춤을 선보였다. (새고려신문)

다. 사할린에 위치한 '러시아는 나의 역사 박물관' 앞 광장에서 사할린 동포 강제징용 80주년을 기리는 공연이었다. 필자의 제안으로 사할린 주한인회가 주최한 이번 행사는 남측에선 국립국악원과 남도국악원이, 북측에선 삼지연·모란봉 악단 소속 공연단으로 꾸려진 '통일음악단'이, 사할린에서는 아리랑무용단(박영자 단장)과 에트노스예술학교 학생들이 참여했다. 사할린에서 26년 만에 열리는 남북합동공연으로 약 5천여 명의 군중이 공연장 앞을 가득 채웠다.

공연의 첫 문은 국립남도국악원과 현지 에트노스예술학교 학생들의 흥겨운 〈길놀이〉로 시작됐다. 공연 첫 무대에는 윤민자, 강팔용 사할린 동포가수가 〈강원도아리랑〉을 불렀다. 이어 국립국악원 민속악단의 반주로 유지숙, 김민경 명창이 구성진 서도소리로 흥을 돋우고, 마당에서는 국립남도국악원의 〈판굿〉과 〈진도북춤〉이 관객들을 신명나게 했다. 통일음악단(단장 조승권)은 '민족끼리'라는 주제를 내세웠다. 힘찬 전주곡을 울리며 '통일은 우리 민족끼리…'라는 노래를 불렀고 〈황성옛터〉는 1세 어르신들이 애창곡으로 여가수가 구수하게 불렀다. 〈아리랑〉, 〈사랑의 깃발〉, 〈군밤타령〉, 〈무정한 그 사람〉 외에도, 〈카추샤〉, 〈사랑의 메아리〉, 〈내 잘못일 게 뭐야〉 등 러시아의 유명곡들을 러시아어로도 불러 현지 동포들과 러시아 관객들에게 큰 호응을 받았다.

사할린동포들이 준비한 아리랑무용단의 초혼무 〈사할린아리랑〉이 2부에서 펼쳐졌는데, 윤민자 명창의 소리를 따라서 아리랑 무용을 새로이 선보인 것이다. 사할린 1세대의 고통을 담은 사할린 아리랑을 주제로 한 창작무였다. 이어 북측 통일음악단은 사전에 합의하지 않은 〈조국 찬가〉과 지도자에게 바치는 송가인 〈사랑의 빛발〉 등 체제선전 노래를 불렀다. 〈장구춤〉과 〈부채춤〉에 이어 북측에서 애창하는 〈휘파람〉도 많은 호응을 받았다. 그러나 남북예술단은 전날 리허설에서 남북대합창 〈아리랑〉을 마지막 곡으로 정했으나, 공연 당일에는 이뤄지지 못했다. 결국 관객들은 북측 공연단이 부르는 〈아리랑〉과 〈다시 만나요〉라는 곡을 따라 부르는 것으로 막을 내렸다.

1991년	5월	제1회 환동해국제예술제
1991년	8월	사할린 전통문화풍속민속제
1992년	8월	사할린 통일전통예술제,
1993년	4월	동경예술극장 남북가곡 특별음악회
2012년	3월	라디오프랑스오케스트라와 은하수관현악단 합동공연
2018년	8월	사할린 광복절 남북 합동 특별공연

10. 나가는 글

남북은 그간의 경험에 비추어 볼 때 관계개선의 중요한 분기점마다 공연예술 교류를 통해 화해협력의 분위기를 조성하고, 이를 통해 정치적 성과를 얻었다는 것은 주지의 사실이다. 그럼에도 불구하고 예술교류 내적으로 살펴보면 적대적 관계에서 부분적 수용의 단계를 벗어나지 못하고 있다.

이는 북한에서 볼 때는 한국의 예술은 자본주의의 퇴폐성과 봉건성, 사대주의에 문제가 있고, 한국에서 북한의 예술을 평가할 때는 사회주의의 이념성과 선동성이 문제가 되기 때문이다. 특히 이 부분에 있어서의 갈등은 체제 우위를 보여주려는 정부 간 교류에서 주로 발생을 했다. 민간 교류의 경우에도 1회성 행사에 그쳐서 상호 신뢰를 두텁게 하여 프로그램을 발전적으로 구성해 가기가 쉽지 않고, 더욱이 국가보안법의 존재가 보다 적극적인 교류와 수용을 가로막고 있는 실정이다.

북한의 경직된 태도가 체제에 기인한 것이라면, 보다 자유로운 한국에서 다각도로 교류와 소통을 이어가야 함에도 상존하는 한계가 있다. 민간 예술 교류는 남북의 정치적 상황에 종속적이어서 자유롭고 지속적인 교류가 쉽지 않다. 사회 내적으로 반북 및 반공 이데올로기가 두텁게 형성이 되어 있으며, 북한에 대한 그릇된 편견과 선입관이 있어서 교류의 대중화가 어렵다. 그러다 보니 교류는 일회성에 머물고, 성과의 축적이 현실적으로 불가능한 실정이다.

마침 암흑의 10년이 지나고 판문점 선언을 분수령으로 다시 봄이 왔다.

비록 지난 시기의 성과는 축적물로서 남아있지 않고, 다시 리셋해서 시작하는 것이 기회일 수도 있다. 사회문화예술 교류에서도 상생과 지속 가능한 교류로 패러다임이 바뀌어야 하기 때문이다.

남북 문화예술 교류가 갖는 가장 큰 의미는 문화의 동질성을 확인하고 상대방에 대한 이해를 촉진시키는 것이다. 예술이 본질적으로 가지고 있는 감화력에 기초하여 상호주의를 실현할 수 있다. 논리적이고 이성적인 접근보다는 감동과 정서적 접근으로 그간의 장벽을 성큼 뛰어넘어 가까워지는 것이다.

그 핵심에는 북한의 예술에서 강조하는 민족성이 있다. 북한은 일찍부터 예술에서 '민족적 형식'과 '현대적 미감'을 강조해 왔다. 음악에서는 전통악기를 개량해 서구식 오케스트라에 전통음악을 배치한 배합관현악단을 만들어 냈다. 최승희춤체를 근간으로 조선민족무용을 개화시켰다. 미술에서는 조선화라는 양식화에 성공했다. 자문화 우월의식을 버리고, 북한이 계승 발전시켜온 그들의 문화를 수용하고, 여기서 민족성이라는 개념을 교류의 바탕으로 삼는다면 여전히 남과 북은 소통할 수 있을 것이다.

남북 모두 상호 금기시하는 영역을 조금씩 허물어 가면서 남북 예술의 공통분모 확대 및 교류와 상호 협력의 필요성과 가능성이라는 방향으로 나아가며, 여기서 교류 방안과 협력 방안을 모색할 수 있다. 일회성이 아니라 서로에게 시너지가 되는 상생의 교류로 가는 새로운 교류의 패러다임이 필요한 이유이다. 교류와 협력이라는 관점에서 만나 민족의 동질성 회복과 민족문화 정체성 확립으로 가는 것이다.

2006년 금강산가극단 내한공연에서 선보인 통일무용, 3인무 〈하나〉

이러기 위해서 한국에서도 시급하게 준비할 것이 있다. 개념적으로는 남북문제에 국한하는 것이 아니라 민족관계 전체로 통일을 바라보아야 할 것이다. 민간 교류가 활발하게 추진이 될 수 있게 법과 제도를 개선해야 한다. 국가보안법을 개정 혹은 폐시해야 한다. 가칭 '남북 문화교류진흥에관한법률'의 제정도 필요하다. 남북문화 교류에 집중하는 가칭 '남북문화예술교류진흥원'을 설립해야 한다. 재원 조성 등을 지원하기 위해 남북교류협력기금 중 문화예술 교류에 할당하는 지원시스템의 개선도 필요하다. 마지막으로 남북 문화예술에 크게 기여할 수 있는 프로젝트를 선정 지원하는 일명 〈스타 프로젝트〉를 발굴 육성 및 지원해야 한다. 봉준호 감독의 성과가 한국영화진흥위원회와 스크린쿼터제와 무관하지 않은 것과 같은 이유다.

교류 현장에서도 필요한 것이 있다. 바로 상대방에 대한 이해와 전문적인 지식이다. 공연에서 프로그램을 구성하고 연목을 선정하기 위해서, 전시회에서 테마를 결정하고 전시 스토리를 짜고 걸맞는 작품을 선정하기 위해서는 사전 학습과 준비가 선행이 되어야 하기 때문이다. 단기적인 교류보다는 중장기적인 기획으로 프로젝트를 개발하고 협의해야 할 것이다. 예를 들어 북한이 가지고 있는 세계적인 교예의 기량에 국내의 자본력과 마케팅 역량을 더한다면 태양의 서커스에 못지않는 아트 서커스의 제작이 가능하지 않겠는가.

일방적인 지원이나 이벤트성이 아닌 상생과 성과의 축적 그리고 합작을 통한 브랜드화가 가능한 방향으로 교류의 패러다임이 바뀌어야 한다. 그래야 남북 문화예술 교류의 "단번도약"(單番跳躍)이 가능해지리라.

김정일 위원장의 "정치가 뚫고 들어가기 힘든 곳도 문화예술은 뚫고 들어갈 수 있으며 총포를 가지고 쟁취할 수 없는 것도 문학예술을 가지고 쟁취할 수 있다"는 지적은 차라리 지금 국면에서 더 유효한 것은 아닐까.

| 지은이 소개 |

전영선 multifriend@daum.net

건국대학교 통일인문학연구단 HK연구교수. 한양대학교에서 고전문학을 전공한 문학박사로 남북예술의 소통과 교류협력을 주제로 연구를 진행하고 있다. 통일부 정책자문위원, 민주평통 상임위원회 간사, 민화협 평화통일교육위원장, 북한연구학회 연구위원장으로 활동하고 있다.

주요 저서로『어서와 북한 영화는 처음이지』,『NK POP : 북한의 전자음악과 대중음악』,『북한의 체육정책과 체육문화』,『북한에서 여자로 산다는 것』,『김정은 리더십 연구』,『글과 사진으로 보는 북한의 사회와 문화』,『영상으로 보는 북한의 일상』,『북한의 언어 – 소통과 불통 사이의 남북언어』,『북한의 정치와 문학: 통제와 자율사이의 줄타기』,『북한 애니메이션(아동영화)의 특성과 작품세계』,『문화로 읽는 북한』,『북한예술의 창작지형과 21세기 트렌드』,『북한의 대중문화』,『다시 고쳐 쓴 북한의 사회와 문화』,『북한 영화 속의 삶이야기』,『북한 민족문화정책의 이론과 현장』,『북한을 움직이는 문학예술인들』,『북한의 문학과 예술』등이 있다.

김은정 nalrariz@hufs.ac.kr

한국외국어대학교에서 북한문학〈천세봉 장편소설 연구〉로 문학박사를 받았다. 현재 한국외국어대학교 외국문학연구소, HK세미오연구센터 부교수로 재직 중이다. 주요 연구 분야는 수령형상문학(불멸의 역사, 불멸의 향도, 김정은 형상)과 항일혁명문학이며, 현재는 한국전쟁문학을 포함해 삐라, 학살, 폭격, 기억에 대한 연구를 하고 있다. 연구의 관심은 북한의 고등교육 체계의 변화도 포함한다.

저서로는 『사적 기록성과 미적 거리의 길항- 천세봉의 문학과 삶』, 『조광: 은유로서의 정력과 질병』, 『북한아동영화와 미디어의 횡단』, 공저로 『총서 불멸의 력사 용어집』, 『총서 불멸의 력사 해제집』, 『총서 불멸의 력사를 읽는다』 등이 있다.

배인교 bigmuse@hanmail.net

한국학중앙연구원 한국학대학원에서 박사학위를 취득하였다. 2008년부터 10년간 단국대학교 한국문화기술연구소에서 〈통일시대를 대비한 남북한 문화예술의 소통과 융합 방안〉 연구에 참여하였으며, 2017년 7월부터는 경인교육대학교 한국공연예술연구소에서 북한 아동가요를 중심으로 한 북한음악 연구를 수행하면서 다수의 논문을 등재하였다.

주요 논저로는 『북한 조선예술 총목록과 색인』(국립국악원), 『북한 조선음악 총목록과 색인』(국립국악원), 「북한의 체제 성립기 아동가요와 민족적 성격」(한국민요학, 58집), 「1950~60년대 북한의 민족 악기 개량과 민족관현악 편성」(국악원논문집, 40집), 「북한의 전통음악관련 무형유산의 전승과 남북한 협력 방안」(국립무형유산, 7집), 「남북한 음악교류의 양상과 방향」(통일과평화, 10권2호) 등이 있다

모리 토모오미 (森類臣 Mori Tomoomi) moritomo@fc.ritsumei.ac.jp

현재 일본의 리츠메이칸(立命館)대학교 객원 준교수(affiliate associate professor)로 재직하고 있다. 도시샤(Doshisha)대학교에서 미디어학으로 박사를 받았다. 전공은 역사사회학, 언론연구, 문화에 관한 연구이다. 주요 연구 영역은 현대 한반도 지역학(Korean Studies)이다. 쿄토 코리아학 컨소시엄과 고려학회 회원으로도 활동 중이다.

주요 논저로는 『한국저널리즘과 언론민주화운동: 한겨레신문을 둘러

싼 역사사회학』(일본경제평론사), 「김정은 시대의 음악정치·모란봉악단을 중심으로」(현대한국조선연구, 제18호), 「예술 공연 "추억의 노래"가 가지는 의미」(북한연구학회보, 제20권 제2호), 「북일 문화교류: 1973년 만수대예술단 일본 순회공연 사례」(다양성+Asia Diverse Asia) 등이 있다.

김채원 cchaewoned@nate.com

현재 한국문화예술교육진흥원 예술강사 겸 춤문화비교연구소 대표. 한양대학교 무용학과를 졸업하고 일본 오차노미즈여자대학 대학원에서 비교무용학을 전공해서 석·박사 학위를 취득하였다. 일본 릿교대학 아시아지역연구소와 메이지대학 신체커뮤니케이션연구소 연구원, 통일미래사회연구소 선임연구원, 한국전통춤협회 연구위원을 역임했다. 현재는 북한춤 전문연구자로서 재외동포의 춤과 한국춤에 관련한 연구와 글을 쓰고 있다.

주요 저서로는 『최승희춤: 계승과 변용』과 공저로는 『예술과 정치: 북한 문화예술에 대한 이해』, 『한국춤통사』, 『북한의 민족무용』, 『교류와 소통의 남북문화예술 그리고 춤』 등이 있으며, 역서로는 『이시이바쿠의 무용예술』, 『무용의 본질과 창작법-기본적인 실지연습지도』(2018) 등이 있다.

이철주 pdiro1@empas.com

현재 문화기획자이자 독립 프로듀서로 활동 중이며, 추계예술대 예술경영대학원에서 문화기획 석사학위를 취득했다. 서울시축제심의위원, 부천만화축제운영위원, 고려인이주150주년기념위원회 문화예술위 대표 등을 역임했다. 현재는 우리민족서로돕기운동 문화사업단 위원과 한국민예총 남북교류 전문위원으로 활동 중이다. 2000년 평양국제음악회 기획을 시작으로 〈평양조선미술관 내한전〉, 평양민족예술단의 〈민족가극 춘향전〉의 내한공연 합의를 이끌어냈으며, 북한 유일의 국립해외예술단인 금강산가극단과 〈2006 금강산가극단 내한공연〉과 〈2007 조선무용 50년-북녘의 명무〉 등을 제작했다. 〈남북 해외 청소년 통일미술전〉(사할린), 〈철원DMZ평화음악회〉(노동당사) 등을 제작했고, 2018년부터는 〈통일신년음악회-하나콘서트〉를 연례화 하였다

저서로는 『조선, 예술로 읽다』(2019, 네잎클로바)가 있으며, 통일동요음반 〈길동무〉, 남성성악곡집 〈기쁨의 노래 안고 함께 가리라〉 등 북한 음반 8종을 출시했다.